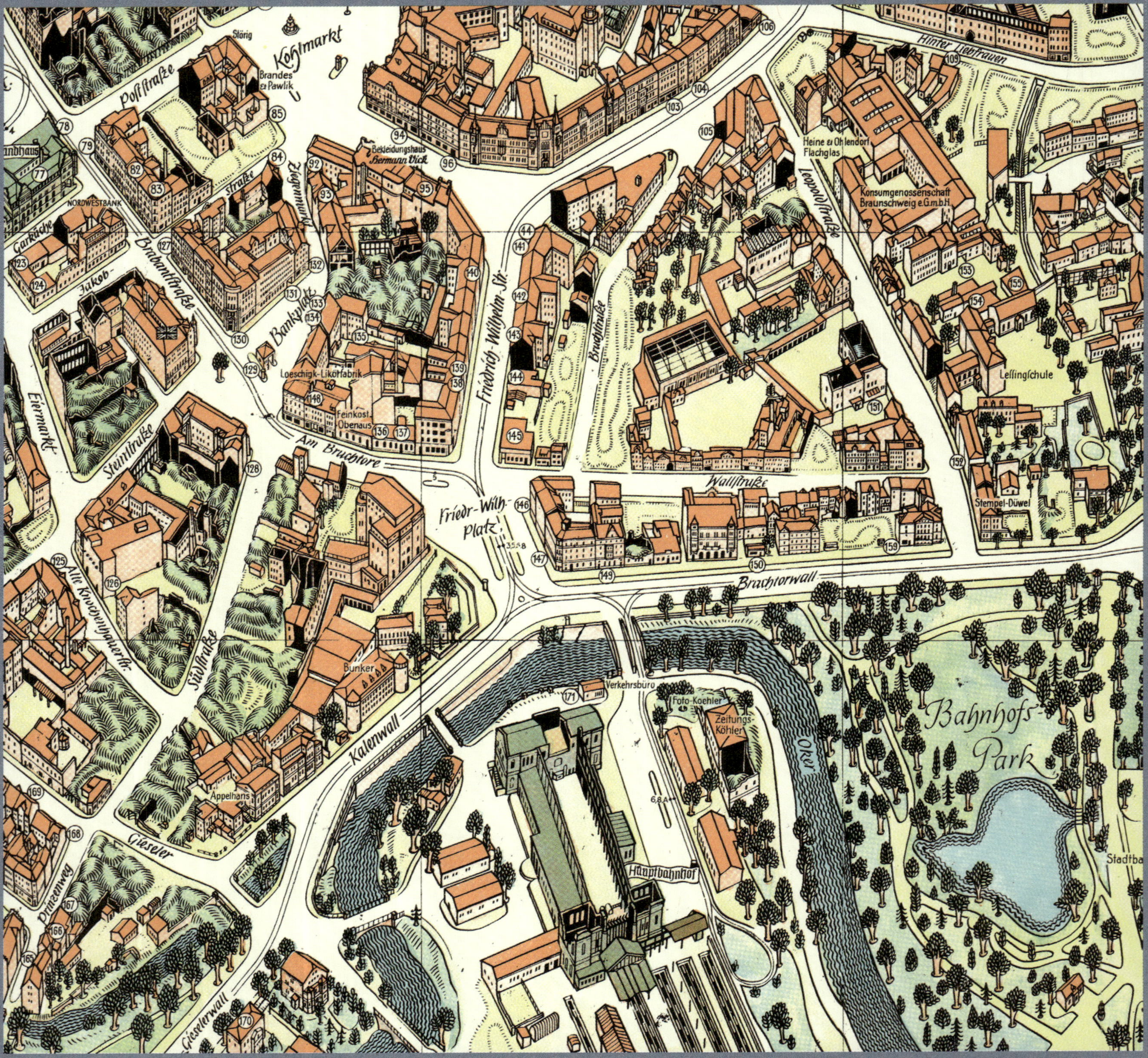

Trümmerflächen sind in grün dargestellt, bereits geräumte Trümmerflächen in gelb, 1948.

Claudia Gorille

Silberquelle

Party im Pavillon seit 1949

Die Geschichte der Kneipe, des Kiosk und des Kiez

Claudia Gorille
Silberquelle
Party im Pavillon seit 1949

Design: Tonia Wiatrowski
Lektorat: Doreen Fröhlich

Hergestellt mit Materialien aus verantwortungsvollen Quellen
FSC C014138

ISBN 978-3-910335-49-3

Verlag Andreas Reiffer, Hauptstr. 16 b, D-38527 Meine
www.verlag-reiffer.de

Claudia Gorille

Silberquelle

Party im Pavillon seit 1949

Die Geschichte der Kneipe, des Kiosk und des Kiez

Inhalt

Party im Pavillon seit 1949

Wie alles anfing: Die 1940er-Jahre

Jetzt geht’s richtig los: Die 1950er-Jahre

Zwei Silberquellen: Die 1960er-Jahre

Schwierige Zeiten: Die 1970er-, 1980er- und 1990er-Jahre

Der Neuanfang: Die 2000er-Jahre

Epilog und letzte Worte

WOLTERS Pilsener
Silberquelle
DER PAVILLON

Party im Pavillon seit 1949

Prolog

Die *Silberquelle* gibt es, weil Gertrud und Joachim Gorille Blasen an den Füßen hatten und einen Ort zum Ausruhen suchten – vor 75 Jahren. Heute ist die *Silberquelle* einer der bekanntesten Clubs in Braunschweig und längst kein Geheimtipp mehr. Das ist erstaunlich, schließlich ist der zehneckige Pavillon winzig, 33 Quadratmeter nur. Trotzdem sind an jedem Wochenende dort Hunderte zu Gast. Was zieht sie an?

Am 4. Juni 1949 haben Gertrud und Joachim Gorille die *Silberquelle* eröffnet. Davor hatten sie vier Jahre lang einen Verkaufsstand für Brote und Bockwürste vor dem ehemaligen Luftschutzbunker am alten Hauptbahnhof betrieben. Sie waren Flüchtlinge und eher zufällig in Braunschweig gestrandet. Wie sind sie auf die Idee gekommen, in einer ihnen unbekannten und dazu noch weitgehend zerstörten Stadt eine neue Existenz aufzubauen?

Diesen und anderen Fragen gehe ich in diesem Buch nach. Ich bin die Tochter von Gertrud und Joachim Gorille, aber ich bin auch Journalistin und so versuche ich, als Autorin eine gewisse Distanz zu ihnen zu wahren. Ich schreibe in der Regel nicht „meine Mutter" oder „mein Vater", ich schreibe von Gertrud und Joachim Gorille (oder Jochen, wie ihn seine Frau und Freunde nannten). Das ermöglicht es mir, sie gewissermaßen zu beobachten. Trotzdem bin ich unweigerlich Teil der Geschichte, und wenn mir ein journalistischer Abstand nicht durchgängig gelingt, bitte ich um Nachsicht.

Eineinhalb Jahre habe ich recherchiert und mich im Erzählen dieser Geschichte um Detailfülle, korrekte Einordnung und Objektivität bemüht. Ich habe viel Material gesichtet: alte Akten zur *Silberquelle* mit Schriftsätzen aus den 1940er- und den folgenden Jahren, die meine Eltern alle aufbewahrt haben, Geschäftstagebücher, Bilanzen, Fotoalben und insgesamt an die 400 Briefe, die sich Gertrud und Joachim seit 1942 geschrieben haben, wann immer sie nicht beieinander waren. Außerdem habe ich Gespräche mit Zeitzeugen geführt und mich mit Stadtführern und Historikern getroffen, ich war in verschiedenen Archiven der Stadt und online in umfangreichen Datenbanken unterwegs, und ich studierte die Sekundärliteratur.

Stolz und schick – Gertrud und Joachim Gorille vor dem Pavillon am Eröffnungstag.

Die Geschichte der *Silberquelle* ist die Geschichte von Gertrud und Joachim Gorille, die durch den Krieg fast alles verloren hatten und einen Neuanfang wagten. So wie ihnen ging es auch anderen ihrer Generation. Damit steht ihre Vergangenheit stellvertretend für viele Schicksale nach dem Zweiten Weltkrieg und macht sie auch zu einem Stück der Braunschweiger Nachkriegshistorie. Mir ist es wichtig, dass sie nicht in Vergessenheit gerät.

Standortbestimmung

Die *Silberquelle* liegt am Kalenwall, direkt gegenüber der Oker und dem Alten Bahnhof – wer tagsüber mit dem Auto daran vorbeifährt, bemerkt sie meist nicht. Sie duckt sich im Schatten und Blätterwerk der mächtigen Kastanie vor ihr, und auch der ehemalige Luftschutzbunker daneben ist dominant und zieht die Blicke auf sich.

Aber abends, wenn die glitzernden Lichter im Pavillon angehen, kleine Lämpchen den Hof illuminieren und die Leuchtreklame *Silberquelle. Der Pavillon* wie ein Statement strahlt, dann ist der Winzling nicht zu übersehen.

Das Kleinod *Silberquelle* liegt auf der „Partymeile" von Braunschweig, auf der Gieseler-, Kalen- und Bruchtorwall ineinander übergehen, in der Mitte, zwischen den Discos *EuleXO* auf der einen und dem *Brain* auf der anderen Seite. Direkt neben der *Silberquelle* im einstigen Bunker gibt es drei weitere Nachtclubs, das *Flamingo Rosso*, das *42° Fieber* und das *Lindbergh Palace*.

All diese Locations wechselten im Laufe der Jahrzehnte immer wieder die Namen, das Aussehen und auch die Besitzer. Was blieb, war die *Silberquelle*, die seit 1949 so heißt und Familie Gorille gehört. Auch außen hat sich kaum etwas verändert, Zehneck ist halt Zehneck, silbern glänzt der Pavillon allerdings nicht mehr, heute ist er mit Bambus verkleidet. Innen erinnert wenig an früher, die Kunstszene hat sich schon zweimal ausgetobt und stets etwas Besonderes geschaffen. Die *Silberquelle* ist eine Konstante im sogenannten Kultviertel Braunschweigs, eine Institution, ein Motor des Kiezes rund um den Friedrich-Wilhelm-Platz. Seit nunmehr 75 Jahren.

Die *Silberquelle* hat viele Fans, manche sind fast jedes Wochenende dort, „Stammkunden", so sagte man in den 40er- und 50er-Jahren. Nachtschwärmer, die am Wochenende kein Ende finden, treffen sich heute gern in der *Silberquelle*. Tanzen, reden, scherzen. *„Und plötzlich scheint die Sonne"*, ist Uwe, 81, immer wieder erstaunt. Die Kneipe ist Treffpunkt für Jung und Alt, Akademiker und Arbeitslose, Politiker und Party-People, Töchter und Mütter, Lebemänner und Lebenskünstler – 18- ebenso wie 80-Jährige. Ein ungewöhnliches Publikum. So ungewöhnlich wie die Kneipe und ihre Geschichte.

Was macht den Pavillon so attraktiv, welche Bedürfnisse erfüllte er damals, welche heute – was ist das Verbindende? *„Die Silberquelle hat etwas Magisches"*, mutmaßt ein Gast, *„die Leute dort sind gut drauf, kaum da, lächeln sie. Da laufen sicher kosmische Linien durch."* Ich glaube, es liegt an etwas anderem, etwas Irdischem, dass sich Menschen damals und heute in der *Silberquelle* wohlfühlen.

Eine Spurensuche.

LIDO
DOROTHY DANDRIDGE
MALAGA
TREVOR HOWARD
SILBERQUELLE

Vorwort

Claudia Gorille lernte ich bei meinem Praktikum im NDR-Studio Braunschweig im Februar 1995 kennen: als scharfsinnige, leidenschaftliche Hörfunk-Journalistin, als gewissenhafte Rechercheurin, als kritischen Geist, als detailverliebte, uneitle Stilistin. Da war schnell klar: Der Frau geht es immer um die Menschen in der Region Braunschweig und ihre Geschichten. Ich lernte sie aber auch als unbequeme Persönlichkeit kennen, durchaus impulsiv und manchmal schonungslos, bei allem stets auf Fairness, Aufrichtigkeit und Versöhnlichkeit bedacht. So war das Bild aus den 1990er-Jahren, das bis heute so geblieben ist.

Nachdem sie ihr Berufsleben im NDR beendet hatte, berichtete sie mir im Frühjahr 2023 von ihrem neuen Projekt: ein Buch zur Geschichte der *Silberquelle* und ihrer Eltern Joachim und Gertrud Gorille. Ich fand es spannend: Wird sie all die beruflichen Werkzeuge, mit denen sie so konsequent und virtuos umgeht, auch bei ihrem neuen journalistischen Stoff professionell anwenden? Bei ihrer eigenen Familiengeschichte? Funktioniert journalistische Distanz, wo es nicht um Abrechnung mit der eigenen Vergangenheit geht, sondern um Menschen, denen man immer noch in liebevoller Erinnerung zugetan ist, weil sie ein Lebenswerk geschaffen und dies nicht nur in materieller Hinsicht, sondern als Gepäck voller Geborgenheitserinnerungen an die einzige Tochter vererbt haben? Ich meine: Claudia Gorille hat gezeigt, dass so ein Vorhaben sehr wohl funktionieren kann – das letztliche Urteil liegt bei ihren Leserinnen und Lesern. Bei den Jungen wie bei den Alten.

Beim Wortpärchen *„Gorilles und die Silberquelle"* springt bei vielen älteren Braunschweigern das Wirtschaftswunder-Kino im Kopf an. Ich hatte nur vage Erinnerungen an den Pavillon. Die Partymeile am Kalenwall kannte ich zwar, aber die *Silberquelle*? Was *„Gorilles und die Silberquelle"* bedeutete, erfuhr ich nach meiner Einheirat in eine Braunschweiger Familie, die stolz auf das Okerwasser in ihrem Taufbecken ist. Denn *„Gorilles und die Silberquelle"* war und ist das Stichwort für meine Schwiegermutter (Jahrgang 1939), um ihr Erinnerungspanorama vom Braunschweig der 1950er- und 1960er Jahren auszubreiten. Dann leuchtet der Raum in den Bonbonfarben der Heimatfilme und Musikschlager. Bei mir springt instinktiv die Skepsis des Zeithistorikers an. Einerseits. Andererseits geht es bei solchen persönlichen Wirtschaftswunder-Erinnerungen um das eigene Jugenderleben einer Kriegskinder-Generation, die weniger auf die Sprachlosigkeit der Eltern nach der Nazi-Zeit zu blicken vermag oder auf die körperliche und seelische Versehrtheit der Eltern, dafür umso mehr ihr inneres Strahlen aus dem Neon-Leuchten und Aluminium-Glanz einer „Silberquelle" und dem würzigen „Bratwurst"-Aroma bezieht und erzählerisch regeneriert. Ich denke dann an die „Bollmann-Pläne" der 1950er-Jahre. Für alle Millennials und Gen-Z's: Das ist der Papier-Urahn von „Google Earth" – die Stadt aus der Vogelperspektive, detailgetreu gezeichnete Häuser inmitten von Trümmerfeldern – wie Wimmelbilder, wenn auch ohne Menschen, aber 1948/1949 mit dem Vorläufer der *Silberquelle*, dem Verkaufsimbiss, später dann mit dem Pavillon neben dem Bunker (s. vordere Buchseite).

Als Zeithistoriker war ich gespannt, ob und wie Claudia Gorille ihre Familiengeschichte in einen Zeitkosmos einbettet, der mit dem Bollmann-Plan ein ziemlich gutes Sujet vorlegt. Und obwohl ihr das nicht vor Augen lag, hat sie genau das gemacht – sie hat dem aus der Distanz gezeichneten Kosmos der Trümmerlücken, der Baukran-Wälder und entstehenden autogerechten Stadtlandschaft eine Familiengeschichte entlockt oder ihm verliehen. Die *Silberquelle* ist dabei ein Spiegelbild der Zeit: ihr Start als provisorischer Verkaufsstand, ihre Fortsetzung als besonderer Ort, der von den Menschen lebt, die sich wieder was gönnen wollen; man kann das kaputte Braunschweig praktisch riechen, wie sich zwischen Staub, Baulärm, Autohupen, Schupo-Triller-Pfeifen der Duft von Bratwurst, Schaschlik und Zigarettendunst ausbreitet; der Wandel des Viertels von der ersten Adresse zur Rotlichtrandlage; die Wiederbelebung der aus der Zeit gefallenen *Silberquelle* in den Nullerjahren.

Ein bemerkenswertes Buch, das es so noch nicht in der Braunschweig-Literatur-Landschaft gab: eine Familien-Geschichte als Stadt-Geschichte rund um einen Erlebnisort im Zeitenstrom von Braunschweigs Nachkriegsgeschichte bis in die Gegenwart.

Dr. Uwe Day, Historiker und Journalist.

Wie alles anfing: Die 1940er-Jahre

Die Flucht: Das Ziel zu weit

Die *Silberquelle* gibt es also, weil Gertrud und Joachim Gorille Blasen an den Füßen hatten. „*Wir waren so erschöpft*", erzählte Gertrud immer wieder, wenn sie über die Anfänge in Braunschweig sprach. Das „*so*" hat sie dabei stets in die Länge gezogen, dass es klang wie „*sooooooo*". Um dann fortzusetzen: „*Wir konnten nicht mehr weiter, wir wollten uns in Braunschweig einfach nur ausruhen.*" Kurz nach Kriegsende im Mai 1945 fliehen sie aus dem zerbombten Berlin, die Zukunft dort erscheint ihnen zu ungewiss. Gertrud ist 24, Joachim 29 Jahre alt, die beiden haben sich 1942 in Berlin kennengelernt und am 17. April 1943 geheiratet. Jetzt zieht die Rote Armee einen Ring um die Stadt, es kursieren Geschichten von Plünderungen, von Erschießungen, von Vergewaltigungen. Angst macht sich breit: „*Die Russen kommen.*"

Viele wollen Berlin deshalb verlassen. Gertrud und Joachim Gorille zieht es nach Hamburg, zum ehemaligen Arbeitgeber von Joachim. Vor dem Krieg war er in seiner Geburtsstadt Breslau bei der Firma Lebensmittel und Import GmbH Hamburg in der dortigen Filiale tätig, erst als kaufmännischer Lehrling, dann als Angestellter. Joachim Gorille wurde wie andere junge Männer im Zweiten Weltkrieg einberufen. Er hatte gegen Ende des Krieges versucht, wieder Kontakt mit der Firma in Hamburg zu bekommen und einmal geschrieben, aber keine Antwort erhalten. Es war also keineswegs gewiss, dass er dort wieder eingestellt werden könnte. Aber Hamburg war so etwas wie ein Lichtblick in dieser chaotischen Zeit und damit ein Ziel.

Von Berlin nach Hamburg soll es also gehen und das im wörtlichen Sinn, einfach in den Zug setzen, das geht nicht, die meisten Bahnstrecken in Deutschland sind zerstört. 1945 gibt es auch noch keine direkte Bahnverbindung zwischen Berlin und Hamburg. Das Streckennetz der Reichsbahn verläuft von Berlin über Magdeburg, Braunschweig, Lüneburg nach Hamburg; parallel dazu die Autobahn. An Schienen und Straßen orientieren sich die beiden. Die Flucht ist anstrengend und gefährlich. Gertrud Gorille trägt Männerhosen und ein Käppi auf dem Kopf, das ihre langen schwarzen Haare versteckt, sie will nicht als Frau erkannt werden. Sie schlafen in Scheunen, und mitunter müssen sie sich auf Bauernhöfen verstecken – wenn Gertrud später davon erzählt, erwähnt sie auch immer die große Angst, überfallen zu werden. Viel dabei haben sie nicht, alles ist auf einem Bollerwagen verstaut, den sie mühselig mit sich ziehen. Ein paar Koffer, die müssen für den Start in ein neues Leben reichen. Wie beschwerlich

Hochzeitstag am 17. April 1943.

und auch gefährlich mag die Flucht gewesen sein? Wie viele Tage oder Wochen sind sie wohl unterwegs, als sie im Juni 1945 nach etwa 225 Kilometern in Braunschweig ankommen? Fest steht: Zu diesem Zeitpunkt können sie keinen Meter weitergehen. Über weitere Einzelheiten haben sie nie etwas erzählt. Sicher wollten sie wie viele ihrer Generation die extreme Lebenssituation nicht immer wieder aufleben lassen. Niemand wusste damals, wie man mit den Traumata umgehen sollte, verdrängen statt aufarbeiten, das entsprach dem Zeitgeist.

Braunschweig im Juni 1945, das kann man sich heute nur schwer vorstellen. Ruinen, Krater, verkohlte Balken, ausgebrannte Autowracks, das Stadtbild besteht überwiegend aus Trümmerbergen, rund drei Millionen Kubikmeter. Den schwersten Angriff fliegt die englische Royal Air Force in der Nacht vom 14. auf den 15. Oktober 1944, rund 200.000 Brandbomben werden abgeworfen. Der Braunschweiger Maler und Grafiker Gerd Winner (Jahrgang 1936), damals acht Jahre alt, ist zu diesem Zeitpunkt bei seinen Pateneltern in Wolfsburg-Ehmen. *„Ich sah stundenlang einen gewaltigen, roten Feuerhimmel über der Stadt und hatte große Angst um meine Familie"*, erzählt er. Mehrere Tage brennt es, die einmalige Fachwerkinnenstadt verglüht, am Ende des Krieges sind 90 Prozent der Hauser zerstört. Winners Eltern und seine Schwester überleben, ihr Wohnhaus aber ist schwer beschädigt. Es war nicht der einzige Luftangriff der Alliierten, aber der verheerendste. Von manchen Häusern stehen nur noch die Fassaden, die Gebäude ausgebrannt und ohne Dach, die Fensterhöhlen wie im Schrei erstarrte aufgerissene Münder. Wer sich im Internet ein Video mit Luftaufnahmen von 1945 anschaut, hat Mühe, Braunschweig zu erkennen. Trotzdem entscheiden Gertrud und Joachim Gorille: *„Hier bleiben wir – erst einmal."*

Urlaub in der Kurstadt Franzensbad 1944, damals Suden⁻enland, heute Tschechien.

Eine Pause: Länger als geplant

Vielleicht spielt es für Gertrud und Joachims Entscheidung auch eine Rolle, dass sie dem Einflussbereich der Roten Armee entkommen sind. Die Anwesenheit der Briten und Amerikaner in Braunschweig vermittelt wahrscheinlich ein Stück Sicherheit. Besonders die GIs werden von den Deutschen gemocht, sie sind locker drauf, verteilen Schokolade und „gum", Kaugummi, erinnert sich der Journalist, Buchautor und Zeitzeuge Eckhard „Ecki" Schimpf (Jahrgang 1938). *„Die waren so anders als die Wehrmachtsoldaten, die lachten auch mal, trugen die Hemden oben offen und traten nicht so zackig auf."* Die Amerikaner haben Braunschweig am 12. April 1945 befreit, und schon am 5. Juni richten die englischen Besatzungstruppen eine Militärverwaltung ein.

Wie in fast allen Städten in Deutschland ist auch in Braunschweig die Wohnungsnot groß. Es kommen viele Flüchtlinge hier an, Vertriebene aus Schlesien, Pommern und Ostpreußen. Dazu Tausende Displaced Persons, also Personen, die sich durch den Krieg an Orten außerhalb ihrer Heimat aufhalten, wie zum Beispiel ehemalige Zwangsarbeiter. Unter den Nationalsozialisten mussten sie schuften und in umzäunten Lagern wie unter anderem in der Ackerstraße leben, jetzt sind sie endlich frei. Dazu kommen ehemalige Kriegsgefangene und Konzentrationslagerhäftlinge sowie Osteuropäer, die nach Kriegsbeginn entweder freiwillig in Deutschland eine Arbeit aufgenommen haben oder vor der russischen Armee geflüchtet sind.

Viele Menschen und zu wenig Wohnraum, deshalb müssen Wohnungseigentümer Zimmer zur Verfügung stellen – freiwillig oder zwangsweise. *„In Wohnungen, wo normalerweise vier Leute lebten, waren jetzt 16"*, erinnert sich Eckhard Schimpf. Diese unfreiwilligen Wohngemeinschaften sind Teil vieler Erzählungen der Kriegsgeneration, zumindest in den Städten. Entweder aus der Perspektive derer, die eine Wohnung haben und plötzlich von der Militärregierung gezwungen werden, sie mit Fremden zu teilen, oder aus der Perspektive derjenigen, die nehmen müssen, was ihnen angeboten wird. Geschichten darüber werden viele Kinder oder Enkel gehört haben.

Auch Gertrud und Joachim Gorille wird eine Wohnung zugewiesen, Altstadtring 17, ein dreigeschossiges Haus. Dort teilen sie sich die Räume im zweiten Stock mit anderen Flüchtlingen. Gertrud erzählte, dass alle froh waren, überhaupt ein Dach über dem Kopf zu haben, in Sicherheit zu sein und sich freuten, nicht in einem Flüchtlingslager oder gar ehemaligen Luftschutzbunker leben zu müssen. Mit den Bunkern waren so viele negative Erinnerungen verbunden, an Fliegeralarm und angstvolle Stunden, an drangvolle Enge und die Verzweiflung im Krieg.

Ein kleines Wunder, der Brunnen am Bäckerklint ist unbeschädigt, auch Till Eulenspiegel und den Eulen und Meerkatzen ist nichts passiert, während die Umgebung in Trümmern liegt.

Nur Schutt und Asche: Kreuzung Steinweg und Bohlweg – Fallersleber Straße mit Blick auf Katharinen- und Andreaskirche (1947).

St. Andreaskirche und
Hintern Brüdern (1947),
Radeklint mit Blick auf Beckenwerker-,
Weber- und Lange Straße (1946),
Haus am Steinweg (1946).

Im gleichen Haus wird ein Jahr später auch die Familie Hartmann einquartiert, sie hat eine Fleischerei – und wird im Leben von Gertrud und Joachim Gorille noch eine große Rolle spielen. Der Sohn der Familie, der damals sechsjährige Gerhard Hartmann, erinnert sich noch heute daran, dass die Hauswirtin sehr unfreundlich war und die meisten unter ihrem barschen Ton litten.

Gertrud und Joachim sind durch die Flucht nicht nur erschöpft, sie haben auch kaum noch Geld, deshalb suchen sie Arbeit. Schnell finden sie eine Anstellung im *Kaffee Korso*, einem Offiziersclub der Engländer, dort sucht man gerade Personal. Das Café liegt am Damm 37, damals eine Straße mit Autoverkehr, heute eine Fußgängerzone. Sie verbindet Kohlmarkt und Münzstraße und dort, wo das *Kaffee Korso* war, befindet sich seit den 1950er-Jahren das Schuhgeschäft *Rheingold*. Am 21. Juni 1945 fangen sie beide im *Korso* an zu arbeiten. Eben waren sie noch auf der Flucht, jetzt sind sie Servicekräfte.

„Die Arbeit in einem Club für britische Offiziere ist für Gertrud und Joachim Gorille sicher ein Glücksfall gewesen“, so die Einschätzung der Braunschweiger Historikerin Gudrun Fiedler. Sie vermutet, dass die persönlichen Kontakte den weiteren Weg geebnet haben können. *„Die Begegnungen mit Offizieren im Club könnte geholfen haben, als vertrauenswürdig eingestuft zu werden“*, sagt Fiedler weiter, die unter anderem viel über die Nachkriegszeit in Braunschweig recherchiert und publiziert hat. Jeder, der öffentlich arbeitete, also auch Kellner, musste einen Fragebogen zur Entnazifizierung ausfüllen. In den Unterlagen von Joachim und Gertrud Gorille ist vermerkt, dass sie ihre Fragebögen im August 1945 ausfüllten. *„Vielleicht fand sich über die Kontakte im Kaffee Korso ein Leumund“*, spekuliert Fiedler. Auch könnten die Beziehungen zu den Briten für die Anbahnung von Geschäftskontakten nützlich gewesen sein, Joachim und Gertrud Gorille kannten in Braunschweig niemanden. Die britische Militärverwaltung hatte natürlich Einfluss. Zudem konnte Gertrud Englisch, sie hat es auf der Handelsschule gelernt, jetzt ist das sicher sehr nützlich.

Aber ob Gertrud und Joachim Gorille tatsächlich Hilfe von britischen Offizieren erhalten haben, geht aus ihren Unterlagen nicht hervor.

Wie überall in Deutschland ist es das Ziel der britischen Militärregierung, demokratische Strukturen im gesellschaftlichen, politischen und wirtschaftlichen Leben aufzubauen. Im Mittelpunkt ihrer Aufgabe die „4 Ds: Denazifizierung, Demilitarisierung, Dezentralisierung und Demokratisierung" gemäß des Potsdamer Abkommens der Alliierten. Darum kontrolliert sie auch alle Verwaltungsentscheidungen auf kommunaler und überregionaler Ebene. Mit der britischen Militärregierung haben Gertrud und Joachim Gorille in nächster Zeit viel zu tun, denn jeder Schritt in Richtung eines eigenen Gewerbes muss nicht nur von der Stadt, sondern auch von den Briten genehmigt werden.

Das *Kaffee Korso* hat einen Raum im Erdgeschoss und einen im ersten Stock, viel zu laufen für die Bedienungen. In Zeitungsanzeigen aus den 1930er-Jahren wird Werbung gemacht unter dem Motto: *„Kaffee Korso. Das gute Konzert-Kaffee"*. Konzerte und Tanzveranstaltungen gibt es regelmäßig, das *Korso* ist bekannt, die Atmosphäre gediegen. Gertrud Gorille erzählte oft und augenzwinkernd die Geschichte, dass sie beide dort kellnerten und vor Dienstantritt immer ihre Eheringe in der Tasche verschwinden ließen, *„das gab mehr Trinkgeld, jedenfalls für mich."*

Kaffee Korso, Damm 37, *„eine Stätte mondäner Gastlichkeit von weltmännischen Zuschnitt"*, so urteilte ein Kritiker im Volksfreund (aus Peter Albrecht: *Cafés in Braunschweig*).

DIE Geschäftsidee: Essen und trinken müssen die Menschen immer

Nach einigen Wochen überkommt Joachim Gorille plötzlich die Erkenntnis: Essen und trinken müssen die Menschen immer. Diesen Satz zitiert Gertrud immer wieder so, als sei sie Jahre später noch erstaunt, was daraus alles entstanden ist. Denn in dieser banalen Erkenntnis sieht ihr Mann plötzlich eine Geschäftsidee für ihr gemeinsames neues Leben. Er hat zwar wenig Geld, dafür aber eine kaufmännische Ausbildung, er kann gut mit Menschen, ist selbstbewusst, hat Charisma. Dazu eine charmante Frau, seine Gerdi, patent, ein Organisationstalent, sie hat die Städtische Handelsschule in Berlin besucht, weiß darum ebenfalls in Sachen Buchführung und Betriebswirtschaft Bescheid, sie kann anpacken, und nichts bringt sie so schnell aus der Ruhe. Die Zeichen stehen also gut, dass sie auch im Geschäftsleben ein gutes Team werden.

Bislang haben die äußeren Umstände ihre Lebensplanung bestimmt. Sie sind seit 1942 ein Paar, hatten aber noch keine gemeinsame Wohnung. Während des Kriegs arbeitete Gertrud Gorille in Berlin als Stenotypistin zuerst im Reichsluftfahrtministerium, später im Generalstab der Luftwaffe in Wildpark/Werder bei Potsdam. Joachim Gorille war als Funker, Schreiber und später Küchenbuchführer erst im Luftgau-Nachrichten-Regiment Nordhausen, später in Dresden, danach im brandenburgischen Biesenthal stationiert. Mindestens alle zwei Tage schrieben sie sich in dieser Zeit, außerdem telefonierten sie miteinander so oft es ging und trafen sich, sofern es ihre Dienste zuließen.

Briefe erreichten auch während des Krieges in der Regel am nächsten Tag den Empfänger. Die Post hatte die Aufgabe, den Zustellablauf schnell abzuwickeln, denn Briefe schrieben nicht nur Liebespaare. Insbesondere bei sogenannter kriegswichtiger Dienstpost und auch bei der Feldpost durfte es nicht zu Verzögerungen kommen. So versuchte die Post, den Zustellablauf immer effizient und zuverlässig zu organisieren, auch wenn in fortgeschrittener Kriegszeit mehr und mehr improvisiert werden musste.

Kurzer Rückblick: Die Schrecken des Krieges

Anfang Februar 1943 ist Gertrud Gorille schwanger. Beide freuen sich sehr darauf, Eltern zu werden. In ihren Briefen erzählt Gertrud von *„die kleine Gerdi"*, Joachim Gorille witzelt, *„und wenn es ein kleiner Joachim wird?"* Sie sind glücklich und planen außerdem die Hochzeit. Doch am 24. März 1943 erleidet Gertrud auf ihrer Dienststelle eine Fehlgeburt, sie weiß im ersten Moment gar nicht, was ihr passiert, eine Freundin ruft den Krankenwagen. Als sie aus der Narkose im Krankenhaus Potsdam aufwacht, bittet sie um Block und Bleistift, um Joachim zu schreiben. Der ist von der Freundin schon angerufen und informiert worden. Er kann nicht sofort zu ihr fahren, also schreibt er ihr aus Dresden: *„Meine Gedanken sind nach dieser tragischen Mitteilung bei Dir, meine Liebe. Es wird mir sehr, sehr schwer fallen, mich darüber hinwegzusetzen. Es will mir gar nicht in den Kopf, daß uns das passiert sein mußte. Haben wir uns doch so unendlich darauf gefreut und dafür gelebt. (...) Aber ich hoffe, daß sich alles zum Besten wieder wenden wird. Mag kommen, was will, Du gehörst zu mir, und ich trage all das Leid und die Sorgen mit Dir. Wenn einer einem hilft, die Sorgen und das Leid tragen zu helfen, ist der Grundstein zu Besserem gegeben. Wir sind noch nicht zu alt, um uns vom Schicksal unterkriegen zu lassen. Dies Ziel steht voran. (...) Bei so einer Liebe, wie sie bei uns vorhanden ist, gibt es nichts Unmögliches. – Meine Liebe! Ach, wenn Du fühlen könntest, wie es in mir aussieht. Aber der Glaube an Dich macht mich stark."*

Diese große Liebe, dieses Vertrauen ineinander und das verbindende Gefühl, zusammen überstehen wir den Krieg und andere Grausamkeiten, das ist in ihren Briefen der 1940er-Jahre immer wieder Thema. Sie beschreiben ihren Alltag, die Sehnsucht nacheinander und die Zuversicht, dass sie trotz allem gemeinsam einer schönen Zukunft entgegengehen. Die Kriegsgegenwart ist alles andere als schön, sie ist geprägt durch Fliegeralarm und Bombenhagel. Am 28. Februar 1943 schreibt Joachim Gorille aus Dresden: *„Im Radio ist fabelhafte Musik. Spielen gerade das Stück ‚Es wird einmal ein Wunder geschehen.' Hoffen wir, daß bald ein Wunder des Friedens geschehen mag, und wir unsere Wünsche, die uns beiden am Herzen liegen, ausführen können."*

Es geschieht kein Wunder. Im Gegenteil, der Krieg nimmt an Heftigkeit zu, die Fliegerangriffe der Alliierten steigern sich. Gertrud versucht in dieser Situation trotzdem positiv zu denken, sie schreibt am 13. März 1945: *„Das Leben ist so kurz und jetzt noch besonders schwer im Krieg. Wie schön könnten wir schon alles haben, wenn der Krieg nicht wäre. 2 Jahre sind wir schon verheiratet. 1 ½ Jahre wär unser Junge schon. Was haben wir in diesen 2 Jahren erreicht? Nichts, als daß Du immer in meiner Nähe warst, wir gesund sind und uns sehr, sehr lieb haben und immer noch lieber gewinnen. Daß ist eigentlich doch sehr viel, da müssen wir dem Schicksal recht dankbar sein. Alles hat sich bisher zum Guten gewendet, wenns auch manchmal noch so trübe war. So wird auch jetzt die Sonne wieder für uns scheinen."*

16. März 1943, auf der Rückseite des Fotos steht *„Unser Verlobungstag"*. Gertrud und Jochen lächeln glücklich – acht Tage später erleidet Gertrud eine Fehlgeburt.

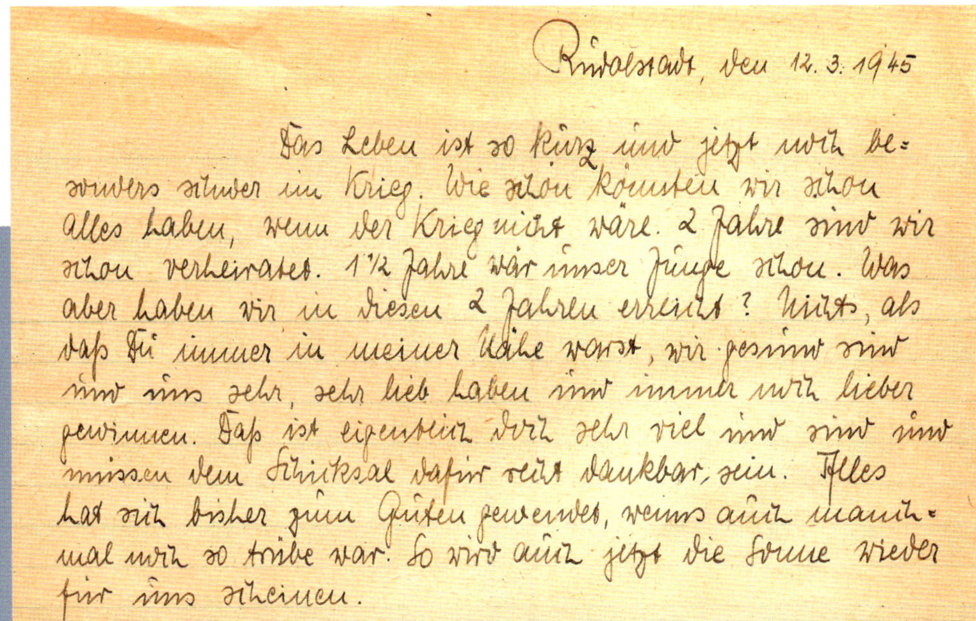

Rudolstadt, den 12. 3. 1945

Das Leben ist so kurz und jetzt noch besonders schwer im Krieg. Wie schön könnten wir schon alles haben, wenn der Krieg nicht wäre. 2 Jahre sind wir schon verheiratet. 1½ Jahre wär unser Junge schon. Was aber haben wir in diesen 2 Jahren erreicht? Nichts, als daß Du immer in meiner Nähe warst, wir gesund sind und uns sehr, sehr lieb haben und immer noch lieber gewinnen. Daß ist eigentlich doch sehr viel und sind und müssen dem Schicksal dafür recht dankbar sein. Alles hat sich bisher zum Guten gewendet, wenns auch manchmal noch so trübe war. So wird auch jetzt die Sonne wieder für uns scheinen.

Die Dienststelle von Gertrud Gorille ist gegen Ende des Krieges nach Rudolstadt (Thüringen) verlegt worden, aber auch dort gibt es fast täglich Fliegeralarm, und sie muss häufig in den Luftschutzkeller.

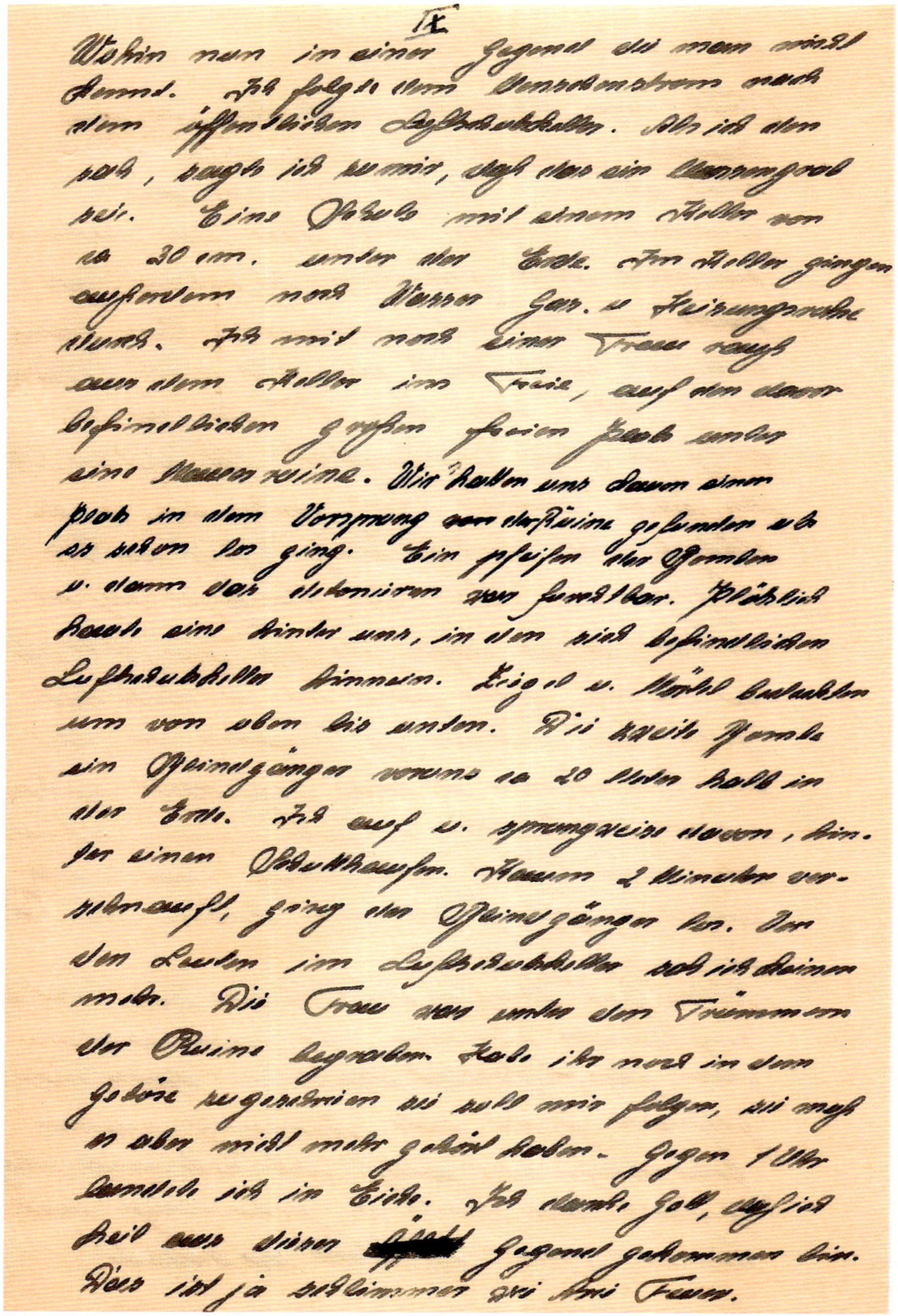

Einige Tage später, am 17. März 1945, berichtet Joachim in einem Brief an seine Gerdi, dass er dienstlich in Berlin unterwegs war und wegen Fliegeralarm in Charlottenburg die S-Bahn verlassen musste. *„Wohin nun in einer Gegend, die man nicht kennt. Ich folgte dem Menschenstrom nach dem öffentlichen Luftschutzbunker. Als ich den sah, sagte ich mir, daß das ein Massengrab sei. Eine Schule mit einem Keller von 30 cm unter der Erde. Im Keller gingen außerdem Wasser, Gas u. Heizungsrohre durch. Ich mit noch einer Frau raus aus dem Keller auf den davor befindlichen großen, freien Platz unter eine Mauerruine. Wir hatten kaum einen Platz in dem Vorsprung der Ruine gefunden, als es schon los ging. Ein Pfeifen der Bomben und dann das detonieren war furchtbar. Plötzlich haute eine hinter uns in den sich befindlichen Luftschutzkeller hinein. Ziegel und Mörtel bedeckten uns von oben bis unten. Die zweite Bombe ein Blindgänger vor uns ca. 20 Meter, halb in der Erde. Ich auf und sprungweise davon, hinter einen Schutthaufen. Kaum 2 Minuten verschnauft, ging der Blindgänger los. Von den Leuten im Luftschutzkeller sah ich keinen mehr. Die Frau war unter den Trümmern der Ruine begraben. Habe ihr noch in dem Getöse zugeschrieen, sie soll mir folgen, sie muss es aber nicht mehr gehört haben. Ich danke Gott, daß ich heil aus dieser Gegend gekommen bin. Das ist ja schlimmer als Artilleriefeuer."*

In den Briefen lassen sie den anderen daran teilhaben, was sie erleben, was sie fühlen, sie äußern sich aber nie politisch. Sie wissen, ihre Briefe können geöffnet und gelesen werden. Sie wissen auch, dass Telefonate mitunter mitgehört werden, sie schreiben sich manchmal, dass jemand, mutmaßlich die „Vermittlung", in der Leitung dabei war. Sie werden wahrscheinlich in den letzten Kriegstagen bei einem Treffen besprochen haben, dass sie aus Berlin fliehen wollen, sobald der Krieg vorbei ist. Die Rote Armee rückt seit Anfang des Jahres immer näher an Berlin ran, alle haben Angst vor „den Russen".

Joachim Gorille schreibt ein paar Zeilen zuvor *„... ein Tag, den ich so schnell in meinem Leben nicht vergessen werde..."*

Neu geplant: Anpacken statt erholen

Bislang hat der Krieg ihre gemeinsame Lebensplanung bestimmt, mit dessen Ende können sie wieder frei entscheiden. Ihre enge Beziehung und ihr gemeinsamer Wille, sich eine Zukunft aufbauen zu wollen, ihr Mut, ihr Ehrgeiz und ihr Pragmatismus, sich nicht auf Probleme, sondern auf Lösungen zu konzentrieren: Das war sicher das größte Kapital von Gertrud und Joachim Gorille, als sie nach ihrer Flucht in Braunschweig überlegen, wie sie aus Jochens Erkenntnis – *„essen und trinken müssen die Menschen immer"* – eine Geschäftsidee entwickeln.

Da Finanzen bei Geschäftsideen eine große Rolle spielen, muss erst einmal ein praktikabler Weg gefunden werden. Eine eigene Gaststätte oder gar Restaurant wäre zu teuer, da sind Jochen und Gertrud sich einig. Auch mieten ist keine Option, die Stadt hat kaum unzerstörte Gewerberäume. Jetzt nach dem Krieg kommen häufig Holzbuden als Verkaufsstände in Braunschweig zum Einsatz. Das ist dann auch die gemeinsame Idee: ein eigener Stand aus Holz, praktisch, schnell gebaut und nicht zu teuer – aber ein besonderer soll es werden!

Es geht aus den Unterlagen nicht hervor, ob Gertrud und Joachim Gorille zu diesem Zeitpunkt entscheiden, für immer in Braunschweig sesshaft zu werden oder ob Hamburg noch immer ein Ziel ist. Vielleicht ist den beiden selbst noch nicht klar, wohin ihre Reise geht. Aber klar ist ihnen nach intensiven Überlegungen das Ziel: ein eigener Verkaufsimbiss. Noch während sie im *Kaffee Korso* bedienen, nimmt ihre Idee konkrete Formen an. Schon am 6. Juli 1945 kümmert sich Joachim um eine Betriebserlaubnis für einen Verkaufstand. Außerdem legt er ein „Geschäftstagebuch für den Einzelhandel nach den Mindestanforderungen für die Buchführungspflicht" an und dokumentiert darin die weiteren Vorbereitungen. Mit seiner schnörkeligen, eigenwilligen Handschrift notiert er am 15. August 1945 in der ersten und zweiten Zeile:

Meta Hanisch, Berlin,
„Aufgenommener Credit" 3.000,00 RM,
J. Gorille, Braunschweig,
„Kapitaleinlage" 1.000,00 RM.

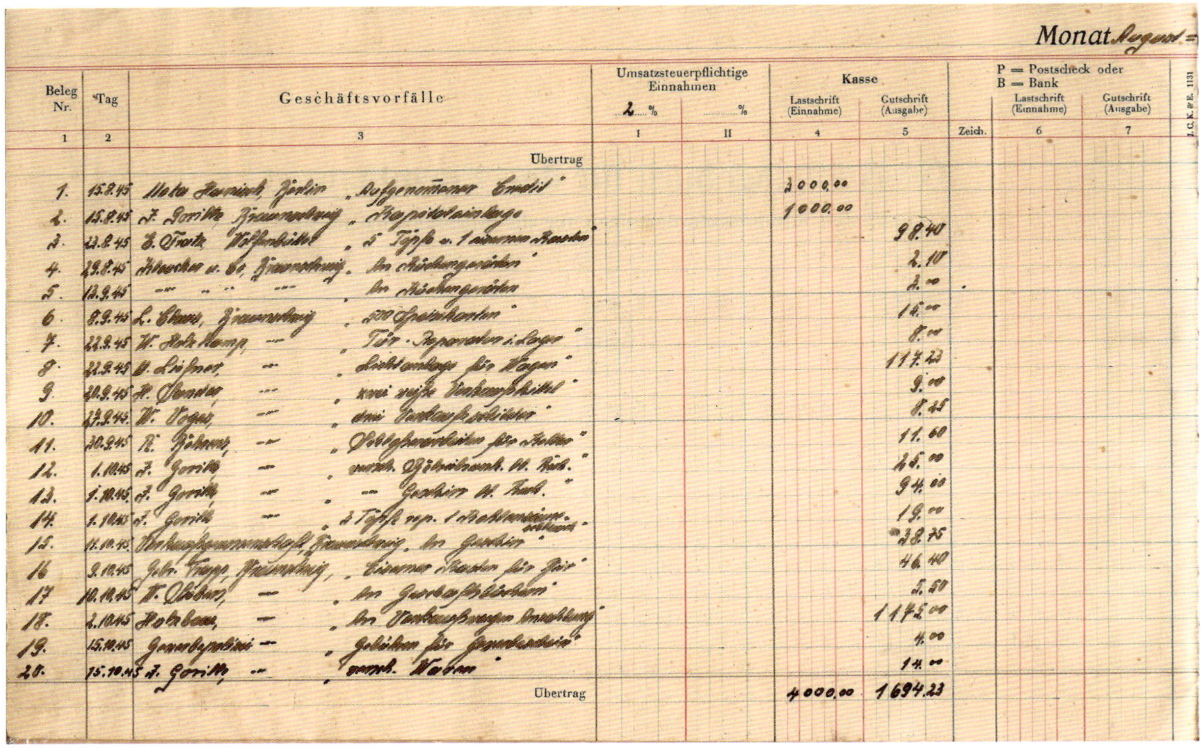

Gertrud und Joachim Gorille knüpfen schnell Kontakte zu Braunschweiger Traditionsfirmen, Zeile 9: (Wäsche) Sander - zwei weiße Verkaufskittel, Zeile 8 M. Liefner - Lichtanlage für Wagen.

Meta Hanisch ist seine Schwiegermutter, die in diesem Sommer noch in Berlin lebt, aber im November 1945 nach Braunschweig umziehen und wie Gertrud und Joachim Gorille im Haus Altstadtring 17 wohnen wird. Seit Oktober 1944 ist sie Witwe, ihr Mann Friedrich ist mit 73 Jahren gestorben, sie selbst zu diesem Zeitpunkt 53 Jahre alt. Wahrscheinlich hat sie sich in Berlin nie recht heimisch gefühlt. Sie, ihr Mann und ihre Tochter Gertrud waren erst 1932 aus der damals deutschen Provinz Posen, heute Polen, nach Berlin gezogen. Metas sechs Geschwister waren dort geblieben, niemand sonst aus der Verwandtschaft hat die Heimat verlassen. Nun, nach dem Tod ihres Mannes, lebt ihre einzige Tochter in Braunschweig und macht sich mit ihrem Mann selbstständig. Meta beschließt, Berlin zu verlassen. Wahrscheinlich hat sie Freude an der Vorstellung, die beiden zu unterstützen und damit auch nicht mehr allein leben zu müssen.

4.000 Reichsmark sind im Geschäftstagebuch also als Startkapital verzeichnet. Dort ist auch festgehalten, was als Erstes gekauft wird: Töpfe, Küchengeräte und zwei weiße Verkaufskittel von Wäschehaus Sander. Die erste Anzahlung für den Verkaufswagen an die Firma Holzbau wird am 2. Oktober 1945 geleistet: 1.175,00 Reichsmark.

Eine zentrale Frage ist: Wo soll der Verkaufsstand stehen? 90 Prozent der Innenstadt sind zerstört. Nicht ganz so dramatisch hat es den Friedrich-Wilhelm-Platz getroffen, der übrigens unter den Nazis 1938 in Adolf-Hitler-Platz umbenannt worden war. Auch der Kalenwall hieß ab 1938 Adolf-Hitler-Wall. Hitler und Braunschweig, das ist eine besondere Beziehung. Adolf Hitler wurde am 25. Februar 1932 von der Regierung des Freistaats Braunschweig zum Regierungsrat beim Landeskultur- und Vermessungsamt ernannt. Dank dieser Verbeamtung konnte der gebürtige Österreicher, der seit 1925 aber staatenlos war, deutscher Staatsbürger werden. Das wiederum war die Voraussetzung, dass Hitler im März 1932 gegen Hindenburg zum Reichspräsidenten kandidieren konnte und die Geschichte ihren Lauf nahm.

Der Platz erhält unmittelbar nach dem Krieg seinen ursprünglichen Namen zurück. Der Friedrich-Wilhelm-Platz war erst im 19. Jahrhundert angelegt worden, fast zeitgleich mit dem Bau des Bahnhofs gegenüber. Beide zusammen bilden ein prächtiges Ensemble und das Tor in die Stadt. Den Platz säumen Hotel-, Geschäfts- und Bankhäuser, mehrere Cafés, alles in allem mondän, verkehrsreich, lebendig. Nach den Bombenangriffen bietet das gesamte Areal ein trauriges Bild, auf dem Platz liegen Trümmer, dem Bahnhof fehlt das Dach.

In der Friedrich-Wilhelm-Straße sind kaum Häuser durch Bomben gänzlich zerstört, die meisten in den oberen Etagen lediglich beschädigt, mal mehr, mal weniger schlimm. Man kann kurz nach Kriegsende ahnen, dass der Friedrich-Wilhelm-Platz und die Friedrich-Wilhelm-Straße relativ schnell „wiederbelebt“ werden könnten.

Bis das Gebäude des Hauptbahnhofs wieder intakt ist, dauert es einige Jahre, die Gleise dagegen werden immer wieder schnell nach den Angriffen repariert.

Großstadtflair am Hauptbahnhof. Kein Wunder, dass die Nationalsozialisten sich diesen attraktiven Platz aussuchten, um Hitler zu ehren.

Die Trümmer auf dem Platz werden auch rasch beiseite geräumt, die Verbindung zwischen Bahnhof und Stadt ist wichtig. Die ersten Straßenbahnen rattern bereits im Sommer 1945 wieder über die Schienen. Der Platz, eine Art Drehscheibe der Stadt, erwacht zu neuem Leben und verbindet das Bahnhofsviertel wieder mit der Innenstadt.

Auch die Gleise im Hauptbahnhof werden zügig instand gesetzt und die Hallen in Schuss gebracht, damit der Verkehr wieder rollen kann. Ab Herbst 1945 treffen mehr und mehr Versorgungszüge ein, unter anderem mit Braunkohle aus dem Helmstedter Revier, aber auch Reisezüge mit Flüchtlingen, Vertriebenen und Kriegsgefangenen kommen an, die ersten Berufspendler sind unterwegs. Ein eigenes Auto hat kaum jemand, wer außerhalb von Braunschweig arbeitet, der fährt Bus und Bahn. Ein neues Dach erhält der Bahnhof erst 1949 wieder.

Die Suche: Der ideale Standort

Das Bahnhofsviertel kommt ziemlich fix wieder in Gang. Dieser Kiez erscheint Gertrud und Joachim Gorille ideal für einen Schnellimbiss, Reisende haben es immer eilig – nur den genauen Standort müssen sie noch finden. Ihre erste Idee ist, den Verkaufswagen am Bruchtorwall 4 aufzustellen, nur wenige Meter neben dem *Hotel Monopol*.

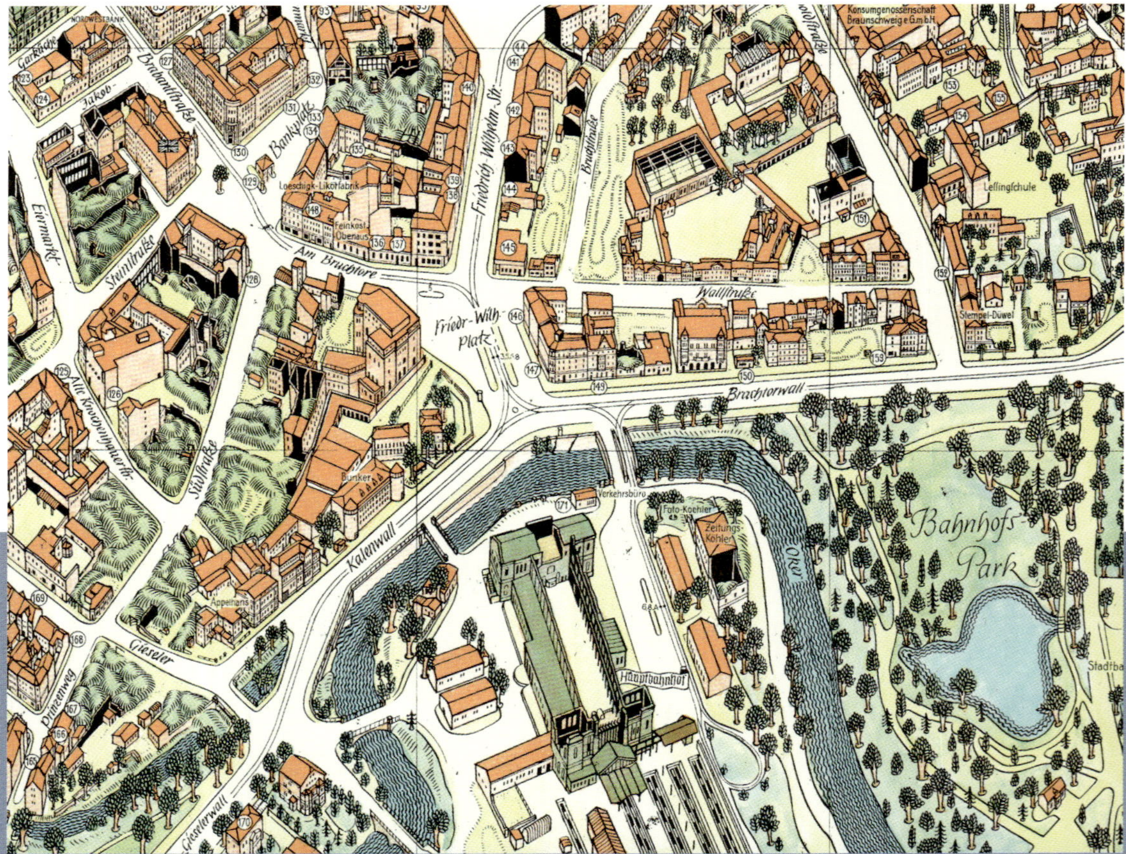

Ein größerer Ausschnitt der Karte Braunschweig Trümmerplan Nr. 1, 1948 des Bollmann-Bildkarten-Verlags ist weiter vorn im Buch zu sehen.

Diese Wahl erscheint ihnen überaus praktisch und vielversprechend zu sein. Denn am Bruchtorwall, der vom Friedrich-Wilhelm-Platz in Richtung Lessingplatz verläuft, befindet sich auch ein Hotel namens *Hospiz*, allerdings sind die vier Stockwerke des Hauses schwer beschädigt und das Hotel vorerst nicht nutzbar. Aber die Kellerräume sind intakt. Joachim Gorille mietet sie, sie sollen als Küche und Lager dienen. Er liebäugelt mit der Idee, irgendwann mal das Hotel wieder flottzumachen und zu betreiben, das geht aus einem Brief hervor, den er der Stadt im Zusammenhang mit einer anderen Anfrage schreibt. Es gibt später auch Gespräche mit einer Brauerei, aber diese Pläne verlaufen letztendlich im Sande.

Im Sommer 1945 nehmen Gertrud und Jochen die Gegend genau unter die Lupe: Wer geht wo entlang mit welchem Ziel? Sie stellen fest, dass die meisten Menschen sich über den Friedrich-Wilhelm-Platz und den Kalenwall bewegen, denn dort führen zwei Brücken über die Oker zum Bahnhof hin. Viele, die vom Bahnhof kommen, haben die Innenstadt als Ziel, auch sie strömen über den Kalenwall in die Friedrich-Wilhelm-Straße.

Die Friedrich-Wilhelm-Straße war vor dem Krieg eine der größten und beliebtesten Flaniermeilen Braunschweigs. Alte Einwohner und Einwohnerinnen erinnern sich heute noch gern an die Topgeschäfte wie Feinkost Meyer, Blumen Gerling, Schuh Weferling, Wäsche Sander und viele andere. Die Bombenangriffe haben auch dort ihre Spuren hinterlassen, aber die Gebäude meist nur beschädigt und nicht in Trümmer gelegt. Der Wiederaufbau der Geschäfte scheint 1945 also nur eine Frage der Zeit.

Alle diese Beobachtungen und Überlegungen führen zu einem Umdenken und Gertrud und Joachim Gorille entscheiden, dass der Verkaufswagen auf dem Kalenwall direkt vor dem ehemaligen Luftschutzbunker, zwischen Hauptbahnhof und Friedrich-Wilhelm-Platz, stehen soll. Die knapp 200 Meter Distanz von der gemieteten Kellerküche am Bruchtorwall bis hin zum Verkaufsstand nehmen sie in Kauf.

Mutmaßlich ist es besonders Joachim Gorille, der diesen Platz präferiert, es würde seiner Philosophie entsprechen, nämlich immer den Fokus auf den Kunden richten, seine Bedürfnisse im Blick haben. In diesem Fall heißt das: Wer es eilig hat, macht nicht gern Umwege. Der Kunde muss nicht zu mir kommen, ich komme zu ihm. Das ist für Joachim Gorille der Schlüssel zur Kundenzufriedenheit und zum Erfolg. Der Kunde ist der Dreh- und Angelpunkt seiner Planungen, seiner Gedanken und Handlungen.

Bis Mitte September 1945 arbeiten Gertrud und Joachim Gorille im *Kaffee Korso*, dann kündigen sie und konzentrieren sich auf den geplanten Verkaufswagen. Im Geschäftstagebuch ist am 21. September 1945 vermerkt: Firma Liefner, Lichtanlage Verkaufswagen 117,23 RM, Grebe & Kunze kümmert sich um die Heizung, Waren liefern Heimbs & Sohn (Kaffeerösterei und Handel), die Nordsee-Braunschweig und die Fleischerei Kunath – immer wieder tauchen diese Namen im Geschäftstagebuch auf. Alles gestandene Braunschweiger Firmen, die für Qualität und Seriosität stehen, die Geschäftsbeziehungen halten über Jahrzehnte.

Der 1. November 1945 rückt näher, an diesem Tag soll der Verkaufsstand eröffnet werden. Gertrud und Joachim drucken 500 Speisekarten und warten dringend auf die Behördenbescheide. Am 3. Oktober 1945 erhalten sie endlich vom Chef der Polizei die *„Erlaubniskurkunde. Auf den Antrag vom 6. Juli 1945. Mit Ermächtigung der Militärregierung Deutschland erteile ich Ihnen hiermit die Erlaubnis zum Betrieb der Schankwirtschaft (Betriebsart Trinkhalle) d.h. Ausschank von alkoholfreien Getränken, verbunden mit dem Verkauf von Speisen wie Suppen, Würstchen, Brötchen und dergleichen in einem an der Nordwestseite des Bruchtorwalls stehenden Verkaufswagen.“*

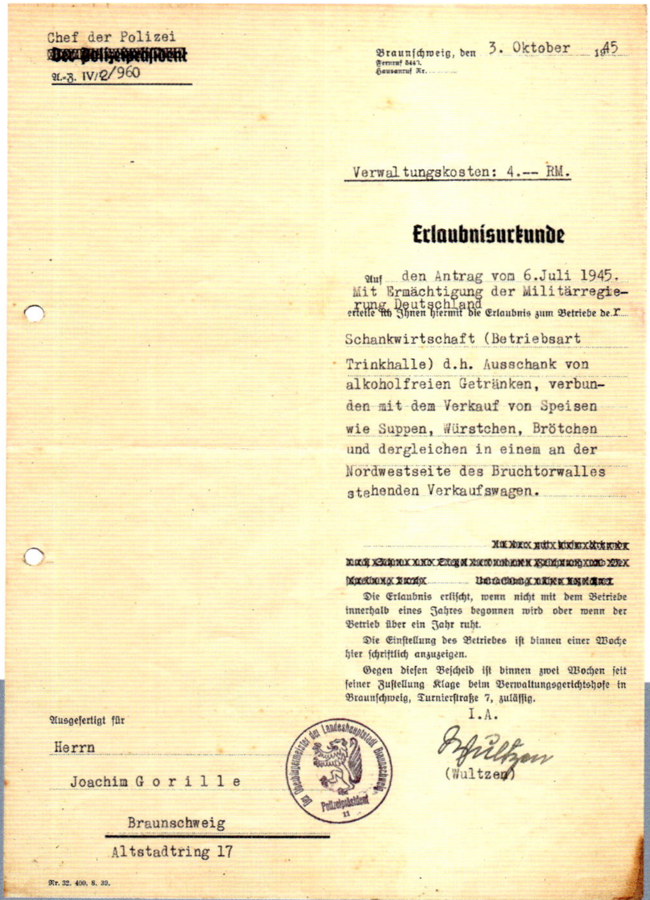

Chef der Polizei
~~Der Polizeipräsident~~
A.-Z. IV/2/960

Braunschweig, den 3. Oktober 1945

Verwaltungskosten: 4.-- RM.

Erlaubnisurkunde

Auf den Antrag vom 6.Juli 1945.
Mit Ermächtigung der Militärregierung Deutschland
erteile ich Ihnen hiermit die Erlaubnis zum Betriebe der

Schankwirtschaft (Betriebsart Trinkhalle) d.h. Ausschank von alkoholfreien Getränken, verbunden mit dem Verkauf von Speisen wie Suppen, Würstchen, Brötchen und dergleichen in einem an der Nordwestseite des Bruchtorwalles stehenden Verkaufswagen.

Die Erlaubnis erlischt, wenn nicht mit dem Betriebe innerhalb eines Jahres begonnen wird oder wenn der Betrieb über ein Jahr ruht.

Die Einstellung des Betriebes ist binnen einer Woche hier schriftlich anzuzeigen.

Gegen diesen Bescheid ist binnen zwei Wochen seit seiner Zustellung Klage beim Verwaltungsgerichtshofe in Braunschweig, Turnierstraße 7, zulässig.

I.A.
(Wultzen)

Ausgefertigt für
Herrn
Joachim G o r i l l e
Braunschweig
Altstadtring 17

Nr. 32. 400. 8. 39.

Drei Tage später folgt der Gewerbeanmeldeschein der Stadt, auf ihm steht handschriftlich vermerkt der Standort: Kalenwall. Bruchtorwall ist durchgestrichen – alles ist glattgelaufen, jetzt kann es losgehen. Die Standmiete beträgt 20 Reichsmark im Monat.

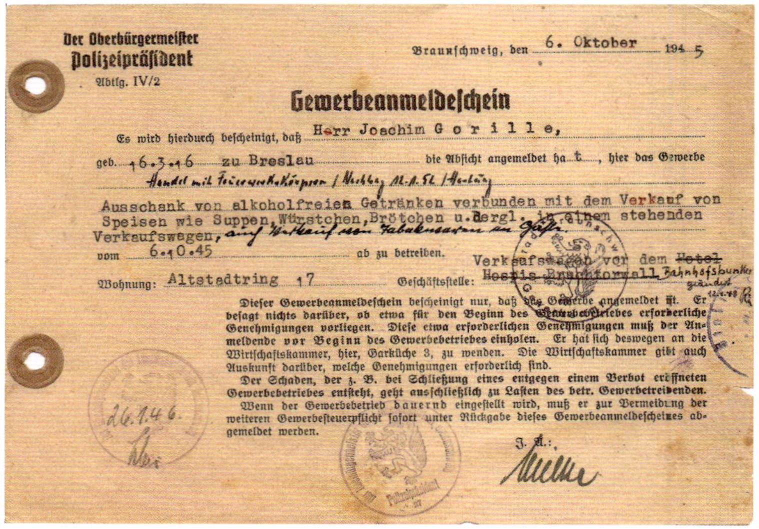

Der Oberbürgermeister
Polizeipräsident
Abtlg. IV/2

Braunschweig, den 6. Oktober 1945

Gewerbeanmeldeschein

Es wird hierdurch bescheinigt, daß Herr Joachim G o r i l l e,
geb. 16.3.16 zu Breslau die Absicht angemeldet hat, hier das Gewerbe
Ausschank von alkoholfreien Getränken verbunden mit dem Verkauf von Speisen wie Suppen, Würstchen, Brötchen u.dergl. in einem stehenden Verkaufswagen,
vom 6.10.45 ab zu betreiben.
Wohnung: Altstadtring 17 Geschäftsstelle: Verkaufswagen vor dem ~~Hotel Hospis Bruchtorwall~~

Dieser Gewerbeanmeldeschein bescheinigt nur, daß das Gewerbe angemeldet ist. Er besagt nichts darüber, ob etwa für den Beginn des Gewerbebetriebes erforderliche Genehmigungen vorliegen. Diese etwa erforderlichen Genehmigungen muß der Anmeldende vor Beginn des Gewerbebetriebes einholen. Er hat sich deswegen an die Wirtschaftskammer, hier, Garküche 3, zu wenden. Die Wirtschaftskammer gibt auch Auskunft darüber, welche Genehmigungen erforderlich sind.

Der Schaden, der z. B. bei Schließung eines entgegen einem Verbot eröffneten Gewerbebetriebes entsteht, geht ausschließlich zu Lasten des betr. Gewerbetreibenden.

Wenn der Gewerbebetrieb dauernd eingestellt wird, muß er zur Vermeidung der weiteren Gewerbesteuerpflicht sofort unter Rückgabe dieses Gewerbeanmeldescheines abgemeldet werden.

I. A.:

26.1.46.

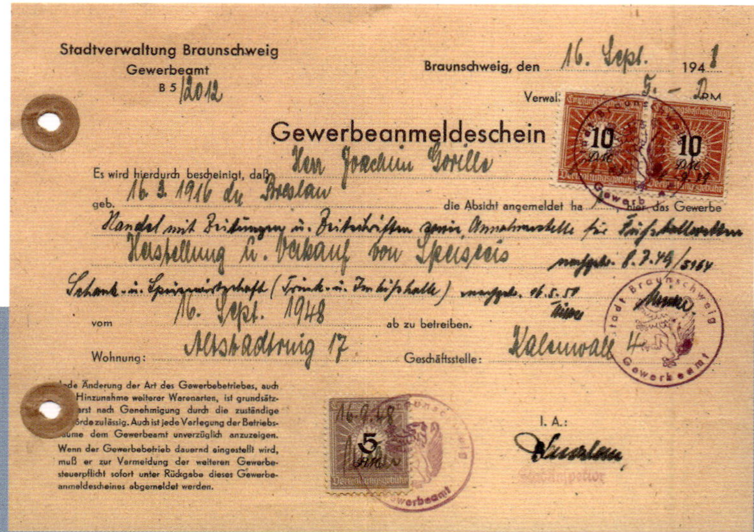

Stadtverwaltung Braunschweig
Gewerbeamt
B 5/2012

Braunschweig, den 16. Sept. 1948

Verwal: 5.– DM

Gewerbeanmeldeschein

Es wird hierdurch bescheinigt, daß Herr Joachim Gorille
geb. 16.3.1916 in Breslau die Absicht angemeldet hat, hier das Gewerbe
vom 16. Sept. 1948 ab zu betreiben.
Wohnung: Altstadtring 17 Geschäftsstelle: Kalenwall 4

Jede Änderung der Art des Gewerbebetriebes, auch Hinzunahme weiterer Warenarten, ist grundsätzlich erst nach Genehmigung durch die zuständige Behörde zulässig. Auch ist jede Verlegung der Betriebsräume dem Gewerbeamt unverzüglich anzuzeigen. Wenn der Gewerbebetrieb dauernd eingestellt wird, muß er zur Vermeidung der weiteren Gewerbesteuerpflicht sofort unter Rückgabe dieses Gewerbeanmeldescheines abgemeldet werden.

I. A.:

Böller, Brötchen, Speiseeis, Suppen, Fußballwetten und vieles mehr.
Das Angebot am Verkaufswagen und später in der *Silberquelle* wächst ständig.

1. November 1945: Der Verkaufsstand am Bunker

Donnerstag, 1. November 1945, Allerheiligen, der Himmel ist bedeckt, mit 12 Grad ist es kühl, der Verkaufsstand steht geschützt am Bunker und hat ein Wellblechdach über sich. Gertrud und Jochen Gorille haben ihre weißen Kittel angezogen und öffnen am frühen Morgen die breite Klappe ihres Imbisses. Wie immer strömen Menschen eiligen Schrittes dem Bahnhof oder dem Friedrich-Wilhelm-Platz entgegen.

Ein Dachvorsprung am Bunker bietet dem kleinen Verkaufsstand und den Menschen bei Regen Schutz.

Wie der Tag wohl verlaufen wird? Leisten sich die Leute Suppen oder Würstchen oder belegtes Brot? So kurz nach dem Krieg herrscht Not, nicht nur Wohnraum ist knapp, auch Nahrungsmittel. Seit Kriegsbeginn gibt es Lebensmittelkarten und Marken für Eier, Kartoffeln, Brot, Zucker, Fett – für fast alles, die Rationen werden zugeteilt. Dieses System ist auch Ende 1945 noch immer in Betrieb, wie auf der Speisekarte von Gertrud und Joachim Gorille zu lesen ist, man kann mit Reichsmark oder mit Marken bezahlen. Die Menschen sind es also gewöhnt, sich mittels Marken zu versorgen, aber werden sie sie auch am Imbissstand eintauschen?

Der Künstler Gerd Winner erinnert sich an jene Zeit und erzählt: „*Es war ein Gefühl von großer Freiheit, ohne Karte und Marken etwas zu kaufen. Die Marken waren für bestimmte Waren und zugeteilt. Mit Geld konnte man auswählen und Reichsmark hatten die meisten im Strumpf, aber häufig gab es nichts zu kaufen.*"

Gertrud und Joachim Gorille haben den Verkaufswagen freundlich gestaltet, weiß ist er gestrichen, viele Glasfenster machen es möglich, nach innen zu schauen. Die Frontseite besteht aus fest eingebauten Fenstern und einer Durchreiche, ein halbes Fenster zum Hochschieben. An der schmalen Seite links führt eine Tür ins Innere des Wagens. In den Fenstern sind Glasregalböden eingebaut, darauf weiße Servietten, die umgeknickten Ecken blitzen dem Betrachter entgegen. Helle Servietten auf glänzendem Glas, darauf Teller und Schalen mit Essen, das sieht appetitlich aus. Gertrud dekoriert gern und geschickt, mit wenigen Accessoires viel herzumachen und Waren ansprechend zu präsentieren, das gelingt ihr sehr gut.

Der neue Verkaufsstand ist schöner als andere, die nach dem Krieg aufgestellt werden. Auf Fotos im Stadtarchiv sieht man, dass die meisten Stände einfache Holzbuden sind, die vorn eine schlichte Klappe haben, die man wie bei einer Garage nach oben schwingt. Ist diese Klappe geöffnet, kommt eine einfache Holztheke zum Vorschein, darauf werden dann die Waren ausgelegt.

Speisekartoffeln A/01 LEA
Speisekartoffeln B/01 LEA
Deutschland
Britische Besatzungszone
LEA, HANNOVER (Lüneburg)
104-107 Gültig vom 21.7. bis 9.11.1947
Bezugsausweis für
Speisekartoffeln
für Versorgungsberechtigte über 3 Jahre

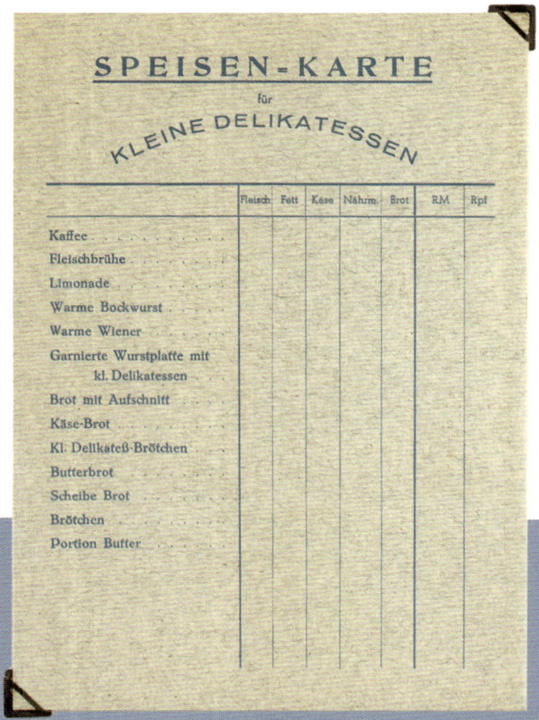
SPEISEN-KARTE
für
KLEINE DELIKATESSEN

	Fleisch	Fett	Käse	Nährm.	Brot	RM	Rpf
Kaffee							
Fleischbrühe							
Limonade							
Warme Bockwurst							
Warme Wiener							
Garnierte Wurstplatte mit kl. Delikatessen							
Brot mit Aufschnitt							
Käse-Brot							
Kl. Delikateß-Brötchen							
Butterbrot							
Scheibe Brot							
Brötchen							
Portion Butter							

Die Verwaltung der Britischen Besatzungszone vergibt die Bezugsausweise hier für Kartoffeln.

Zwei Währungen: Entweder bezahlt man mit Reichsmark oder mit Lebensmittelmarken.

Einfache Verkaufsstände in der Langedammstraße, Klappe hoch, und der Laden ist geöffnet, Glasfenster sind nicht vorhanden.

Ihr Verkaufsstand sieht edel aus, allein schon, weil er weiß gestrichen und wie ein kleiner Raum gestaltet ist, außen verläuft zudem ein schmaler Tresen – eine insgesamt schicke Erscheinung. Der Imbiss verfügt auch über einen Stromanschluss, sodass er abends gut sichtbar und auch überhaupt nutzbar ist. Gertrud und Joachim Gorille ist es wichtig, dass alles freundlich, sauber und vor allem hochwertig aussieht. Ganze dreimal verwenden sie das Wort „Delikatessen“ auf ihrer Speisekarte. Kommt das an, oder schreckt das ab, weil es teuer klingt?

Gleich am ersten Tag ist der Verkaufsstand gut besucht. Im Geschäftstagebuch notiert Joachim Gorille für den 1. November 1945: Einnahmen 151 RM (das sind rund 600 Euro heute). In den folgenden Wochen kommen täglich rund 200 RM (800 Euro) zusammen, schon ein halbes Jahr später verzeichnet er an manchen Tagen um die 500 RM (2000 Euro). Allerdings erwirtschaften Gertrud und Joachim Gorille diese Summen nicht allein, sie haben schon im Oktober 1945 vor dem Startschuss eine Hilfe eingestellt, unmittelbar danach zwei weitere. In den nächsten Wochen wächst die Belegschaft auf fünf Beschäftigte gleichzeitig, überwiegend Frauen. Sie arbeiten entweder im Verkauf oder im Keller am Bruchtorwall, wo sie Brötchen schmieren, kleine Wurstplatten garnieren, Brühe kochen oder das Geschirr abwaschen.

Der Kontrast in der Nachkriegszeit könnte nicht größer sein: Während die Stadt überwiegend grau und staubig ist, kommt der Verkaufswagen hell und glänzend und abends sogar leuchtend daher. Das Servicepersonal trägt weiße Kittel oder adrette Schürzen. Alles sieht sauber und appetitlich aus. Dieses Kontrastkonzept entspricht offensichtlich dem Bedürfnis der Menschen. Nach dem Krieg sehnen sich alle nach einer heilen Welt und nach Jahren der Verdunklung nach Licht. Auch wenn es nur ein kleiner, schmucker Verkaufsstand ist, er ist ein Hinweis auf eine bessere Zukunft. Außerdem ist es ein schönes Gefühl von Luxus, sich eben mal im Vorbeigehen eine Bockwurst zu kaufen.

Gute Stimmung am Verkaufsstand, es wird bestimmt auch mal geschäkert.

Auf dem Hauptbahnhof fahren Ende 1945 die ersten Züge kurz vor 5 Uhr morgens in Richtung Göttingen, Kreiensen, Hannover, Uelzen, und sehr viele Reisende passieren in der Nähe des Bunkers die Brücke über die Oker. Der Verkaufsstand hat von 7 Uhr in der Früh bis spät in die Nacht geöffnet.

Der Standort erweist sich als hervorragend. Aber er allein garantiert nicht den Erfolg. Es ist sicher auch das Konzept, das Grundbedürfnis der Menschen nach Essen und Trinken mit qualitativ hochwertigen Waren zu befriedigen und das in einer optisch ansprechenden Umgebung.

Gertrud, 24, und Joachim Gorille, 29, waren eben noch Flüchtlinge, mit dem 1. November 1945 sind sie Selbstständige geworden. Das bewegt und berührt sie sehr. Ihr Verkaufsstand markiert den entscheidenden Wendepunkt in ihrem Leben, den Start in ihre nie mehr endende Selbstständigkeit. Dieser Imbiss ist der Vorläufer der *Silberquelle*, aber das ist an diesem kühlen 1. November 1945 noch nicht absehbar...

Das jährliche Ritual: Ein Hoch auf die Selbstständigkeit

Der 1. November ist ein entscheidender Einschnitt im Leben meiner Eltern, an den sie sich immer wieder erinnern wollen. Das Datum wird Jahr für Jahr zelebriert, es ist für sie ein Feiertag. Solange ich mich erinnern kann, gingen wir in das Restaurant gegenüber der Oberpostdirektion Friedrich-Wilhelm-Straße, das chinesische Restaurant *Hongkong*. Dort stießen wir an, mein Vater mit einem kühlen Pils, ich bekam eine Cola, die gab es nur bei besonderen Anlässen. Meine Mutter trank kaum Alkohol, aber ein Sekt, der sollte es an diesem besonderen Jahrestag für sie dann doch sein. Die Gläser festlich erhoben, einmal klingen lassen *„auf den 1. November"*, also auf den Geburtstag ihrer Selbstständigkeit im Jahr 1945. Der Eröffnungstag der *Silberquelle* wurde nicht so gewürdigt. Das belegt im Fotoalbum eine Aufnahme mit ihnen und ihren Gästen, darüber hat meine Mutter notiert *„6-jähriges Bestehen der Silberquelle – 1.11.1951"*. Der Pavillon aber wurde erst zwei Jahre davor eröffnet, am 4. Juni 1949. Meine Eltern hatten eben ihre ganz eigene Zeitrechnung. Am 1. November 1955 schalten sie in der Braunschweiger Zeitung auch eine Anzeige: *„10 Jahre Silberquelle. Dienst am Kunden = Vertrauen und Zufriedenheit.*

Der Imbiss ist nicht nur wegen des Essens beliebt, sondern auch, weil man dort mit Leuten ins Gespräch kommt.

So soll es bleiben! Joachim Gorille und Frau." Da gibt es den Pavillon erst seit sechs Jahren. Der holprige Slogan belegt einmal mehr, dass der 1.11. DER TAG in ihrem Leben war, weshalb er einen fest verankerten Platz in der kleinen Liste der Rituale hatte und immer gefeiert wurde. Auch nachdem mein Vater im Januar 1977 starb, ist meine Mutter mit mir am 1. November weiterhin essen gegangen. Als das *Hongkong* geschlossen wurde, sind wir in ein anderes chinesisches Restaurant gegangen. Ich habe nie gefragt, warum es ausgerechnet Chinesisch sein musste, es war halt so. Nach dem Tod meiner Mutter im Januar 1997 habe ich diese Tradition nicht mehr gepflegt – schade. Aber ich werde das wieder ändern.

Beste Bedingungen: Zwischen Bahnhof, Bunker und Busbahnhof

Der Platz vor dem ehemaligen Bunker ist ideal gewählt, viele Reisende kommen dort vorbei, nicht nur die, die zum Bahnhof wollen, sondern auch die, die mit Bussen von Mundstock in die umliegenden Ortschaften möchten. Der Busbahnhof, der sogenannte „Gummibahnhof", befindet sich am Gieselerwall, nur wenige Schritte vom Bunker entfernt.

Feiern mit Familie und Freunden. Rechts am Tisch nebeneinander Gertrud und Joachim Gorille, am Kopfende Joachims Mutter (mit weißem Kragen) rechts neben ihr Gertruds Mutter.

Der Omnibusbahnhof, meist Gummibahnhof genannt, an der Ecke Kalenwall und Gieselerwall, im Hintergrund ist der Bunker zu sehen.

Im ehemaligen Luftschutzbunker ist seit Oktober 1945 die Registrierungsstelle für Flüchtlinge untergebracht. Im Krieg hieß er „Bunker am Bahnhof“ oder „Bunker am Adolf-Hitler-Wall“. Der Bunker hat mächtige Wände aus Stahlbeton, 1,10 Meter sind sie dick, drei Etagen gibt es, er konnte rund 430 Menschen Schutz bieten. Nach dem Krieg dienen die anfangs fensterlosen Räume Flüchtlingen als Notunterkunft. Da dort auch Ärzte samt Entlausungsstation untergebracht sind, heißt er eine Zeitlang „Läuse-Bunker“. Bunker, Bahnhof, Busbahnhof – alles Punkte, an denen viele Menschen aufeinandertreffen, und die meisten müssen am Verkaufsstand vorbei.

Der Bunker am Kalenwall wurde Anfang der 1940er-Jahre gebaut und hatte ursprünglich zwei mächtige Türme.

Gertrud und Joachim Gorille haben gut zu tun. Aus dem Geschäftstagebuch geht hervor, dass täglich Waren bezahlt werden. Regelmäßig liefert Fritz Pollack, ein Kartoffel-, Obst- und Gemüsegroßhandel mit Niederlassungen am Pippelweg und in der Petristraße, ebenso die Nordsee, die Filiale ist in der Schützenstraße, auch Robert Reinecke, Mineralwasserfabrik im Madamenweg, ist oft vor Ort, ebenso Heimbs & Sohn. Die Waren sollen frisch sein, aber vielleicht waren auch die Lagermöglichkeiten im Keller am Bruchtorwall nicht so groß. Weitere regelmäßige Einträge sind Grebe & Kunze, sie liefern Brennmaterial. Geschirr wird immer wieder nachgekauft, und auch der Bedarf an Reinigungsmaterial ist groß.

Das erste Jahr ist aufregend, nicht nur weil alles neu und unbekannt ist und sich erst noch einspielen muss. Im Februar 1946 gibt es ein gewaltiges Okerhochwasser. Am 11. Februar stehen der Friedrich-Wilhelm-Platz, der Kalenwall und viele andere Straßen unter Wasser. Die *Braunschweiger Zeitung*, die zu dieser Zeit alle zwei Tage erscheint, titelt am 13. Februar 1946 *„Stadt und Land im Hochwasser“* und berichtet von umfangreichen Schäden: *„Die plötzliche Schneeschmelze verbunden mit den Regengüssen der letzten Tage, hatte das Wasser der Oker in die Straßen der Stadt gedrückt. Man muß in den Annalen der Stadt Braunschweig schon sehr weit zurückblättern, um eine Katastrophe gleichen Ausmaßes zu finden. Wenn der Umfang der Zerstörungen auch noch nicht voll zu übersehen ist, so muß doch mit erheblichen Sachschäden gerechnet werden.“*

Auch der Imbiss von Gertrud und Joachim Gorille steht im Wasser, an Verkauf ist unter diesen Umständen nicht zu denken. Aus dem Geschäftstagebuch geht hervor, dass vom 11. bis zum 19. Februar 1946 keine Waren umgesetzt werden. Für die Beseitigung des Wasserschadens werden 120 Reichsmark, heute rund 450 Euro, fällig.

Abgesehen von diesem Knick macht sich der Verkaufswagen gut. Im Juli 1946 beantragt Joachim Gorille beim Gewerbeamt, die Öffnungszeiten zu verlängern und erhält einen positiven Bescheid: *„Mit Ermächtigung der*

Militärregierung genehmige ich unter dem Vorbehalt des jederzeitigen Widerrufs, daß Sie Ihren Verkaufsspeisewagen am Bahnhofsbunker bis 23:15 Uhr offenhalten."

Aus dem Verkaufsstand am Bunker wird langsam ein Familienunternehmen. Meta Hanisch, Gertruds Mutter, ist von Anfang an dabei, seit Herbst 1946 arbeitet Joachims Mutter, Berta Gorille, mit. Zeitweise ist auch Joachims Bruder Johannes mit von der Partie, ebenso seine Tante Lucie und sein Onkel Fritz. Gertruds Patin, Tante Mariechen aus München, und auch Freundinnen aus Berlin finden am Verkaufsstand ebenfalls vorübergehend Beschäftigung. Wo all diese Menschen übernachten, ist in den Unterlagen nicht immer verzeichnet, aber einige wohnen in der Herzogin-Elisabeth-Straße, andere – wie Berta Gorille und Meta Hanisch– finden im Haus am Altstadtring Unterschlupf.

Hochwasser in der Friedrich-Wilhelm-Straße und dem Friedrich-Wilhelm-Platz, auf dem Foto rechts erkennt man auf der rechten Straßenseite die Gaststätte *Zur Klause*.

Harte Zeiten: Wenig Lohn und teure Lebensmittel

Im Geschäftstagebuch ist akribisch vermerkt, wer wie viel Lohn erhalten hat. Zum Beispiel bekommt Herr Kaluza für die Zeit vom 23. bis 30. Dezember 1945 eine Lohnzahlung von 32,50 Reichsmark brutto, nach Abzug von Lohnsteuer und Krankenkasse ausbezahlt 28,50 Reichsmark (circa 115 Euro), Frau Block und andere erhalten für eben diese acht Tage ausgezahlt 13,36 Reichsmark (circa 55 Euro). Warum Kaluza mehr als doppelt so viel bekommt, ist nicht ersichtlich. Hatte er eine andere Tätigkeit, oder ist es der Tatsache geschuldet, dass Frauen in dieser Zeit noch mehr als heute gravierend weniger als Männer verdienten?

Ein Wochenlohn von 28,50 oder 13,36 Reichsmark ist mit der heutigen Zeit nicht vergleichbar. Ein Brot kostet ungefähr 40 Reichspfennige, ein Kilo Kartoffeln 60 Reichspfennige, 1 Kilo Rindfleisch 1,80 Reichsmark. Aber man kann allgemein sagen, dass die Verdienst- und Versorgungslage nach dem Krieg sehr schwierig ist. Die Reichsmark ist nicht mehr viel wert, und die Löhne sind bei steigenden Lebenshaltungskosten in der Regel unzureichend. Darum blüht der Schwarzmarkt beziehungsweise die Tauschwirtschaft, viele versuchen auch mit sogenannten „Hamsterfahrten" aufs Land, ihre ihre Speisekammer zu füllen. In Unternehmen wie Volkswagen erhalten Arbeitnehmer zum Lohn oder Gehalt zusätzliche Verpflegungsleistungen in Form von Lebensmitteln, Heizmaterial oder anderen Dingen des täglichen Bedarfs. In der *Silberquelle* ist im Lohnbuch von 1948, einer DIN-A5-großen Kladde, vermerkt, dass es nach einem Jahr Betriebszugehörigkeit ein Bügeleisen, einen Nähtisch oder einen Wecker gab. Erst mit der Währungsreform am 20. Juni 1948 bessert sich die Situation. Die Löhne steigen langsam an, die Lebenshaltungskosten sinken, das Warenangebot wächst – mit der DM beginnt eine Aufwärtsentwicklung, die zum Wirtschaftswunder führt.

Aber erst einmal wird am 1. November 1946 Niedersachsen gegründet. Das Land Braunschweig ist nun nur noch ein Verwaltungsbezirk, mit einer Bezirksregierung zwar, aber eben dem Land untergeordnet. „*Die Braunschweiger Bevölkerung nahm im November 1946 wohl kaum Anteil daran, dass das Land Braunschweig seine jahrhundertelange Selbständigkeit hatte aufgeben müssen*", kommentiert Gudrun Fiedler in ihrem Aufsatz „Nicht mehr Land und doch Region (1945–1989)". Die meisten Menschen sind mit der Organisation ihres Lebens beschäftigt. Gertrud und Joachim werden am 1. November 1946 vermutlich trotz der insgesamt schwierigen Lage auf ihren ersten Jahrestag der Selbstständigkeit angestoßen haben.

Einen herben finanziellen Rückschlag müssen die beiden aber Ende 1946 einstecken. Die Zeitung berichtet am 10. Dezember 1946 sehr kurz und knapp: „*Einer hiesigen Geschäftsfrau wurde am Sonnabend auf der Pawelstraße eine Aktentasche geraubt, in der sich unter anderem Marken für 720 Zentner Brot befanden.*"

Was hat Gertrud Gorille in der Pawelstraße gemacht, und wieso hatte sie Marken für 720 Zentner Brot dabei? Für den Verkaufsstand kann diese gigantische Menge nicht gedacht sein. 1 Zentner sind 50 Kilogramm, sie hatte also Marken für 36.000 Kilo Brot in der Tasche. Diese Angabe ist schwer nachzuvollziehen. Der Braunschweiger Journalist Ecki Schimpf, der die Kriegs- und Nachkriegszeit sehr gut im Gedächtnis hat, vermutet, dass Gertrud Gorille eine Vermittlerin war. Es sei damals üblich gewesen, so Schimpf, dass Kliniken oder größere Einrichtungen jemanden damit beauftragten, zum Beispiel Brot zu organisieren. In der Pawelstraße war die Firma Weigell & Co. ansässig, wie aus dem Braunschweiger Adressbuch von 1940 hervorgeht. Im Stadtarchiv findet man ein Schreiben der Firma an das Gewerbeaufsichtsamt, im Briefkopf steht: Weigell & Co., Agentur- und Kommissionsgeschäft. Es kann also gut sein, dass Gertrud in Absprache mit Weigell unterwegs war. Den Schaden aber muss Gertrud Gorille tragen, im Bilanzbuch der *Silberquelle* ist der Verlust beim Raubüberfall mit 1.457,50 Reichsmark (rund 5.540 Euro) eingetragen.

Ziemlich viel Geld. Die Bilanz 1946 weist einen Jahresgewinn von 8.272,68 Reichsmark aus, rund 20 Prozent des Gewinns gehen also durch den Raubüberfall verloren. Aber viel wichtiger: Gertrud Gorille ist offensichtlich nichts weiter passiert.

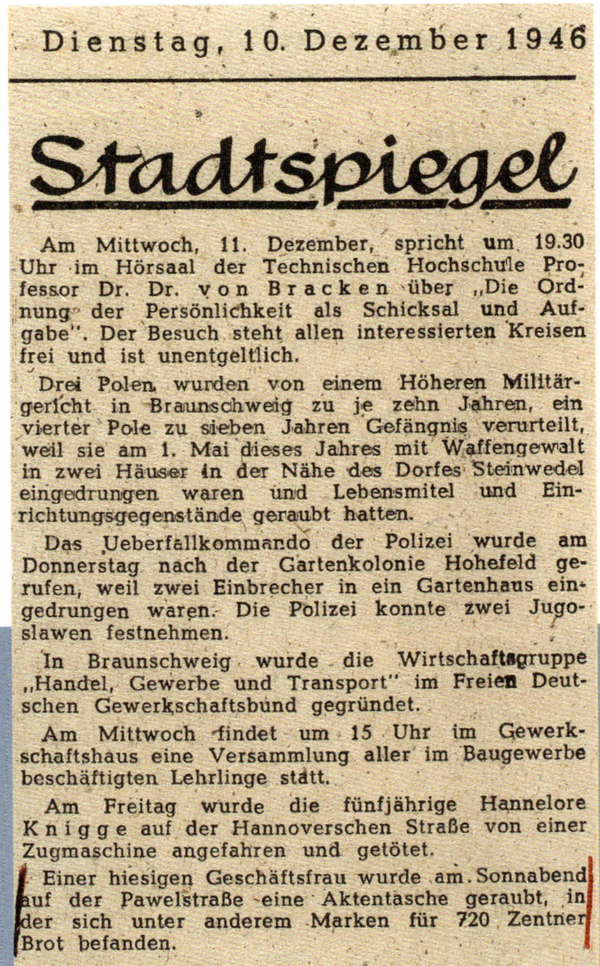

Dienstag, 10. Dezember 1946

Stadtspiegel

Am Mittwoch, 11. Dezember, spricht um 19.30 Uhr im Hörsaal der Technischen Hochschule Professor Dr. Dr. von Bracken über „Die Ordnung der Persönlichkeit als Schicksal und Aufgabe". Der Besuch steht allen interessierten Kreisen frei und ist unentgeltlich.

Drei Polen wurden von einem Höheren Militärgericht in Braunschweig zu je zehn Jahren, ein vierter Pole zu sieben Jahren Gefängnis verurteilt, weil sie am 1. Mai dieses Jahres mit Waffengewalt in zwei Häuser in der Nähe des Dorfes Steinwedel eingedrungen waren und Lebensmitel und Einrichtungsgegenstände geraubt hatten.

Das Ueberfallkommando der Polizei wurde am Donnerstag nach der Gartenkolonie Hohefeld gerufen, weil zwei Einbrecher in ein Gartenhaus eingedrungen waren. Die Polizei konnte zwei Jugoslawen festnehmen.

In Braunschweig wurde die Wirtschaftsgruppe „Handel, Gewerbe und Transport" im Freien Deutschen Gewerkschaftsbund gegründet.

Am Mittwoch findet um 15 Uhr im Gewerkschaftshaus eine Versammlung aller im Baugewerbe beschäftigten Lehrlinge statt.

Am Freitag wurde die fünfjährige Hannelore Knigge auf der Hannoverschen Straße von einer Zugmaschine angefahren und getötet.

Einer hiesigen Geschäftsfrau wurde am Sonnabend auf der Pawelstraße eine Aktentasche geraubt, in der sich unter anderem Marken für 720 Zentner Brot befanden.

Die Tiere: Vierbeinige Lieblinge

Aber im Jahr 1946 passiert noch etwas sehr Erfreuliches, jedenfalls für Gertrud Gorille. Sie liebt Tiere, besonders Katzen und Hunde. Ihr Jochen nicht so sehr, denn Tiere machen halt auch viel Arbeit und dann die enge Wohnung am Altstadtring. Aber Gertrud setzt sich durch, und so kommen zwei Schäferhunde in die Familie: Die Geschwister Erri und Elfi werden im August 1946 als Welpen gekauft, beide bildhübsch mit schwarzrostbraunem Fell. Mit ihnen besucht Gertrud die Hundeschule, sie lernen „bei Fuß" und „Platz" wissen, dass man nur kommen darf, wenn Frauchen oder Herrchen rufen, und sie lernen auch, geduldig zu warten. Erri hat eines Tages eine harte *„Prüfung"*, wie Gertrud später immer wieder erzählt, um

Erri und Elfi, zehn Wochen alt und, wie Gertrud im Fotoalbum Pfingsten 1948 notiert, *„unsere beiden Kinder"*.

zu verdeutlichen, was für ein ungewöhnlicher Hund ihr Liebling war. Joachim Gorille hatte ihn eines Nachmittags zur Bank am Friedrich-Wilhelm-Platz mitgenommen, vor dem Eingang sagte er: *„Platz. Warten."* Erri setzte sich, ohne Leine. Die Gespräche in der Bank dauerten länger, die Öffnungszeit war vorüber und damit die Eingangspforte geschlossen, Kunde Gorille wurde gebeten, hinten rauszugehen. Das machte er und fuhr recht bald danach nach Hause, wo seine Gerdi ihn begrüßte: *„Was denn, ohne Hund?"* Der treue Erri saß Stunde um Stunde vor der Tür, bis das vergessliche Herrchen kam und ihn endlich abholte. In der Steuererklärung werden die Hunde als lebendes Inventar geführt, jährliche Kosten 700 RM.

Spaziergang an der Oker – im Hintergrund der Bunker mit gesprengten Fensteröffnungen.

Ein ungewohntes Bild aus dem Großstadtgetriebe Braunschweigs. Der Trümmerexpreß fährt über den Marstall, die Gleise führen dicht am Bürgersteig und dem lebhaften Fußgängerverkehr vorbei. Im Hintergrund ein Wagen der Linie 4, die für einige Zeit nicht vom Madamenweg bis zum Marienstift durchfahren kann

Hungerjahre: Trotzdem gute Bilanzen

Das zweite Jahr in Frieden stellt die Menschen weiter vor Herausforderungen. Besonders groß ist der Mangel an Lebensmitteln, 1946 und 1947 sind die zugeteilten Rationen sehr knapp bemessen, eine Zeit lang sind es nur 750 Kalorien pro Tag. Die Menschen gehen auf die Straße und protestieren, die Stadtverwaltung legt die Arbeit nieder, um der britischen Militärregierung den Ernst der Lage zu demonstrieren. Es gibt Schulspeisungen, damit die Kinder nicht hungern müssen. Die Gründe für diese Krise sind vielfältig, einige Industrieanlagen, die Lebensmittel produzieren, sind zerstört, manche Äcker nicht bestellt, die Landwirte fehlen, sind gefallen oder noch in Gefangenschaft. Viele Waren landen zudem nicht auf dem Warentisch, sondern auf dem Schwarzmarkt – diese Schattenwirtschaft trägt zusätzlich zur Mangelsituation bei. Nicht alle haben nach dem Krieg schon Arbeit gefunden, oder sie gehen einem Job nach, der nur wenig einbringt.

Die Rahmenbedingungen um den Verkaufsstand sind schwierig und doch gibt es Menschen, die es sich leisten können, eine „Delikatesse" am Imbiss zu kaufen. Die Jahresbilanz 1946: rund 54.000 RM, der Umsatz 1947: 142.505 RM.

Und was ist in der Umgebung des Imbisses los? Da werden seit Kriegsende mit viel Elan noch immer Trümmer geräumt. Oberbürgermeister Böhme fordert die Bürger auf Plakaten auf, sich zu beteiligen und viele machen mit, klopfen Steine und beladen Loren für den Abtransport. Seit Juni 1946 rumpeln sogenannte Trümmerbahnen mit dem Schutt durch die Stadt, bis 1952 sind sie im Einsatz. Erst 1963 sind die letzten Trümmer weggeräumt. Die Erinnerung an den Krieg wird durch solche Anblicke also lange wachgehalten, gleichzeitig aber wird aufgebaut und nach vorne geschaut.

Anpacken und aufräumen: die Trümmerbahn unterwegs in der Wilhelmstraße – in der Kuhstraße im Magniviertel – am Marstall (von oben nach unten).

Zweiter Geburtstag: Pläne für die Zukunft

Nach vorne schauen, das ist auch bei Gertrud und Joachim Gorille angesagt. Am 1. November 1947 besteht der Verkaufsstand zwei Jahre. Die Mitarbeiterinnen und Mitarbeiter nehmen das zum Anlass, etwas Besonderes zu schenken: ein Fotoalbum und ein selbst verfasstes Gedicht. Der helle Einband des Fotoalbums wurde mit einer rotbraunen Zeichnung vom Bunker und vom Verkaufsstand gestaltet, dazu eine kunstvolle Überschrift: „Geschäfts-Chronik der Firma Joachim Gorille – Verkaufsspeisewagen am Bahnhofs-Bunker – 1. Nov. 1945 – Unserem Chef gewidmet, anläßlich des zweijährigen Geschäftsbestehens 1. Nov. 1947. – Die Angestellten."

Auf der ersten Seite ist eine Großaufnahme des Verkaufsstandes in Schwarz-Weiß eingeklebt, des Weiteren folgen kleinere Fotos vom Imbiss und seiner Umgebung. Ein individuell und liebevoll gestaltetes Fotoalbum, dazu noch das Gedicht. Aus diesen Geschenken spricht eine große Wertschätzung gegenüber dem Chef und sicher auch der Chefin. Gertrud hat sich über dieses Album bestimmt sehr gefreut. Sie fotografiert gern und führt das Geschäftsfotoalbum fort. Mit ihrer ausgefallenen Schönschrift hält sie fortan wichtige Ereignisse in Text und Bild fest.

Das nun vorliegende Buch über die *Silberquelle* entspricht in etwa dem Format dieses historischen Fotoalbums, eine Reminiszenz an die Anfänge von Gertrud und Joachim Gorille.

Als die Seiten dieser Geschäftschronik mit Fotos und Dokumenten gefüllt sind, macht Gertrud Gorille selbstverständlich mit einem zweiten Buch weiter.

Das Gedicht der Mitarbeiter wirft nicht nur ein Licht auf das Leben rund um den Verkaufsstand, sondern auch auf die Ausbaupläne ihres Chefs. In feiner Sütterlinschrift ist zu lesen:

Im nächsten Jahr, da werd ihr sehn,
mit welchem Schwung das Geschäft wird gehen.
Der Chef der will bauen behaglich ganz groß
zum Vorteil der Kunden, zum Staunen famos.
Das Schmackhafteste gibt's dann aus Küche und Keller,
da klaut keiner mehr Schüssel und Teller.
Da gibt es keine Keile und jeder ist nett,
ein Ober schafft Ordnung und das ist auch recht.
Die Schwarzhändler und Polizei die sieht man nicht mehr.
Der Spuk ist vorbei. Das alles denk ich mir wie ein Gedicht,
in freundlichster Laune, dem Chef sein Gesicht.

Ach Kinder freut euch schon heute,
wie wird das nicht schön,
das Geschäft wird in Braunschweig
einst großartig stehn.

Im Geschäftstagebuch gibt es tatsächlich viele Einträge „Geschirr". Es musste häufig gekauft werden, aber offensichtlich nicht, weil es kaputtging, sondern weil es gestohlen wurde.

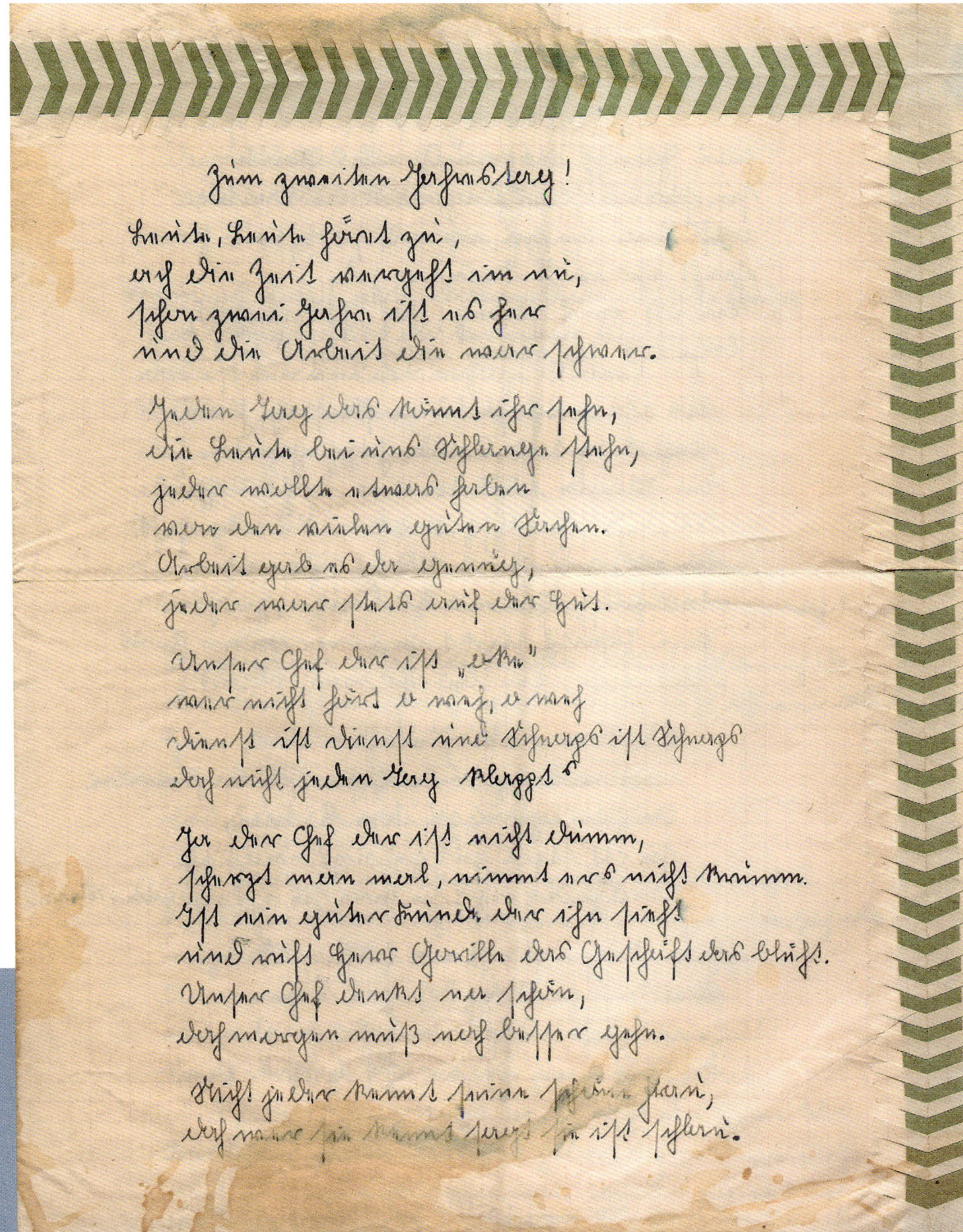

Der Streit: Joachim Gorille gibt nicht auf

Das Gedicht deutet es bereits an, der Chef will bauen. Aus den Geschäftsakten ist ersichtlich, dass er mit Peter-Paul Buchler ins Gespräch kommt, dem Kaufmann gehört seit 1934 die Villa von Amsberg am Friedrich-Wilhelm-Platz, darin das *Café Börner*. Der kleine Platz hinter der Villa ist Teil seines Grundstücks. Dieser Flecken zwischen Villa und Bunker, auf dem nichts passiert, wo sich höchstens Unrat sammelt, der könnte ihm zusätzliche Pacht einbringen. Joachim Gorille gefallen der Platz und die Idee, seinen Verkaufswagen zu vergrößern. Dort wäre das gut möglich.

Anfang August 1947 reicht er zusammen mit dem Architekten Otto Orlishausen aus Braunschweig – Orlishausen hat unter anderem die Roggenmühle in der Hildesheimer Straße gebaut – einen Antrag ein. Der Plan ist, einen größeren Verkaufswagen auf den Platz zwischen Bunker und Villa zu stellen, er schreibt: *„Der Wagen ist fertig gekauft und von Leichtmetall konstruiert aufzustellen. Er ist transportabel und wird provisorisch auf einen von alten Mauersteinen herzustellenden Sockel gestellt."* Doch dafür erhält Joachim Gorille keine Genehmigung, die Stadt lehnt das Vorhaben ab, ohne weitere Begründung.

Joachim Gorille lässt sich nicht entmutigen, hartnäckig verfolgt er sein Ziel. Auf zwei DIN-A4-Seiten, eng beschrieben mit der Schreibmaschine, listet er in seinem zweiten Versuch auf, was für diesen Umzug und die Erweiterung spricht, wie positiv das Vorhaben auch für die Stadt wäre, er haut mächtig auf den Putz: *„Die anerkannte lebenswichtige Einrichtung meines Verkaufswagens zu erweitern und schöner zu gestalten ist schon längere Zeit ein Gebot."* Eine gepflegte Imbissstelle gäbe es in anderen Städten auch. Er wolle den Platz begrünen und verschönern, damit ein stilvoller Übergang zum *Café Börner* gegeben wäre: *„Der Platz bietet seit Kriegsende ein trauriges Bild der Verkommenheit und Verwahrlosung, da er nicht nur zur dunklen Tageszeit von jedermann als öffentliche Bedürfnisanstalt benutzt wird. Der Gestank (...) belästigt oftmals bereits die Straßen-*

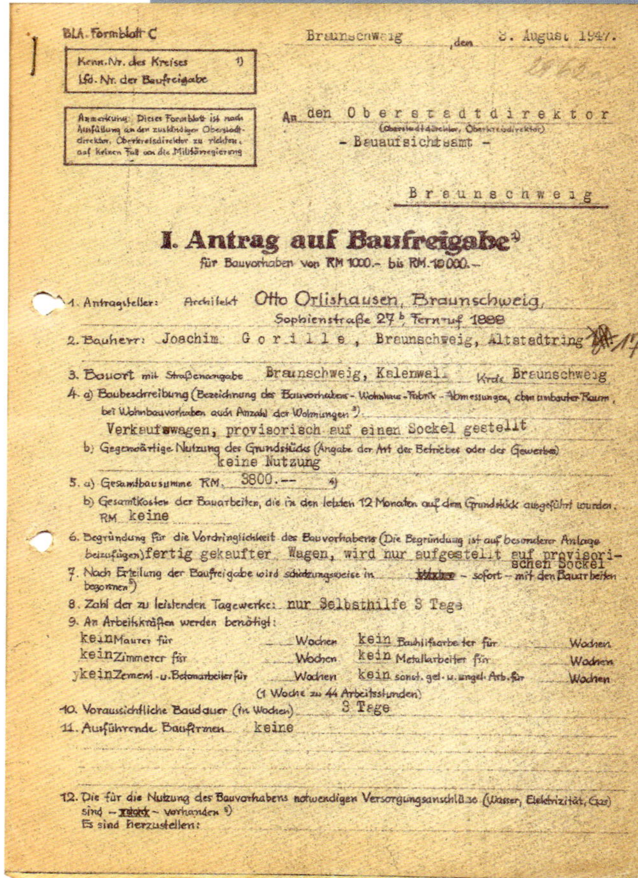

BlA. Formblatt C

Braunschweig, den 8. August 1947.

Kenn.Nr. des Kreises 1)
lfd. Nr. der Baufreigabe

Anmerkung: Dieses Formblatt ist nach Ausfüllung an den zuständigen Oberstadtdirektor, Oberkreisdirektor zu richten, auf keinen Fall an die Militärregierung

An den Oberstadtdirektor
(Oberstadtdirektor, Oberkreisdirektor)
- Bauaufsichtsamt -

Braunschweig

I. Antrag auf Baufreigabe[1]
für Bauvorhaben von RM 1000.- bis RM. 10000.-

1. Antragsteller: Architekt Otto Orlishausen, Braunschweig, Sophienstraße 27 b, Fernruf 1888
2. Bauherr: Joachim Gorille, Braunschweig, Altstadtring 17
3. Bauort mit Straßenangabe Braunschweig, Kalenwall Kreis Braunschweig
4. a) Baubeschreibung (Bezeichnung des Bauvorhabens - Wohnhaus - Fabrik - Abmessungen, cbm umbauter Raum, bei Wohnbauvorhaben auch Anzahl der Wohnungen [3]) Verkaufswagen, provisorisch auf einen Sockel gestellt
   b) Gegenwärtige Nutzung des Grundstücks (Angabe der Art des Betriebes oder des Gewerbes) keine Nutzung
5. a) Gesamtbausumme RM. 3800.-- 4)
   b) Gesamtkosten der Bauarbeiten, die in den letzten 12 Monaten auf dem Grundstück ausgeführt wurden. RM keine
6. Begründung für die Vordringlichkeit des Bauvorhabens (Die Begründung ist auf besonderer Anlage beizufügen) fertig gekaufter Wagen, wird nur aufgestellt auf provisorischen Sockel
7. Nach Erteilung der Baufreigabe wird schätzungsweise in ~~Wochen~~ - sofort - mit den Bauarbeiten begonnen[5])
8. Zahl der zu leistenden Tagewerke: nur Selbsthilfe 8 Tage
9. An Arbeitskräften werden benötigt:
   kein Maurer für ___ Wochen kein Bauhilfsarbeiter für ___ Wochen
   kein Zimmerer für ___ Wochen kein Metallarbeiter für ___ Wochen
   kein Zement- u. Betonarbeiter für ___ Wochen kein sonst. gel. u. ungel. Arb. für ___ Wochen
   (1 Woche zu 44 Arbeitsstunden)
10. Voraussichtliche Baudauer (in Wochen) 8 Tage
11. Ausführende Baufirmen keine
12. Die für die Nutzung des Bauvorhabens notwendigen Versorgungsanschlüsse (Wasser, Elektrizität, Gas) sind – ~~nicht~~ – vorhanden [5])
    Es sind herzustellen:

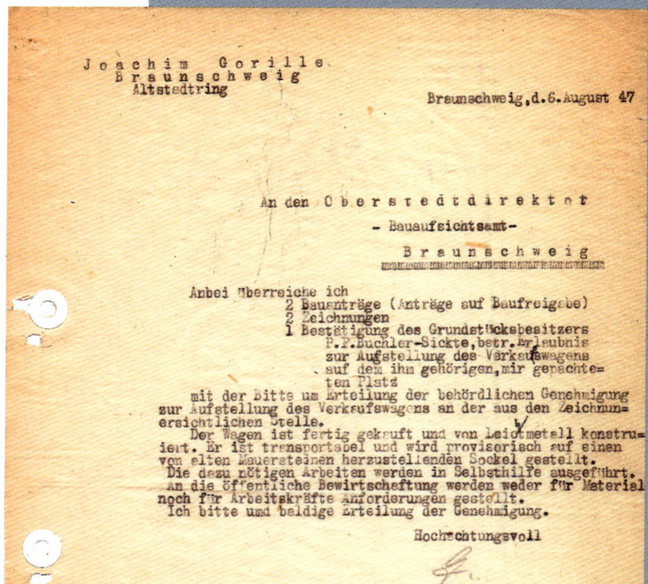

Joachim Gorille
Braunschweig
Altstadtring

Braunschweig, d. 6. August 47

An den Oberstadtdirektor
- Bauaufsichtsamt -
Braunschweig

Anbei überreiche ich
2 Bauanträge (Anträge auf Baufreigabe)
2 Zeichnungen
1 Bestätigung des Grundstücksbesitzers P.P.Buchler-Sickte, betr. Erlaubnis zur Aufstellung des Verkaufswagens auf dem ihm gehörigen, mir gepachteten Platz
mit der Bitte um Erteilung der behördlichen Genehmigung zur Aufstellung des Verkaufswagens an der aus den Zeichnungen ersichtlichen Stelle.
Der Wagen ist fertig gekauft und von Leichtmetall konstruiert. Er ist transportabel und wird provisorisch auf einen von alten Mauersteinen herzustellenden Sockel gestellt.
Die dazu nötigen Arbeiten werden in Selbsthilfe ausgeführt.
An die öffentliche Bewirtschaftung werden weder für Material noch für Arbeitskräfte Anforderungen gestellt.
Ich bitte um baldige Erteilung der Genehmigung.

Hochachtungsvoll

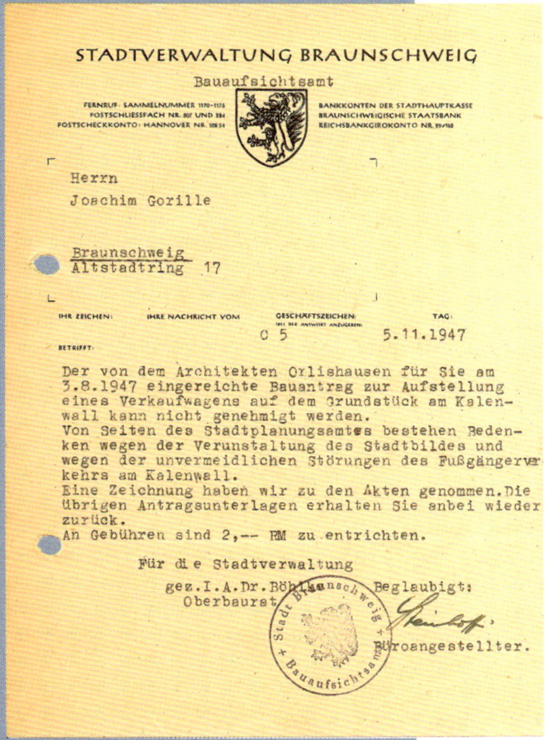

STADTVERWALTUNG BRAUNSCHWEIG

Bauaufsichtsamt

FERNRUF: SAMMELNUMMER 1170-1176
POSTSCHLIESSFACH NR. 507 UND 884
POSTSCHECKKONTO: HANNOVER NR. 108 54

BANKKONTEN DER STADTHAUPTKASSE
BRAUNSCHWEIGISCHE STAATSBANK
REICHSBANKGIROKONTO NR. 21/168

Herrn
Joachim Gorille

Braunschweig
Altstadtring 17

IHR ZEICHEN: IHRE NACHRICHT VOM GESCHÄFTSZEICHEN: C 5 TAG: 5.11.1947

BETRIFFT:

Der von dem Architekten Orlishausen für Sie am 3.8.1947 eingereichte Bauantrag zur Aufstellung eines Verkaufwagens auf dem Grundstück am Kalenwall kann nicht genehmigt werden.
Von Seiten des Stadtplanungsamtes bestehen Bedenken wegen der Verunstaltung des Stadtbildes und wegen der unvermeidlichen Störungen des Fußgängerverkehrs am Kalenwall.
Eine Zeichnung haben wir zu den Akten genommen. Die übrigen Antragsunterlagen erhalten Sie anbei wieder zurück.
An Gebühren sind 2,-- RM zu entrichten.

Für die Stadtverwaltung
gez. I.A. Dr. Böhlke
Oberbaurat

Beglaubigt:
Büroangestellter.

Stadt Braunschweig + Bauaufsichtsamt

Ohne Erlaubnis hat Joachim Gorille den Verkaufsstand auf den Platz neben dem Bunker geschoben. Die Stadtverwaltung reagiert verärgert.

passanten. (...) Zusammengefaßt möchte ich dem Planungsamt gegenüber nur feststellen, dass mich der Gedanke und der Wille leitet, eine Verbesserung in jeder Hinsicht für die Stadt, das Stadtbild und die Belange der Stadt Braunschweig in die Wege zu leiten."

Klingt alles sehr gut und schlüssig, doch zeigt sich das Bauaufsichtsamt völlig unbeeindruckt und lässt ihn abermals abblitzen, kurz und knapp auf einem DIN-A5-Schreiben. *„Von Seiten der Stadtverwaltung bestehen Bedenken wegen der Verunstaltung des Stadtbildes und wegen der unvermeidlichen Störungen des Fußgängerverkehrs am Kalenwall."*

Joachim Gorille kauft nun keinen neuen Wagen, zieht aber Ende Dezember 1947 seinen alten Verkaufsstand auf den Platz zwischen Bunker und Villa Amsberg und: Logisch, das stößt der Stadt sauer auf, als sie den Ortswechsel einige Monate später bemerkt. Joachim wird aufgefordert, unverzüglich den Platz zu räumen. Es entspinnt sich ein reger Schriftwechsel, Joachim Gorille glaubt sich im Recht, er schreibt: *„Mein Imbißwagen stand ursprünglich direkt vor der östlichen Mauer des Bahnhofs-Bunkers. Er mußte Ende Dezember 1947 von dort versetzt werden, da inzwischen mit dem Einsprengen der Fensteröffnungen am Bunker begonnen wurde."* Das war tatsächlich so, der Bunker bekam Fenster, 83 Fensteröffnungen mussten geschaffen werden, bei 1,10 Meter dicken Mauern war das nur mit Sprengungen möglich. Die Firma Oxygen-Spreng- und Baugesellschaft aus Hamburg ist dafür zuständig, die Arbeiten erfolgen in der Regel nachts von 23:30 Uhr bis 1:30 Uhr. Die Detonationen sind unglaublich laut und heftig. Beim Hotel *Monopol*, immerhin einige Meter entfernt, fällt durch die Erschütterungen ein Ziersims herunter. Die Sprengungen dauern einige Wochen an, aber im Frühjahr 1948, als die Stadt von Joachim Gorille verlangt, dass der Verkaufswagen wieder vor den Bunker soll, sind sie beendet.

Joachim Gorille möchte aber den neuen Platz neben dem Bunker nicht verlassen. Sicher findet er es auch nicht mehr attraktiv, vor einem Bunker mit gesprengten Fensterhöhlen zu stehen, die Ränder wie ausgefranst, kein schöner Anblick. Bis Fenster eingebaut werden, vergehen noch einige Jahre. Der Standort neben der Kastanie wirkt sehr viel freundlicher, kein Wunder, dass Joachim dort bleiben will. Aber die Stadt bleibt hart, der Verkaufsstand soll wieder vor den Bunker. Joachim Gorille sträubt sich, nimmt sich sogar einen Anwalt und stellt im Juli 1948 in Aussicht, irgendwann den Platz zu räumen, denn er plane den Aufbau des „Hotel- und Restaurationsbetriebes ‚Hospiz' am Bruchtorwall 4". Nach der Eröffnung dieses Hotels würde er den Platz zwischen Bunker und Villa räumen. Viele Briefe und noch mehr Argumente folgen, aber die Stadt bleibt bei ihrem „Nein".

Mittlerweile hat Joachim Gorille den Architekten Heinz-Willi Jüngst kennengelernt. Ein unterhaltsamer Typ, der auf Feiern Piano spielt und zweideutige Lieder singt, erinnert sich Ecki Schimpf, dessen Vater ebenfalls Architekt war. Deshalb ist die Familie Schimpf häufiger im Hause Jüngst in der Jasperallee zu Gast. Vielleicht hat Heinz-Willi Jüngst Joachim am Verkaufsstand kennengelernt, als er sich ein Fischbrötchen kaufte. Auf alle Fälle rät er Joachim Gorille, größer zu denken, sich von der Idee eines kleinen Imbisswagens zu verabschieden. Er schlägt ihm etwas Außergewöhnliches vor: einen zehneckigen Pavillon, modern in der Form und auch im Material, Jüngst will mit Aluminium bauen. Gertrud und Joachim Gorille sind begeistert.

1951 sind im Bunker noch immer keine Fenster eingesetzt.

Der Verkaufsstand steht auf dieser Aufnahme von Anfang 1949 an der rechten Seite des Bunkers, denn auf dem Platz daneben wird jetzt die *Silberquelle* errichtet.

Aluminium: Die neue Leichtigkeit

In den 1920er- und 1930er-Jahren gibt es im Zuge der klassischen Moderne einige Beispiele für Aluminiumbauten, die aber von einer verbreiteten Anwendung noch weit entfernt sind. Aluminium gilt als das Material für progressives Bauen, die Formel der Vertreter des Neuen Bauens lautet: *„Aluminium spart Raum, Zeit und Gewicht“*. 1937 schmückt sich die deutsche Aluminiumindustrie auf der Pariser Weltausstellung mit einem monumentalen Pavillon und spricht vom *„deutschen Metall“*. Der Designer Hans Coray entwirft für die Schweizerische Landesausstellung 1939 den stapelbaren Aluminiumstuhl *Landi*, der ihn international bekannt macht und heute ein Designklassiker ist. Erst in den 1950er-Jahren gibt es für das Material einen gewissen Durchbruch in der Bauwirtschaft, denn Aluminium passt zu der damaligen Architektur. Leider existieren viele dieser Bauwerke nicht mehr: Beim Atomium in Brüssel zum Beispiel, gebaut 1958, wurden bei der Sanierung 2005 die Aluminiumbleche durch Edelstahl ersetzt. Aluminium hat sich später aus verschiedenen Gründen nur zum Teil, wie bei Fenstern oder Fassaden, langfristig durchsetzen können. So ist der Pavillon *Silberquelle* ein sehr frühes, modernes Bauwerk aus Leichtmetall, das besondere Format und die Herstellung so kurz nach dem Krieg machen ihn zusätzlich bemerkenswert.

Aluminium ist also der Werkstoff der Modernen und Heinz-Willi Jüngst davon sehr angetan. Er sieht darin die einzige Möglichkeit, auf dem kleinen Platz von nur 179 Quadratmetern einen Imbiss zu errichten. Ein massives Gebäude hätte dort keine Wirkung, denn das Grundstück ist eingerahmt von wuchtigen Bauten: dem mächtigen Luftschutzbunker auf der einen Seite, gegenüber die große Villa von Amsberg, dazwischen, ein wenig zurückgesetzt, ein mehrstöckiges Geschäftshaus. Das verlangt nach einem Gegensatz, etwas Filigranem, Leichtem. Jüngst plant den zehneckigen Pavillon mit einem rundumlaufenden Fensterband, einem etwas erhobenen Dach, darauf ein kleines Türmchen wie eine Pagode für die Belüftung – in den Zeichnungen des Architekten ist erkennbar, dass das eine elegante Erscheinung werden wird, ein echter Hingucker, ein architektonisches Kleinod.

Gertrud und Joachim Gorille stehen den Ideen von Heinz-Willi Jüngst aufgeschlossen gegenüber, Gertrud hat ein Faible für neue Trends, Joachim den nötigen Mut, sich darauf einzulassen.

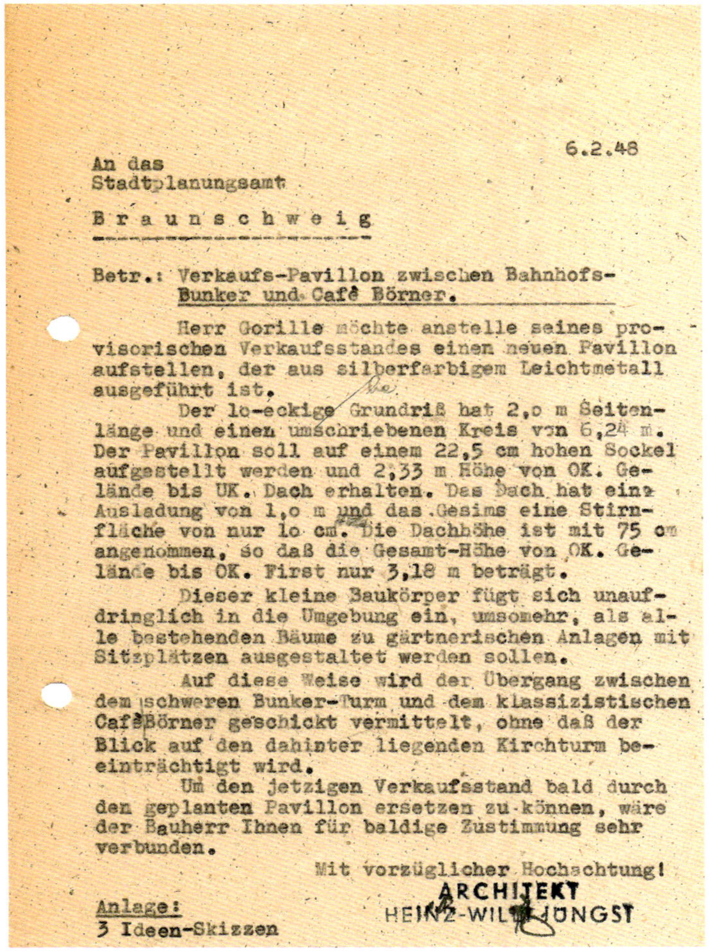

6.2.48

An das
Stadtplanungsamt

B r a u n s c h w e i g

Betr.: Verkaufs-Pavillon zwischen Bahnhofs-Bunker und Café Börner.

Herr Gorille möchte anstelle seines provisorischen Verkaufsstandes einen neuen Pavillon aufstellen, der aus silberfarbigem Leichtmetall ausgeführt ist.

Der 1o-eckige Grundriß hat 2,o m Seitenlänge und einen umschriebenen Kreis von 6,24 m. Der Pavillon soll auf einem 22,5 cm hohen Sockel aufgestellt werden und 2,33 m Höhe von OK. Gelände bis UK. Dach erhalten. Das Dach hat eine Ausladung von 1,o m und das Gesims eine Stirnfläche von nur 1o cm. Die Dachhöhe ist mit 75 cm angenommen, so daß die Gesamt-Höhe von OK. Gelände bis OK. First nur 3,18 m beträgt.

Dieser kleine Baukörper fügt sich unaufdringlich in die Umgebung ein, umsomehr, als alle bestehenden Bäume zu gärtnerischen Anlagen mit Sitzplätzen ausgestaltet werden sollen.

Auf diese Weise wird der Übergang zwischen dem schweren Bunker-Turm und dem klassizistischen Café Börner geschickt vermittelt, ohne daß der Blick auf den dahinter liegenden Kirchturm beeinträchtigt wird.

Um den jetzigen Verkaufsstand bald durch den geplanten Pavillon ersetzen zu können, wäre der Bauherr Ihnen für baldige Zustimmung sehr verbunden.

Mit vorzüglicher Hochachtung!

ARCHITEKT
HEINZ-WILLI JÜNGST

Anlage:
3 Ideen-Skizzen

Heinz-Willi Jüngst schreibt über mehrere Monate mehrfach sehr höflich und werbend, bis er vom Stadtplanungsamt endlich eine positive Antwort erhält.

Der Architekt nimmt am 6. Februar 1948 persönlich die Korrespondenz mit der Stadt auf, er hofft, dass er die verhärteten Positionen aufweichen kann. Er ist überzeugt von seiner Idee und lobt sie in den höchsten Tönen: *„Dieser kleine Baukörper fügt sich unaufdringlich in die Umgebung ein. (…) Auf diese Weise wird der Übergang zwischen dem schweren Bunkerturm und dem klassizistischen Café Börner geschickt vermittelt, ohne dass der Blick auf den dahinter liegenden Kirchturm beeinträchtigt wird."*

Jüngst plant, den Pavillon auf einem 22,5 Zentimeter hohen Betonsockel ruhen zu lassen, unter dem sich ein kleiner Keller befindet. So wird die *Silberquelle* dann letztlich auch gebaut, und sie steht noch immer auf diesem Sockel. Aufgrund dieser besonderen Bauweise berührt der Pavillon nicht den Erdboden, sondern schwebt förmlich darüber. Mit Folgen im Jahr 2008, als Gäste dicht gedrängt wild tanzen und im Takt der Musik heftig aufstampfen …

Geht doch: Der Pavillon darf gebaut werden

1948 aber erhält Heinz-Willi Jüngst von der Stadt kein grünes Licht für seine Idee. Doch er bleibt ebenfalls hartnäckig und schreibt mehrfach, liefert immer neue Argumente, die für den Bau des Pavillons sprechen, wie im Brief vom 4. Oktober 1948 zu lesen ist: *„Die Verwirklichung dieses Bauvorhabens liegt also nicht nur im Interesse des Bauherrn, (…) sondern auch im Interesse der Stadt selbst, die dadurch höhere Steuerbezüge zu erwarten hat. Sie dient auch sonst den Interessen der Allgemeinheit, die durch eine notwendige und wesentliche Imbiß-Gelegenheit für Minderbemittelte und darüber hinaus durch einen formvollendeten Pavillon bereichert würde, der innerhalb des vorhandenen Baumbestandes mit neuen Grünanlagen zu einem allgemeinen Ruheplatz ausgestaltet werden soll."*

Damit konnte Jüngst das Bauaufsichtsamt offensichtlich überzeugen – oder aber die Mitarbeiter wollten einfach endlich ihre Ruhe haben –, jedenfalls wird am 16. Oktober 1948 die Baugenehmigung erteilt, allerdings mit dem Hinweis: *„widerruflich"*.

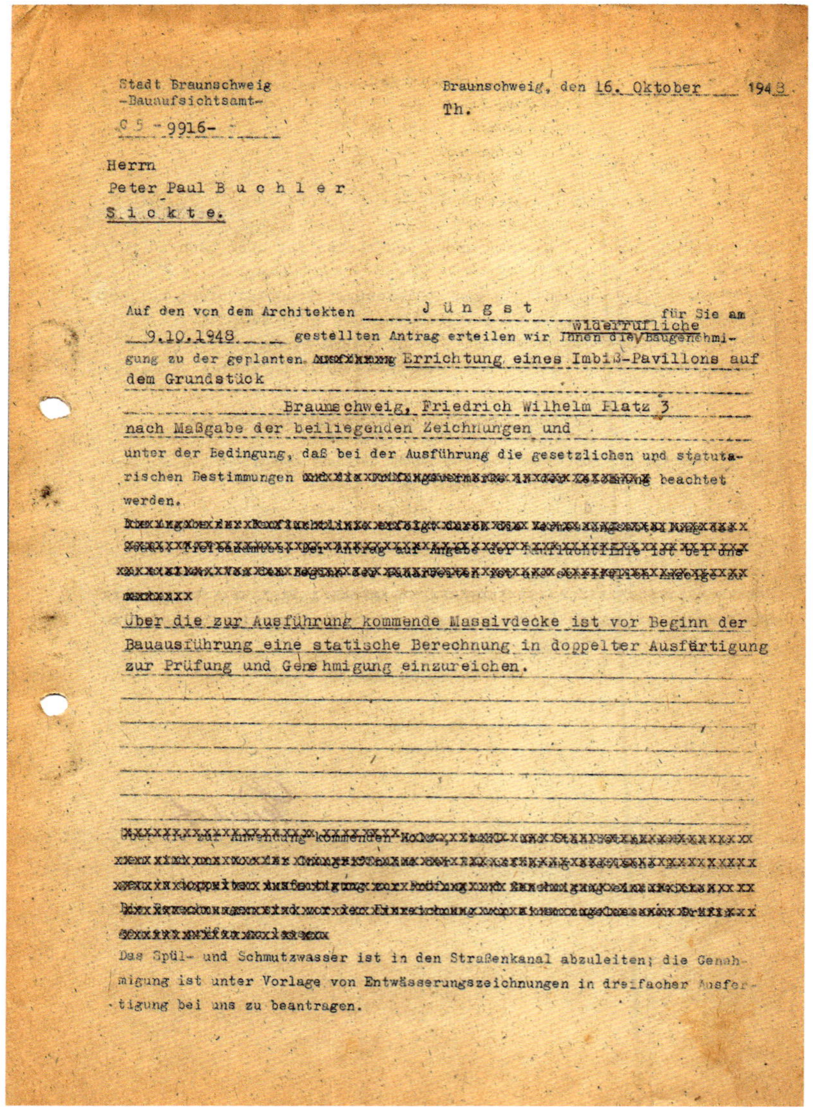

Stadt Braunschweig
-Bauaufsichtsamt-
C 5 - 9916-

Braunschweig, den 16. Oktober 1948
Th.

Herrn
Peter Paul B u c h l e r
S i c k t e.

Auf den von dem Architekten J ü n g s t für Sie am 9.10.1948 gestellten Antrag erteilen wir widerrufliche Baugenehmigung zu der geplanten Errichtung eines Imbiß-Pavillons auf dem Grundstück

Braunschweig, Friedrich Wilhelm Platz 3

nach Maßgabe der beiliegenden Zeichnungen und unter der Bedingung, daß bei der Ausführung die gesetzlichen und statutarischen Bestimmungen beachtet werden.

Über die zur Ausführung kommende Massivdecke ist vor Beginn der Bauausführung eine statische Berechnung in doppelter Ausfertigung zur Prüfung und Genehmigung einzureichen.

Das Spül- und Schmutzwasser ist in den Straßenkanal abzuleiten; die Genehmigung ist unter Vorlage von Entwässerungszeichnungen in dreifacher Ausfertigung bei uns zu beantragen.

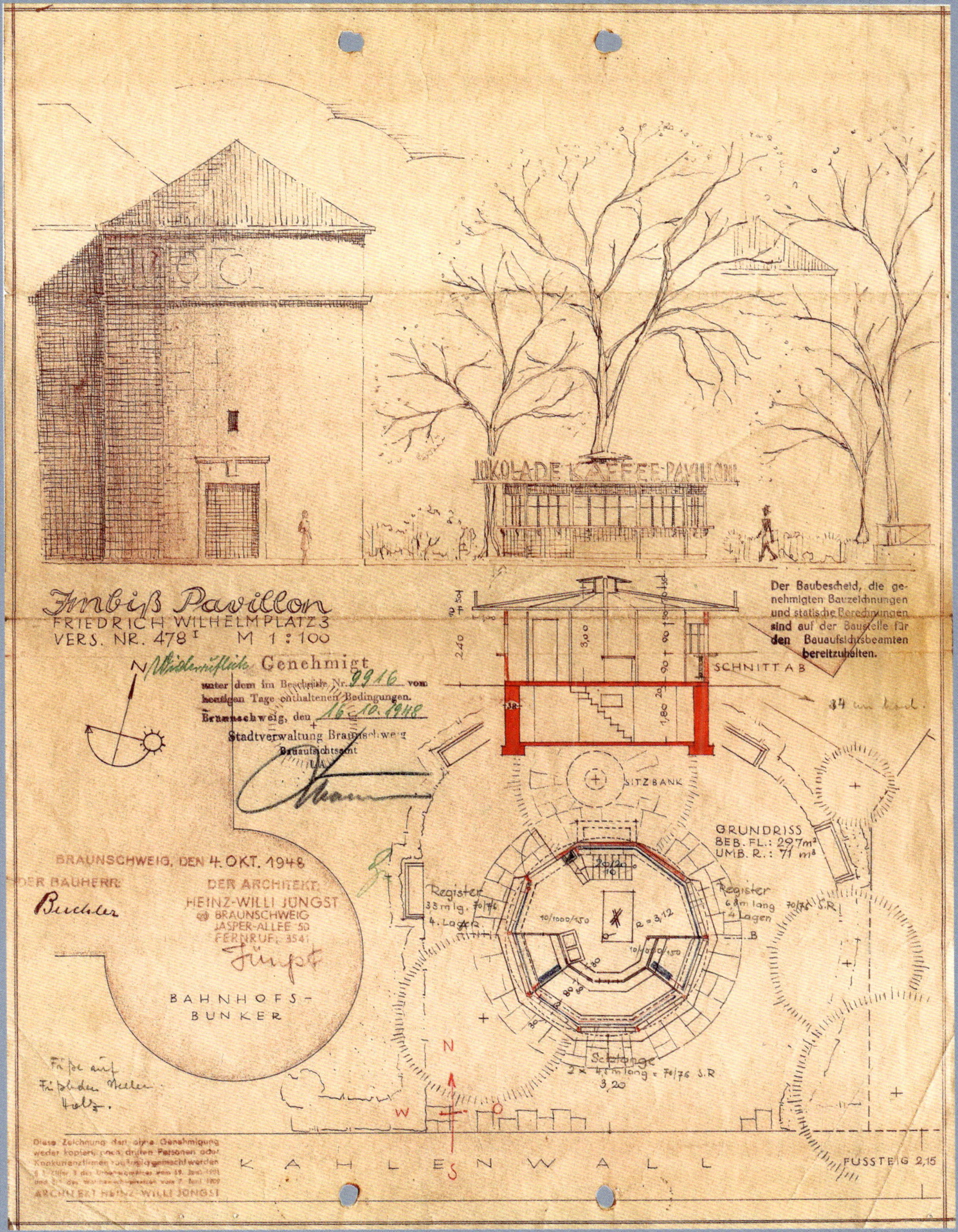

Imbiß Pavillon
FRIEDRICH WILHELMPLATZ 3
VERS. NR. 478 I M 1 : 100
SCHOKOLADE KAFFEE-PAVILLON
Widerruflich Genehmigt
Braunschweig, den 16.10.1948
Stadtverwaltung Braunschweig
Der Baubescheid, die genehmigten Bauzeichnungen und statische Berechnungen sind auf der Baustelle für den Bauaufsichtsbeamten bereitzuhalten.
SCHNITT A B
SITZBANK
GRUNDRISS
BEB. FL.: 29,7 m²
UMB. R.: 71 m³
BRAUNSCHWEIG, DEN 4. OKT. 1948
DER BAUHERR:
DER ARCHITEKT:
HEINZ-WILLI JUNGST
BRAUNSCHWEIG
JASPER-ALLEE 5D
BAHNHOFS-BUNKER
K A H L E N W A L L
FUSSTEIG 2,15

Egal, ob widerruflich oder nicht – Heinz-Willi Jüngst und Joachim Gorille legen los, und schon ein halbes Jahr später, im April 1949, wird das Richtfest des zehneckigen Pavillons gefeiert. Allerdings ohne viel Tamtam, denn die ganze Kraft gilt dem Eröffnungstag.

Die Bauarbeiten locken immer wieder Schaulustige an, daran erinnert sich Horst Beher gut, er war damals Malerlehrling. *„Da konnte man manchmal gar nicht in Ruhe arbeiten, so viele Menschen waren da um einen rum."* Beher (Jahrgang 1934) hat den Pavillon, wie er sagt, *„silbern"* gemacht. *„Die Aluminiumwände glänzten dem Architekten nicht genug"*, erzählt er, *„ich musste erst eine Klarlackschicht auftragen, dann Silberpulver darüber verteilen und zum Schluss mit Klarlack fixieren."* Nach dieser Prozedur glänzt der Pavillon wie ein Schmuckstück. *„Das war was ganz Besonderes, das war eine Sensation damals, das gab es noch nirgendwo."* Horst Beher ist noch immer begeistert. Der Pavillon ist eines der ersten Gebäude aus Aluminium in Braunschweig und heute wahrscheinlich auch das einzige.

Richtefest April 1949

Ein Kranz schwebt über dem Rohbau der *Silberquelle*, aber groß gefeiert wird nicht.

Das Preisausschreiben: Ideen der Braunschweiger sind gefragt

„Welchen Namen soll der neue Pavillon denn tragen?“ Das fragt sich nicht allein Joachim Gorille. Er kann die *Hannoversche Presse* (kurz *hp*) während der Bauphase überzeugen, eine Namenssuche verbunden mit einem Preisausschreiben zu starten. Die Zeitung begleitet den Werdegang des Pavillons mit mehreren Artikeln. In der *hp* am 30. April 1949 steht unter *„Nachrichten für Braunschweig“*: *„Braunschweig fragt Braunschweig: Wie soll der neue Pavillon am Bahnhof heißen?“* Die Zeitung ist dankbar für das Thema, so viele gute Nachrichten gibt es in jener Zeit nicht. Der Ton des Artikels ist launig:

„Achtung! Braunschweiger, hier gilt es mitzudenken, keine Angst – umsonst ist nur der Tod; es gibt auch Preise. Wo gäbe es die heute nicht. Die komischsten Sachen werden doch mit einem Preisausschreiben ausgehandelt. Um ein Preisausschreiben handelt es sich auch hier; nicht allerdings um eine komische Sache. – Mit Speck fängt man Mäuse, also erst einmal die Preise. 100 Mark ist der Hauptgewinn, 50 DM der zweite Preis, 25 DM der dritte, 10 DM der vierte und dann gibt es noch zehn, als Überraschungen zu wertende Trostpreise. (...) Die Einsendungen müssen bis zum 15. Mai in der Redaktion der ‚hp', Braunschweig, Schloßstraße 8 sein; teilnahmeberechtigt sind alle Braunschweiger, auch wenn sie nicht die ‚hp' lesen sollten. Wir sind überzeugt, daß sie es sehr bald tun werden, denn die ‚hp', Ausgabe Braunschweig, ist trotz des Namens eine typisch braunschweigische Zeitung.“

Sonnabend, 30. April 1949 — **Nachrichten für Braunschweig**

„hp“ Braunschweig fragt Braunschweig

Wie soll der neue Pavillon am Bahnhof heißen?

Achtung! Braunschweiger, hier gilt es mitzudenken. Keine Angst — umsonst ist der Tod; es gibt auch Preise. Wo gäbe es die heute nicht. Die komischsten Sachen werden doch mit einem Preisausschreiben ausgehandelt. Um ein Preisausschreiben handelt es sich auch hier; nicht allerdings um eine komische Sache.

Mit Speck fängt man Mäuse; also erst einmal die Preise. 100 Mark ist der Hauptgewinn, 50 DM der

zweite Preis, 25 DM der dritte, 10 DM der vierte, und dann gibt es noch zehn, als Ueberraschungen zu wertende Trostpreise.

Und nun das Problem: 1945 kam ein Flüchtling aus Breslau hier an; müde, schimpfend, mit einem Handwagen. Da war seine Habe drin; im Herzen hatte er viel Mut und den guten Willen, sich schnell eine neue Heimat und eine Existenz zu schaffen.

Am 1. November 1945 stellte er einen Verkaufswagen vor dem Braunschweiger Bahnhof auf und verkaufte — nun, wie war es damals? — Fischbrötchen und Limonade, auch Portionen warmen Essens. Die Braunschweiger freuten sich und kauften; es schmeckte ihnen und sie kamen wieder. Der Flüchtling wurde heimisch.

Als die Zeiten dann immer besser wurden, sollte der Breslauer eines Tages nicht mehr mit seinem Verkaufswagen am Bahnhof stehen. Gar nicht mehr verkaufen, oder im Pavillon: Das war jetzt die Frage. Er entschied sich für den Pavillon. Sechs Architekten machten Entwürfe; sechs wurden städtischerseits abgelehnt. Erst der siebente hatte Erfolg. Architekt Jüngst baut jetzt am Bahnhof zwischen Café Eden und dem ehemaligen Bahnhofsbunker einen Pavillon, den Belle, Leichtmetallbau, errichtet. Ein Häuschen mit zehn Ecken und mit reichlich 20 Sitzplätzen. Ein Garten kommt übrigens auch dazu.

Dort wird man bald essen können und trinken; dort wird man Gelegenheit haben, seinen Fußball-Toto auszuknobeln und abzugeben; dort kann man Tabakwaren, Zeitungen und Zeitschriften kaufen. Man kann da sitzen und auf Agathchen oder Ottokar warten; man kann die Miniatur-Bahnhofsuhr ahnen und so genau verfolgen, wieviel später der Partner kommt und man kann es amtlich eweisen. Man kann viele Menschen ehen und ist doch immer unter ch. Man ist eben wo.

Aber wo? Das ist die Frage. Wie soll der neue „Treffpunkt“ heißen? Schnell, aktuell, braunschweigisch und alles umfassend: essen, trinken ... na, ihr **wißt schon.**

Wie ist der Name? Das sei die Frage **an alle.**

Die Einsendungen müssen bis zum 15. Mai **in der** Redaktion der „hp“, Braunschweig, Schloßstraße 8, sein; teilnahmeberechtigt sind alle Braunschweiger, auch wenn sie nicht die „hp“ lesen sollten. Wir sind überzeugt, daß sie es sehr bald tun werden, denn die „hp“, Ausgabe Braunschweig, ist trotz des Namens eine typisch braunschweigische Zeitung.

Dem Preisrichterkollegium gehören außerdem Leiter des Verkehrsvereins, Stadtrat Professor Staats, und Rechtsanwalt Dr. Lampe, ein Redakteur und ein Architekt Braunschweigs an. — Die Ergebnisse werden voraussichtlich am Sonnabend, dem 21. Mai, veröffentlicht werden.

Und nun ans Werk. 100 Mark sind einem Braunschweiger sicher. — ich —

Einsendeschluß

Wir weisen heute noch einmal darauf hin, daß am Sonntag, dem 15. Mai, der Einsendeschluß für die Vorschläge zu unserem Preisausschreiben „Wie soll der neue Pavillon am Bahnhof heißen?“ ist. Wer also noch einen ansprechenden Namen gefunden hat, sende ihn sofort an die Redaktion der „hp“, Schloßstraße 8.

Lösung in acht Tagen

Zu unserem Preisausschreiben „Wie soll der neue Pavillon am Bahnhof heißen“ sind derartig viele und unterschiedliche Einsendungen eingegangen, daß das Preisrichterkollegium bis heute noch zu keiner Entscheidung kommen konnte. Das Ergebnis wird am nächsten Sonnabend bekanntgegeben werden. hp

Anfang Juni 1949 berichtet die *hp* erneut: „*Braunschweig antwortet der hp: Es hat etwas lange gedauert, bis wir die Auflösung unseres Preisausschreibens ‚Wie soll der neue Pavillon am Bahnhof heißen?' bringen konnten, aber wir haben auch eine Unmenge an Einsendungen bekommen. Sie alle durchzusehen, war eine erhebliche Arbeit. Sie hat Freude gemacht, denn die Einsendungen zeigten uns, wie so viele mitgearbeitet haben, um dem neuen Pavillon einen Namen zu geben.*" Am Eröffnungstag sollen die Gewinner geehrt werden und ihr Preisgeld erhalten.

Mit dieser Aktion macht Joachim Gorille deutlich, dass er ein Gespür für Situationen und für Menschen hat. Er bezieht die Braunschweiger bei der Namenssuche ein, damit stellt er Öffentlichkeit her, generiert Aufmerksamkeit, aber, viel wichtiger, er ermöglicht dadurch auch eine Verbindung der Braunschweiger zum neuen Pavillon. Die Namenssuche ist, so würde man heute sagen, eine „identitätsstiftende PR-Aktion". Es ist aber auch mutig von Joachim Gorille, denn er gibt damit etwas Entscheidendes aus der Hand: Den Namen für sein „Baby" bestimmen nun andere. Dafür muss man erst einmal offen sein.

Der Tag: „Die *Silberquelle* fließt"

Und dann ist es soweit: 4. Juni 1949, Pfingstsamstag. Alles ist vorbereitet. Die vergangenen Tage waren anstrengend für Joachim und Gertrud Gorille. Heute ist die Anspannung besonders groß. Gertrud ist stolz auf ihren Jochen, das sieht man auf den Fotos deutlich. Sie lächelt ihn bewundernd an, seiner Hartnäckigkeit ist es zu verdanken, dass heute die Eröffnung gefeiert werden kann. Joachim lächelt ebenfalls, aber nur leicht, obwohl er innerlich sicher jubeln könnte, vielleicht schüchtern der Trubel und die vielen Menschen ihn doch ein wenig ein. Der Fotograf muss gerufen haben „*hierher schauen bitte*", und dann blickt auch Gertrud in Richtung Kamera. *Klick*, das Paar vor dem eigenen Pavillon, der heute *Silberquelle* getauft wird.

Schick haben sie sich gemacht. Gertrud war früh am Morgen noch beim Frisör, das volle, pechschwarze Haar zu modischen Röllchen geformt, es glänzt wie Schellack. Ihr Kleid, sehr modisch aktuell, ähnlich dem „New Look" von Dior, ein eng anliegendes, tailliertes Oberteil und dazu einen etwas glockigen Rock, der Stoff ein Mix aus einfarbig kombiniert mit Karos, an den Armen und den Rockseiten. Links über dem Herzen eine auffällige Brosche. Joachim Gorille, mit 1,71 Metern nicht sehr groß und schon immer schlank, trägt einen grauen Anzug, der ein wenig unförmig wirkt, die intensive Arbeit der letzten Wochen hat ihn einige Kilos gekostet, und es sieht so aus, als hätte er auch viele graue Haare bekommen.

Die Sonne scheint, die Kastanie neben dem Bahnhofsbunker blüht weißrot, das Wetter ist also perfekt. Monatelang haben Gertrud und Joachim Gorille auf dieses Datum hingearbeitet. Gerade rechtzeitig ist der Pavillon fertiggeworden, alle Waren sind eingeräumt, Bonbonieren gefüllt mit Salinos, Brausepulverwürfeln, Nappos, daneben kleine Schnapsfläschchen, Zigaretten, Lottoscheine und vieles mehr.

Eine eigene Gaststätte, ob das was wird? Diese Frage kreist sicher im Kopf von Gertrud Gorille. In ein paar Tagen wird sie 27, sie wirkt souverän, mitunter eine Spur arrogant, aber wer sie kennt, weiß, dass sie dann Zweifel plagen. Sie ist überhaupt nicht so selbstsicher, der Gedanke an die Schulden und die Verantwortung werden sie belastet haben. Joachim Gorille, 33, ist in solchen Momenten gelassener, ihn durchströmt wahrscheinlich ein Glücksgefühl, *ein eigenes Lokal, und das in Bahnhofsnähe!* Klein, aber mein und einmalig, aus Leichtmetall, was ganz Besonderes, unverwechselbar, einfach schön. Sein Bauchgefühl sagt ihm heute, dass er so kurz nach dem Krieg den richtigen Weg eingeschlagen hat. Es hätte dafür keinen anderen Zeitpunkt und auch keinen anderen Ort geben können.

Gertrud Gorille kann Gedränge nicht gut leiden, ihr Spruch in Situationen wie dieser: *„Himmel, so viele Menschen."* Joachim Gorille macht das nichts aus, er wird genüsslich an der Zigarette gezogen und seine Frau beruhigt haben: *„Das wird schon, schau, lauter freundliche Gesichter, und der Herr Mesmer, der hat eine Überraschung vorbereitet, der ist Schauspieler am Staatstheater, das wird bestimmt gut."*

Die Eröffnung ist ein kleines Ereignis in der Stadt, nicht nur wegen des lukrativen Preisausschreibens. 100 Mark erhält der Hauptgewinner, Platz zwei bekommt 50 Mark, der dritte 25 Mark und der vierte Gewinner 10 Mark, nicht wenig in der Nachkriegszeit. 1 D-Mark entspricht heute rund 3 Euro, 100 Mark wären gegenwärtig nahezu 300 Euro. Mit den weiteren Preisen kommt Joachim Gorille auf insgesamt 215 Mark, also rund 650 Euro Ausgaben, viel Geld, aber er rechnet damit, dass diese Investition sich auszahlt. Schon vor der Eröffnung kennen viele den kleinen Pavillon gegenüber dem Bahnhof.

Geniale Idee: Aus zwei mach eins

Den Namen *Silberquelle* nennt keiner der Einsender. Die Jury kommt darauf – ja, es gibt eine Jury – , das Preisrichterkollegium, wie die *hp* schreibt: *„Stadtrat Professor Staats, Rechtsanwalt und Notar Dr. Lampe, Architekt Willi Jüngst und der Redakteur der hp."* Sie finden keinen Vorschlag wirklich passend, aber die Ideen regen die Fantasie an, die Männer verbinden Vorschläge miteinander. *Im Silberstreifen* hatte Emanuel Grohé eingereicht, *Zur Quelle* war die Idee von Else Bröker – aus zwei mach eins: Die *Silberquelle* ist aus der Taufe gehoben. So wird der beste erdenkliche Name für den silbern schimmernden Pavillon gefunden und der Hauptgewinn geteilt.

Pfingsten 1949 – Braunschweig ist noch immer eine Trümmerstadt, mehr Ruinen als intakte Häuser, Züge mit Loren voller Kriegsschutt rumpeln zu den Abladeplätzen, Staub liegt in der Luft, legt sich auf die Lippen, knirscht zwischen den Zähnen. Aber es geht voran. Die *Braunschweiger Zeitung* berichtet am 8. Juni 1949: *„Es läßt sich in Zahlen beweisen, daß sich Braunschweig die bestaufgeräumte Stadt nennen darf. Doch wozu die Zahlen? Jeder sieht die weiten freien Flächen, und besonders in der Innenstadt ist es eine Seltenheit, ein nicht geräumtes Grundstück zu finden. Als vor nunmehr vier Jahren Oberbürgermeister Böhme nach zwölf Jahren der Verbannung erneut die Lenkung der Stadtgeschicke übernahm, war eine seiner ersten Amtshandlungen die Anordnung der Trümmerräumung. Seit dieser Zeit wird sie fast pausenlos durchgeführt, zumal sie auch als besonderes Steckenpferd des Oberstadtdirektors Lotz bezeichnet werden kann. Seine Devise: Fort mit den Trümmern, damit Baugrund da ist, wenn die Finanzlage ein großzügiges Bauen gestattet."*

Neubauten sind also noch eine Seltenheit, auch deswegen ist die Eröffnung der *Silberquelle* etwas Besonderes. Ein neues Gebäude, ein ungewöhnliches dazu, das allein schon zieht Menschen an. Um 10 Uhr geht es los. Die ersten Neugierigen sind natürlich schon früher da. Die Zeitung hatte ja geschrieben, *„die Preisträger müssen also persönlich pünktlich 10 Uhr erscheinen"*. Auch ein Reporter und ein Fotograf von der *hp* sind vor Ort.

Der Name *Silberquelle* passt perfekt zu dem zehneckigen Pavillon, die Wände aus Aluminium sind zusätzlich silbern gestrichen und glänzen wie Schmuck. Nach dem Zweiten Weltkrieg war die Firma Rudolf Weikert Leichtmetallbau in Nordstemmen eine der wenigen Firmen, die Bauteile aus Aluminium auch für Gebäude herstellte. Sie hatte die Teile nach Braunschweig geliefert, die dort weiter verarbeitet und montiert wurden.

Auch die Gäste sind begeistert von der *Silberquelle*, besonders der Schauspieler des Staatstheaters Hermann Mesmer, der zur Feier des Tages ein Gedicht verfasste: 47 Zeilen, die sich alle auf „Quelle" reimen. Er hat sich vorab gut informiert, offensichtlich ist er Stammgast am Verkaufsstand und schätzt Joachim und Gertrud Gorille. Mesmer hat in seinen Zeilen festgehalten, was alles in der *Silberquelle* geboten wurde: Unglaublich, man muss immer bedenken, wie klein der Pavillon ist. In Braunschweig kursiert alsbald der Spruch, wenn jemand etwas zu kaufen sucht und nicht findet: *„kriegste in der Quelle"*.

Silberquelle

Auch der Chef trägt weiße Kitteljacke, wenn er im Pavillon bedient.

Braunschweig antwortet der „hp“

Ab Pfingstsonnabend fließt die „Silberquelle“

Es hat etwas lange gedauert, bis wir die Auflösung unseres Preisausschreibens „Wie soll der neue Pavillon am Bahnhof heißen?“ bringen konnten, aber wir haben auch eine Unmenge von Einsendungen bekommen. Sie alle durchzusehen, war eine erhebliche Arbeit. Sie hat Freude gemacht, denn die Einsendungen zeigten uns, wie so viele mitgearbeitet haben, um dem neuen Pavillon einen Namen zu geben.

Wir hoffen, daß das Preisrichterkollegium (Stadtrat Professor Staats, Rechtsanwalt und Notmar Dr. Lampe, Architekt Heinz-Willi Jüngst und der Redakteur der „hp“) nun auch den Namen gefunden hat, der den Braunschweigern gefällt und zu einem Begriff werden wird.

„Silberquelle“ ast der neue Pavillon getauft worden, und die „Silberquelle“ soll ab Pfingstsonnabend 10 Uhr für alle Braunschweiger fließen. Zu diesem Zeitpunkt werden auch dort die Preise feierlich verteilt werden. Die Preisträger müssen also persönlich pünktlich 10 Uhr dvrt erscheinen.

Hier die Namen der Gewinner: Der 1. Preis wurde in zwei Teile aufgeteilt, und zwar werden die Vorschläge des Herrn Emanuel Grohé, Kreuzstraße 37, „Im Silberstreifen“ und der Frau Else Bröker, Wilhelmitorwall 37, „Zur Quelle“ mit je 50 Mark honoriert und zu dem Namen „Silberquelle“ kombiniert. 2. Preis, 50 Mark, Eva Antoniok, Völklinger Straße 46, „Zum Zehneck“. 3. Preis, 25 Mark, Hans-Dieter Fahrenholz, Frankfurter Straße Nr. 265, „Rondo“. 4. Preis, 10 Mark, Konrad Lewitz, Cyriaksring 54, „Sterneck“.

Die Trostpreise wurden zuerkannt: Walter Beier, Memeler Straße 27; Erwin Matz, Laffertstraße 3; Hermann Dietz, Ludwigstraße 35; Günther Meier, Saarstraße 42; Marie Kühl, Sophienstraße 27 b; Maria Hells, Steinridendamm 8; Waldemar Witte, Griegstraße 26; Elisabeth Kothe, Frankfurter Straße 280; Ewald Koch, Aegidienstraße 10 und Hermann Messmer, Hans-Porner-Straße 29.

eBi gleichlautenden oder ziemlich gleichen Vorschlägen wurde das Los zu Rate gezogen. Die Trostpreise werden Ueberraschungen bringen; ihre Gewinner werden sich über Konfekt, Schokolade, andere Leckereien und nebenbei auch übereinen Totoschein freuen können. Vielleicht ist ihnen damit noch ein zweites Glück in die Wiege gelegt. Wir gratulieren allen Preisträgern

Aber nun noch etwas anderes. Als wir am 30. April das Preisausschreiben starteten, sagten wir: „Sechs Architekten machten Entwürfe; sechs wurden städtischerseits abgelehnt“. Wir haben daraufhin erfahren, daß diese Entwürfe abgelehnt wurde, weil der jetzt belegte Platz zunächst überhaupt freibleiben sollte. Der Siebente hatte Glück, weil gerade die Sperre aufgehoben wurde. Weiter wurde uns geschrieben, daß dieser Siebente früher eingereichten Vorschlägen verhältnismäßig ähnlich ist. - ich -

Das Gedicht: „Mensch, sei helle!"

„Meine Damen und Herren! Wir sind heute zur Stelle / Bei der Preisverleihung der „Silber-Quelle". / Das ist eine Sache, eine ganz offizielle / und obendrein seltene und hochaktuelle. / Ein Leichtmetall-Bau von der Firma Belle / ohne Ziegel und Mörtel und Maurerkelle / entstand zwischen Bunker und Trümmer-Gerölle; / Das ist 'ne Idee, eine sehr originelle! / Wenn du hier eintrittst über die Schwelle, / da wird dir der Kopf und das Auge helle, / du denkst, du bist in einem ersten Hotelle. / Die Preise sind trotzdem wirklich reelle / und du riskierst nicht, daß man dich hier prelle. / Weißbrötchen gibt es hier mit Lachs und Sardelle / oder etwa mit einer leck'ren Forelle / gewürzt mit Schnittlauch und Pimpernelle. / Auch kriegst du 'nen Fleischklops, genannt Frikadelle / mit Kartoffeln in oder ohne die Pelle, / oder Bockwürste, lang wie 'ne halbe Elle, / oder Marmelade von Mirabelle, / saures Kirschen-Kompott von der Schatten-Morelle. / Und wenn du Durst hast, mein lieber Geselle, / Bier, Kaffee oder Bouillon dir bestelle. / Willst du Zigarren, Zigaretten recht schnelle / seien es handgedrehte oder maschinelle - / dort stehen sie kistenweis, dort im Gestelle!

Kurz: Viele Genüsse, nicht nur materielle, / nein, auch bildungsfördernde und kulturelle / wie Zeitungen, Zeitschriften sind hier zur Stelle! / Und die Wände zieren später auch noch Aquarelle. / Wenngleich spielt abends hier bald 'ne Kapelle / Mit Saxophon, Geiger, Schlagzeug und Tschinelle. / Es gibt dann vielleicht draußen gar Sommer-Bälle. / Wir drehn uns im Tanz wie im Karusselle, / wir fühl'n uns im Himmel (nicht wie in der Hölle).

Wie soll der neue Pavillon am Bahnhof heißen?

Zur Eröffnung und Preisverteilung
der
Silber-Quelle am Bahnhof
Braunschweig
4. Juni 1949.

Meine Damen und Herren! Wir sind heut zur Stelle
Bei der Preisverteilung der „Silber-Quelle".
Das ist eine Sache, eine ganz offizielle
und obendrein seltene und hochaktuelle.
Ein Leichtmetall-Bau von der Firma Belle
ohne Ziegel und Mörtel und Maurerkelle
entstand zwischen Bunker und Trümmer-Gerölle;
Das ist 'ne Idee, eine sehr originelle! — —
Wenn du hier eintrittst über die Schwelle,
da wird dir der Kopf und das Auge helle,
du denkst, du bist in einem ersten Hotelle.
Die Preise sind trotzdem wirklich reelle
und du riskierst nicht, daß man dich hier prelle. —
Weißbrötchen gibt es mit Lachs und Sardelle
oder etwa mit einer leck'ren Forelle,
gewürzt mit Schnittlauch und Pimpernelle.
Auch kriegst du 'nen Fleischkloß genannt Frikadelle
mit Kartoffeln in oder ohne die Pelle,
oder Bockwürste, lang wie 'ne halbe Elle,
oder Marmelade von Mirabelle,
saures Kirschen-Kompott von der Schatten-Morelle.
Und wenn du Durst hast, mein lieber Geselle,
Bier, Kaffee oder Bouillon dir bestelle.
Willst du Zigarren, Zigaretten recht schnelle,
seien es handgedrehte oder maschinelle —
dort stehen sie kistenweis, dort im Gestelle!

Brunswick: Main Railway-Station – Braunschweig: Hauptbahnhof

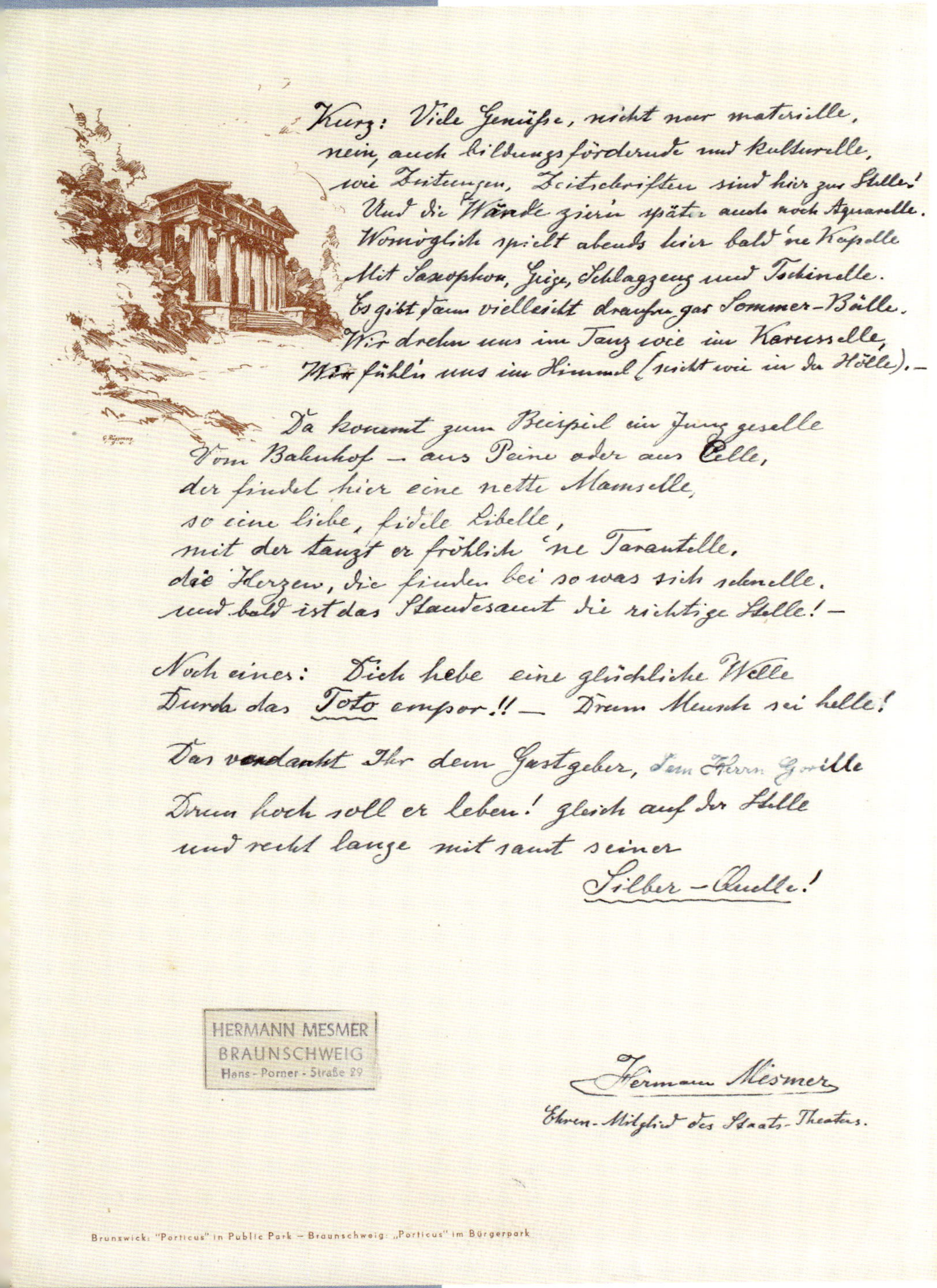
Kurz: Viele Genüsse, nicht nur materielle,
nein, auch bildungsfördernde und kulturelle,
wie Zeitungen, Zeitschriften sind hier zur Stelle!
Und die Wände zieren später auch noch Aquarelle.
Womöglich spielt abends hier bald 'ne Kapelle
Mit Saxophon, Geige, Schlagzeug und Tschinelle.
Es gibt dann vielleicht draußen gar Sommer-Bälle.
Wir drehn uns im Tanz wie im Karussell,
Wir fühlen uns im Himmel (nicht wie in der Hölle).–

Da kommt zum Beispiel ein Junggeselle
Vom Bahnhof – aus Peine oder aus Celle,
der findet hier eine nette Mamselle,
so eine liebe, fidele Libelle,
mit der tanzt er fröhlich 'ne Tarantelle,
die Herzen, die finden bei so was sich schnelle.
und bald ist das Standesamt die richtige Stelle!–

Noch eines: Dich hebe eine glückliche Welle
Durch das Toto empor!! – Drum Mensch sei helle!
Das verdankt Ihr dem Gastgeber, dem Herrn Gorille
Drum hoch soll er leben! gleich auf der Stelle
und recht lange mit samt seiner
Silber-Quelle!

HERMANN MESMER
BRAUNSCHWEIG
Hans-Porner-Straße 29

Hermann Mesmer
Ehren-Mitglied des Staats-Theaters.

Brunswick: "Porticus" in Public Park – Braunschweig: „Porticus" im Bürgerpark

Da kommt zum Beispiel ein Junggeselle / Vom Bahnhof – aus Peine oder Celle, / der findet hier eine nette Mamselle, / so eine liebe, fidele Libelle, / mit der tanzt er fröhlich 'ne Tarantelle, / die Herzen, die finden bei so was sich schnelle, / und bald ist das Standesamt die richtige Stelle!

Noch eines: Dich hebe eine glückliche Welle / Durch das Toto empor!! – Drum Mensch sei helle ! / Das verdankt Ihr dem Gastgeber, dem Herrn Gorille / Drum hoch soll er leben gleich auf der Stelle / und recht lange mitsamt seiner Silber-Quelle!

Hermann Mesmer, Ehren-Mitglied des Staats-Theaters

Es ist ein richtig feierlicher Moment. Hermann Mesmer ist nicht irgendjemand, er steht seit 1907 auf der Bühne des Theaters in Braunschweig, jetzt ist er Ehrenmitglied, eine Auszeichnung, die nur wenige Schauspieler erhalten. Seit 40 Jahren glänzt er in vielen Stücken mit Charakterrollen, ob *Nathan der Weise*, *Der eingebildete Kranke*, *Urfaust*, *Der zerbrochene Krug*, *Die Fledermaus*. Im höheren Alter ist er in Märchen wie *Die Schneekönigin*, *Peterle*, *der gestiefelte Kater* oder *Der kleine Muck* zu erleben. Legendär sein Auftritt im Theater, als kurzzeitig der Strom ausfiel: Mesmer ging einfach mit einer Stalllaterne auf die Bühne und spielte weiter. Ein Riesentyp, eine Instanz. Mesmer ist 80 Jahre alt, stadtbekannt, wenn so einer ein Gedicht verfasst und gekonnt augenzwinkernd deklamiert, das macht schon was her. Seine Gedichtzeilen zeugen von viel Wertschätzung gegenüber Gertrud und Joachim Gorille, eine Hommage, die man nicht bestellen kann, sondern geschenkt bekommt. Joachim ist gerührt und bedankt sich artig wie ein Schuljunge mit Handschlag und Bückling.

Joachim Gorille bedankt sich bei Hermann Mesmer. – Männer mit Stock sind offenbar modern.

Mit der Zeile *„Drum Mensch, sei helle"* erinnert Hermann Mesmer an ein Braunschweiger Original, die Harfen-Agnes. Die Bänkelsängerin mit dem Strohhut hatte unter anderem diesen Hit: „Mensch, saa helle, un wenn's auch duster is." Sie starb mit 73 Jahren am 2. September 1939 in der Heil- und Pflegeanstalt Königslutter, dort war sie zwangseingewiesen worden, man vermutet, dass sie Opfer einer Euthanasieaktion des Nazi-Regimes geworden ist.

Von 10 Uhr morgens bis spät in die Nacht kommen Hunderte von Menschen, alle wollen die neue Attraktion in Braunschweig gleich am ersten Tag sehen – man möchte ja mitreden können. Der Pavillon ist Gesprächsthema, denn die Zeitung hat im Vorfeld ausführlich und immer wieder kurz über den Bau berichtet. Joachim Gorille hat außerdem eine Anzeige geschaltet, extra Einladungskarten drucken lassen und großzügig verteilt. Die Einladungskarten sind elegant gestaltet: cremeweiß, darauf in Silbergrau der stilisierte Pavillon. Die Zeichnung stammt ebenfalls von

Hierdurch erlaube ich mir, Ihnen höflichst mitzuteilen, daß ich meinen Pavillon am Bahnhofsbunker

„SILBERQUELLE"

am Sonnabend, den 4. Juni 1949, eröffne.

JOACHIM GORILLE

BRAUNSCHWEIG, den 4. Juni 1949

E. Appelhans & Co.

Heinz-Willi Jüngst, er hat sie für die Planungsunterlagen erstellt. Gertrud und Joachim Gorille gefiel sie offensichtlich so gut, dass sie daraus ihre Einladungskarten erstellen.

Am Eröffnungstag sind auffällig viele Männer mit Aktentaschen und Hüten auf den Fotos zu sehen. Der Bahnhof liegt gegenüber, manche sind wohl gerade in Braunschweig angekommen, andere fahren erst noch los. Sie alle drängen sich vor den Fenstern des Pavillons, um hineinzuschauen, dort gibt es viel zu entdecken. Zwei Schiebefenster hat das rundherum verglaste Zehneck, an der linken Seite von der Straße aus betrachtet werden warme Speisen nach draußen gereicht, dort ist eine Miniküche, eine Herdplatte zum Warmhalten der Bockwurst, am Schiebefenster in der Mitte gehen die Getränke über den Tresen und Süßigkeiten und die Lotto-Tipps, die Zeitungen und, und, und.

DIE SILBERQUELLE

AN DIESEM ERSTEN LEICHTMETALLBAU BRAUNSCHWEIGS WAREN BETEILIGT:

Walter Peters
Bau- u. Möbeltischlerei
Spezialität: Ladeneinrichtungen
BRAUNSCHWEIG
Fernruf 4977 - Breite Str. 19

Gesamtentwurf und Bauleitung: Architekt Heinz-Willi Jüngst

Die „Silberquelle" fließt

ab 4. Juni 1949 zwischen Café Eden und Bahnhofs-Bunker.

Hier gibt es:
Erfrischungen, wie Meyerhoffs Wurst-Spezialitäten, Konfitüren usw. Rauchwaren. — Zentral gelegene Annahmestelle des Fußball-Totos.

Die Spritzarbeiten führte aus
Fritz Krauss
AUTOLACKIEREREI
BRAUNSCHWEIG
Leopoldstraße 29

Bültenweg 25-26 **Leichtmetallbau Henri Belle** Fernruf 3967

Ladeneinrichtungen, Schaufenster, Türen, Fenster, Treppengeländer, Oberlichter, Vitrinen sowie alle anfallenden Arbeiten aus Leichtmetall

So ein Eröffnungstag ist natürlich auch was für die Chefs, die die *Silberquelle* erschaffen haben, sie bringen sich vor dem Prachtstück gern in Position. Herr Belle und Herr Bayer von der Fima Belle, der Tischler Peters noch in Knickerbockern, die man in den 30er-Jahren trug, Architekt Heinz-Willi Jüngst mit weltmännischer Haltung als Einziger mit Fliege. In der Mitte, fast im Hintergrund, Joachim Gorille.

Der Verkaufsschlager: Bratwurst Thüringer Art

Neben dem Pavillon steht ein rechteckiger Grill auf Rädern. Dort wird Bratwurst gegrillt. Nicht irgendeine, sondern die von der Fleischerei Hartmann. Die Familien Hartmann und Gorille hatten sich im Haus am Altstadtring 17 kennen und schätzen gelernt. Seit 1946 hatten Hartmanns dort auch einen Fleischerladen. Sohn Gerhard (Jahrgang 1940) erinnert sich, dass Joachim Gorille seinen Vater bat, Bratwurst für die *Silberquelle* zu liefern. Bratwurst hatten sie in der Fleischerei noch nie hergestellt, aber sie nahmen den Auftrag gern an. Fleischer Hartmann tüftelte ein Rezept aus, grobes Schweinefleisch und viele Gewürze, darunter Kümmel, einmal gebrüht – er nannte sie „Bratwurst Thüringer Art". Ein guter Name, denn die Thüringer ist bekannt, darf aber nur so genannt werden, wenn sie auch in Thüringen produziert wurde, und zwar nach einer ganz speziellen Rezeptur. *„Das Besondere bei unserer Wurst war"*, so Gerhard Hartmann, *„dass die Wurst im Schäldarm war, dadurch war sie schön gerade."* Der Schäldarm ist aus Cellulose und wird vor dem Grillen entfernt. Er sorgt dafür, dass die Würste in Form bleiben und man sie platzsparend nebeneinander auf dem Holzkohlengrill legen kann. Es dauert nicht lange, da ist die Bratwurst der *Silberquelle* heiß begehrt.

Die *hp* ist voll des Lobes über den Eröffnungstag und schreibt nach Pfingsten: *„Fortuna hatte mal wieder eine glückliche Hand, denn die Gewinner sind durchweg Menschen, die so einen kleinen pfingstlichen Extrasonnenschein gut gebrauchen konnten."* Außerdem wagt die *hp* einen Blick in die Zukunft: *„Der leuchtende silberne Pavillon wird wohl bald zu einem kleinen Braunschweiger Wahrzeichen am Bahnhof werden."*

Ob da jemand geahnt hat, dass es den Pavillon auch
75 Jahre später noch geben wird?

„Silberquelle" fließt

Die „Silberquelle" am Bahnhof wurde am Pfingstsonnabend aus der Taufe gehoben. Der Eröffnung voran ging die Preisverteilung an die 15 erfolgreichen Teilnehmer des „hp"-Preisausschreibens. Fortuna hatte mal wieder eine glückliche Hand, denn die Gewinner sind durchweg Menschen, die so einen kleinen pfingstlichen Extrasonnenschein gut gebrauchen konnten. Hermann Meßmer, dem ein Trostpreis zufiel, verschönte den kleinen Festakt der Siegerehrung mit dem Vortrag eines Poems, in dem er mit 80 Reimen auf das Wort Quelle ganz gewiß einen Vogel abschoß. Der leuchtende silberne Pavillon wird wohl bald zu einem kleinen Braunschweiger Wahrzeichen am Bahnhof werden. Er ist mit alledem, was er bietet, nahezu etwas Vollkommenes, nur eines vermißt man an diesem Treffpunkt: Das Telefon! hp

Das Telefon kommt aber recht bald, die *Silberquelle* ist jahrelang unter 2 62 85 erreichbar.

Jetzt geht's richtig los: Die 1950er-Jahre

Im Untergrund: Die *Silberquelle* ist mehr, als man sieht

Mit der Eröffnung am 4. Juni 1949 ist die *Silberquelle* aber noch nicht komplett. Ein schöner Gastraum fehlt, denn im Pavillon führt eine Treppe in den Keller, dort befinden sich die Küche und eine Toilette. Fotos von diesem Innenraum gibt es aus dieser Zeit keine, nur eine Zeichnung des Architekten. Nach vorn zur Straße ist ein Teil des Pavillons abgeteilt als Kiosk, der Rest wird vielleicht für Waren genutzt, aber Gäste halten sich dort nicht auf. Knapp ein Jahr nach der Eröffnung stellt der Architekt Heinz-Willi Jüngst einen Bauantrag, um den Keller zu erweitern und damit die Treppe von innen nach außen zu legen. Warum er nicht gleich 1949 so geplant hat, geht aus den Unterlagen nicht hervor. Vielleicht fehlte das Geld, und es musste deshalb in Etappen gebaut werden.

Im Juli 1950 schreibt Jüngst an die Stadt: *„Der neue Kellerteil liegt, ebenso wie der vorhandene Keller, völlig unter der Erdgleiche. Anstelle der störenden Innentreppe soll im neuen Kellerteil eine Außentreppe eingebaut werden, die sowohl die neuen Aborte als auch den vorhandenen Wirtschaftskeller erschließt."*

Diesmal muss er die Stadt nicht mehrfach bitten, die Baugenehmigung wird recht zügig erteilt, und die Baumaßnahmen starten. Unterirdisch wird die *Silberquelle* fast doppelt so groß wie überirdisch der Pavillon. Eine neue Treppe in unmittelbarer Nähe vom Eingang des Pavillons führt nun draußen über massive Betonstufen in den Keller. Unten angekommen führt links die Tür zu den Toiletten, durch die Tür rechts gelangt man in Lagerraum, Büro und Küche.

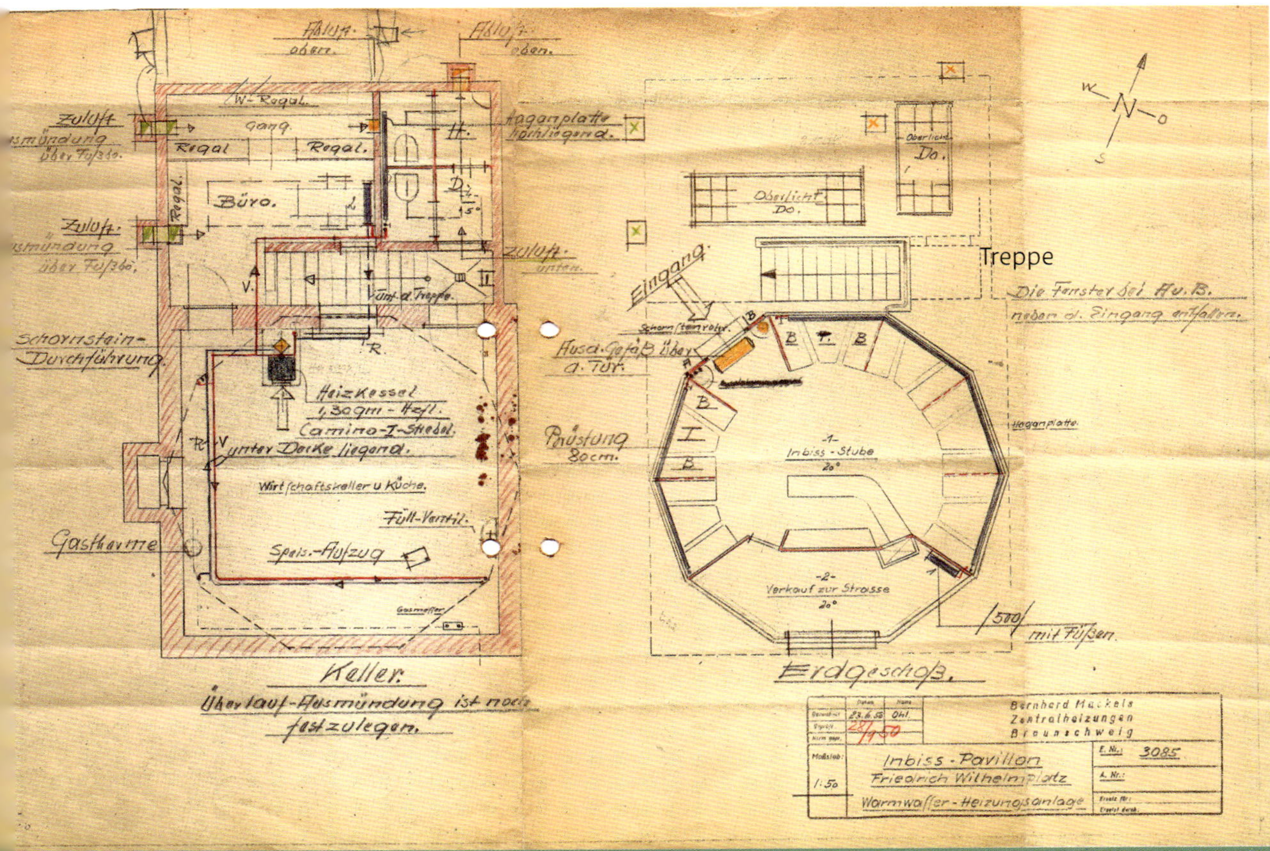

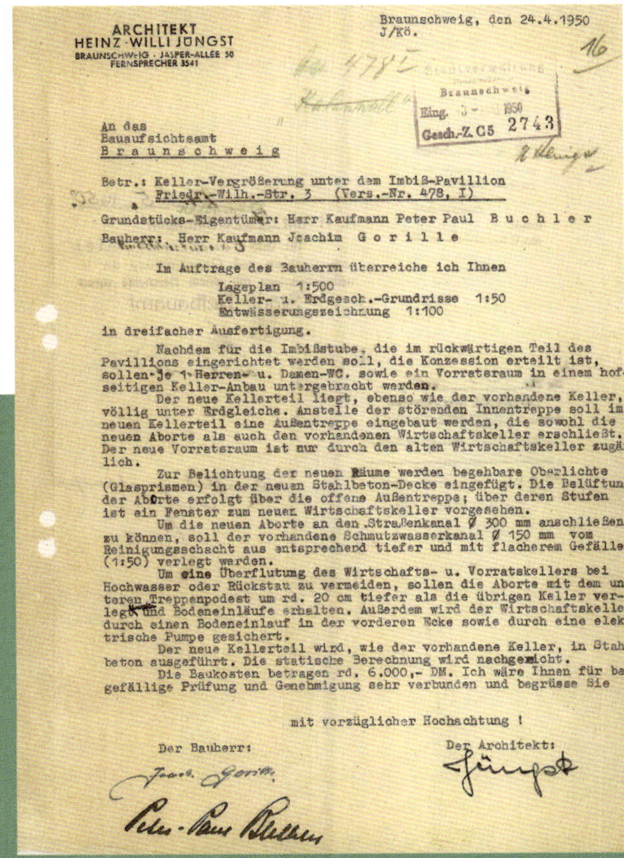

ARCHITEKT
HEINZ-WILLI JÜNGST
BRAUNSCHWEIG · JASPER-ALLEE 50
FERNSPRECHER 3541

Braunschweig, den 24.4.1950
J/Kö.

Braunschweig
Eing. 3 - 1950
Gesch.-Z. C5 2743

An das
Bauaufsichtsamt
Braunschweig

Betr.: Keller-Vergrößerung unter dem Imbiß-Pavillion Friedr.-Wilh.-Str. 3 (Vers.-Nr. 478, I)

Grundstücks-Eigentümer: Herr Kaufmann Peter Paul Buchler

Bauherr: Herr Kaufmann Joachim Gorille

Im Auftrage des Bauherrn überreiche ich Ihnen

Lageplan 1:500
Keller- u. Erdgesch.-Grundrisse 1:50
Entwässerungszeichnung 1:100

in dreifacher Ausfertigung.

Nachdem für die Imbißstube, die im rückwärtigen Teil des Pavillions eingerichtet werden soll, die Konzession erteilt ist, sollen je 1 Herren- u. Damen-WC. sowie ein Vorratsraum in einem hofseitigen Keller-Anbau untergebracht werden.

Der neue Kellerteil liegt, ebenso wie der vorhandene Keller, völlig unter Erdgleiche. Anstelle der störenden Innentreppe soll im neuen Kellerteil eine Außentreppe eingebaut werden, die sowohl die neuen Aborte als auch den vorhandenen Wirtschaftskeller erschließt. Der neue Vorratsraum ist nur durch den alten Wirtschaftskeller zugänglich.

Zur Belichtung der neuen Räume werden begehbare Oberlichte (Glasprismen) in der neuen Stahlbeton-Decke eingefügt. Die Belüftung der Aborte erfolgt über die offene Außentreppe; über deren Stufen ist ein Fenster zum neuen Wirtschaftskeller vorgesehen.

Um die neuen Aborte an den Straßenkanal Ø 300 mm anschließen zu können, soll der vorhandene Schmutzwasserkanal Ø 150 mm vom Reinigungsschacht aus entsprechend tiefer und mit flacherem Gefälle (1:50) verlegt werden.

Um eine Überflutung des Wirtschafts- u. Vorratskellers bei Hochwasser oder Rückstau zu vermeiden, sollen die Aborte mit dem unteren Treppenpodest um rd. 20 cm tiefer als die übrigen Keller verlegt und Bodeneinläufe erhalten. Außerdem wird der Wirtschaftskeller durch einen Bodeneinlauf in der vorderen Ecke sowie durch eine elektrische Pumpe gesichert.

Der neue Kellerteil wird, wie der vorhandene Keller, in Stahlbeton ausgeführt. Die statische Berechnung wird nachgereicht.

Die Baukosten betragen rd. 6.000,- DM. Ich wäre Ihnen für baldige gefällige Prüfung und Genehmigung sehr verbunden und begrüsse Sie

mit vorzüglicher Hochachtung !

Der Bauherr:

Der Architekt:
Jüngst

Eine besondere Raffinesse des neuen Kellerteils sind die Glasbausteine in der Decke. Sie sind begehbar und Teil der Terrasse. Die Glasbausteine liegen über den Gästetoiletten und dem Büro, sie sind natürlich nicht durchsichtig, sondern milchig, aber sie lassen trotzdem genügend Helligkeit in die Räume darunter. Das natürliche Licht im Keller zaubert eine ganz angenehme Atmosphäre. Im Büro kann man tagsüber ohne elektrisches Licht arbeiten. Leider müssen die Glasbausteine Anfang der 2000er-Jahre ausgebaut werden.

Wer jetzt annimmt, der Keller riecht muffig und ist feucht, der liegt daneben. Architekt Jüngst hat für gute Durchlüftung gesorgt. In jedem Raum sind in den Wänden unterhalb der Decke schmale Schlitze, sie münden in Lüftungsschächte, die nach oben ins Freie führen. Was im Gelände rund um den Pavillon aussieht wie Gitterroste für Regenwasser, sind in erster Linie die Lüftungsschächte. Die Luft im Keller kann also zirkulieren. Jüngst hat an so vieles gedacht, eben auch an ausreichend Frischluft.

Doppelschlag: Kiosk und Kneipe *Silberstube*

Jetzt, da sich die Treppe in den Keller nicht mehr im Pavillon befindet, entsteht 1950 ein gemütlicher Gastraum. Eine Wand teilt den zehneckigen Raum, ein kleiner Teil zur Straße hin ist der Bereich für den Kiosk, die hintere Fläche ist der Gastraum, genannt *Silberstube*. Es gibt einen schmalen Durchgang vom Gastraum in den Kiosk an der rechten Seite dieser Trennwand, die beidseitig als Regal genutzt wird. In der *Silberstube* steht eine schmale Theke mit gläserner Vitrine, sechs quadratische Tische sind entlang der Außenwand aufgestellt. Karierte Tischdecken liegen darauf, auf der Vitrine steht eine Vase mit Blumen. Gertrud Gorille dekoriert auch hier, der Gast soll sich wie zu Hause in der Wohnstube wohlfühlen, darum hängt sie Gardinen und Stores auf und besteht auf Tischdecken. Um die Tische herum stehen jeweils drei bis vier Stühle, rund 20 Gäste können also sitzen. Vor der Theke werden später noch Barhocker plat-

Erst schlicht, dann aufwendig ausgebaut, das Büro im Keller der *Silberquelle*.

ziert. In der Vitrine liegen Appetitanreger wie Bockwurst, Bouillonwurst, Krakauer und mehr. Hübsch drapiert auf Tellerchen mit Gürkchen und Petersilie, versteht sich.

Die Decke im Pavillon ist nicht flach und gerade, das hätte wohl erdrückend gewirkt, sie ist aufgebaut fast wie eine Kuppel. Dreiecke aus dünnem, hellem Holz laufen in der Mitte zusammen. Auch dort ist ein kleiner Schacht eingefügt, eine verdeckte Lüftung mit Ventilator, der dafür sorgt, dass der Qualm der Zigaretten und Zigarren abziehen kann. Dieser Abzugsventilator muss von Zeit zu Zeit ausgebaut, vom Schmierfilm befreit und gereinigt werden. Daran erinnert sich Hans-Peter Mentzel (Jahrgang 1945), der bei der Elektro-Firma Liefner gearbeitet hat. *„Es war eine sehr fettige Angelegenheit"*, so Mentzel, *„aber zum Trost gab es ein kühles Getränk, eine Bratwurst oder auch mal ein Trinkgeld."* Die Firma Liefner hat schon den Verkaufswagen betreut, jetzt ist sie für die Elektrik im Pavillon zuständig.

Damals – heute.

Nicht nur der Pavillon, auch der Keller bietet Raffinessen. Der Clou ist von Anfang an ein kleiner Aufzug für Speisen, der die Küche im Keller mit dem Kiosk und dem Gastraum verbindet. Der schmale Aufzug ist nämlich in die Trennwand zwischen *Silberstube* und Kiosk integriert und fast nicht zu sehen. Kommt der Aufzug oben an, hört man ein leises *Pling*. Die Bedienung im Kiosk oder im Gastraum braucht nur die Schiebetür zu öffnen. Niemand muss die Treppen von der Küche im Keller nach oben laufen.

Das Bestellsystem ist aus heutiger Sicht speziell: Der Gast sagt, was er wünscht, die Kellnerin notiert die Bestellung auf einem Bon, den sie auf einem kleinen Holzblock mit spitzem Nagel aufspießt. Dieses Ensemble fährt mit dem Fahrstuhl in den Keller. Dort nämlich stehen die Kisten mit Bier, Brause und auch die Schnäpse und das Essen. Die Küchenfrau stellt alles zusammen, und der Fahrstuhl liefert nach oben: *pling*.

Am Ende des Tages werden die Bons und die fehlenden Waren abgeglichen, bei einer Flasche Schnaps müssen 32 Gläser rauskommen. Und egal wie spät, es muss vor dem Verlassen der *Silberquelle* alles genau dokumentiert werden. Joachim Gorille ist sehr korrekt und verlangt auch von den Mitarbeiterinnen, dass sie gewissenhaft sind und den Arbeitstag mit der Abrechnung beenden. Ordnung und Sauberkeit, das ist dem Chef wichtig, er hat seine Prinzipien. Aber die Stimmung ist ihm mindestens genauso wichtig, er macht gern Witze und „Späßecken".

An Wochenenden sind pro Schicht bis zu vier Personen im Einsatz, in der Kellerküche, in der Gaststube, im Kiosk und am Bratwurststand. Um 7 Uhr macht die *Silberquelle* auf, 1 Uhr nachts soll Schluss sein, meist wird es später.

Wer in den 1950er-Jahren von der Straße auf die *Silberquelle* blickt, der sieht den Kiosk und die vollen Regale in den Fenstern und den Wänden, die Regalböden sind aus Glas oder dünnem Holz, in dem winzigen Verkaufsraum wird jeder Platz genutzt. Kleine weiße Dreiecke blitzen und fallen als Erstes ins Auge, es sind umgeknickte Ecken von schlichten, weißen Papierservietten. Wie schon im Verkaufswagen ist das die unverwechselbare Deko-Handschrift von Gertrud Gorille. Ob zu Hause oder im Geschäft, bei ihr muss es ordentlich, sauber und adrett und arrangiert sein, Deckchen, Blumen, Accessoires tragen zur Wohlfühlatmosphäre bei.

Wer um den Pavillon herumgeht, der steht vor einer kleinen Tür. Zur *Silberstube* steht auf einem Schild, damit ist der Gastraum gemeint. Insgesamt 33 Quadratmeter groß ist der Innenraum des Pavillons, zwei Drittel davon machen die *Silberstube* aus. Heute gibt es die Trennwand nicht mehr, die *Silberquelle* ist ein Raum. Aber die alten Schilder mit der Aufschrift *Silberstube* gibt es noch. Wie damals hängen sie in den Fenstern gleich neben der Eingangstür und erinnern an die vergangene Zeit.

Tradition leben – das Originalschild aus den 1950er-Jahren.

Ein Meisterwerk: Lob von höchster Stelle

Anfang der 1950er-Jahre war der Pavillon in Braunschweig ein sehr auffälliges Bauwerk. „*Das glänzte so silbern, es gab nichts Vergleichbares in der Stadt, das war wirklich etwas Besonderes*“, erinnert sich Professor Uwe Sandfuchs (Jahrgang 1942). Als kleiner Junge steht er häufig vor der *Silberquelle*, wenn er auf die Buslinie 11 wartet, die direkt vor dem Pavillon hält und ihn nach Hause nach Lehndorf bringt. Während er schaut und staunt, kitzelt ihn der Bratwurstduft in der Nase, und seine Augen gleiten über das unfassbar große Angebot von Süßigkeiten, doch kaufen kann er nichts, „*kein Geld*“. Erst als Jugendlicher gönnt er sich nach dem Sonntagstanz in der *Melodia-Bar* ein Bierchen und jetzt kommt's: Seit 2006 ist der über 80-Jährige wieder Stammgast in der *Quelle* und genießt die langen Nächte, aber diese Geschichte wird ein paar Seiten später erzählt... Jetzt verweilen wir noch ein bisschen in den 1950er-Jahren.

Mit der *Silberquelle* gelingt Heinz-Willi Jüngst ein architektonisches Meisterstück. Und was für eins! Niemand Geringeres als Professor Friedrich Wilhelm Kraemer schreibt ein Gutachten über den Pavillon. Kraemer, kurze Zeit Braunschweigs Stadtbaurat, leitet seit 1946 den Lehrstuhl für Gebäudelehre und Entwerfen an der Technischen Universität Braunschweig, begründet die renommierte „Braunschweiger Schule“, die für strenge Formensprache und eine sachliche, aber elegante Funktionalität bekannt ist. Kraemer avanciert in Deutschland zu einem der prägendsten Entwerfer der Nachkriegszeit. Warum er das Gutachten über die *Silberquelle* für das Landgericht verfasst, ist weder in den Archiven des Gerichts, der Stadt der TU Braunschweig hinterlegt, einzig das Gutachten selbst existiert noch in den Mappen der Bibliothek der TU Braunschweig – eine Verbeugung vor dem Architekten der *Silberquelle*.

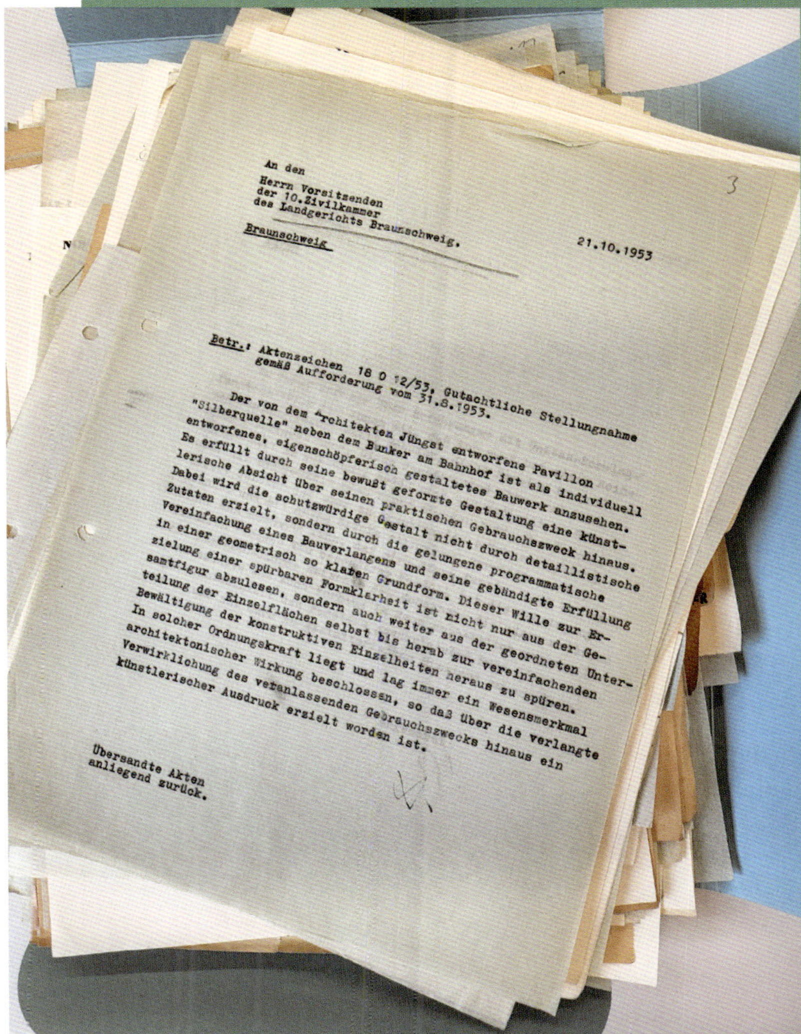

An den
Herrn Vorsitzenden
der 10.Zivilkammer
des Landgerichts Braunschweig.
Braunschweig

21.10.1953

Betr.: Aktenzeichen 18 O 12/53, Gutachtliche Stellungnahme
gemäß Aufforderung vom 31.8.1953.

Der von dem "rchitekten Jüngst entworfene Pavillon "Silberquelle" neben dem Bunker am Bahnhof ist als individuell entworfenes, eigenschöpferisch gestaltetes Bauwerk anzusehen. Es erfüllt durch seine bewußt geformte Gestaltung eine künstlerische Absicht über seinen praktischen Gebrauchszweck hinaus. Dabei wird die schutzwürdige Gestalt nicht durch detaillistische Zutaten erzielt, sondern durch die gelungene programmatische Vereinfachung eines Bauverlangens und seine gebändigte Erfüllung in einer geometrisch so klaren Grundform. Dieser Wille zur Erzielung einer spürbaren Formklarheit ist nicht nur aus der Gesamtfigur abzulesen, sondern auch weiter aus der geordneten Unterteilung der Einzelflächen selbst bis herab zur vereinfachenden Bewältigung der konstruktiven Einzelheiten heraus zu spüren. In solcher Ordnungskraft liegt und lag immer ein Wesensmerkmal architektonischer Wirkung beschlossen, so daß über die verlangte Verwirklichung des veranlassenden Gebrauchszwecks hinaus ein künstlerischer Ausdruck erzielt worden ist.

Übersandte Akten
anliegend zurück.

Eine Mappe mit Briefen und Gutachten von Professor Friedrich Wilhelm Kraemer lagert in den Tiefen der Bibliothek der TU Braunschweig.

Friedrich Wilhelm Kraemer schreibt *„An den Herrn Vorsitzenden der 10. Zivilkammer des Landgerichts Braunschweig. 21.10.1953. Der von Architekt Jüngst entworfene Pavillon ‚Silberquelle' neben dem Bunker am Bahnhof ist als individuell entworfenes, eigenschöpferisch gestaltetes Bauwerk anzusehen. Es erfüllt durch seine bewußt geformte Gestaltung eine künstlerische Absicht über den reinen praktischen Gebrauchszweck hinaus. Dabei wird die schutzwürdige Gestalt nicht durch detailistische Zutaten erzielt, sondern durch die gelungene programmatische Vereinfachung eines Bauverlangens und seine gebändigte Erfüllung in einer geometrisch so klaren Grundform. Dieser Wille zur Erzielung einer spürbaren Formklarheit ist nicht nur aus der Gesamtfigur abzulesen, sondern auch weiter aus der geordneten Unterteilung der Einzelflächen selbst bis herab zur vereinfachenden Bewältigung der konstruktiven Einzelheiten heraus zu spüren. In solcher Ordnungskraft liegt und lag schon immer ein Wesensmerkmal architektonischer Wirkung beschlossen, so daß über die verlangte Verwirklichung des veranlassenden Gebrauchszwecks hinaus ein künstlerischer Ausdruck erzielt worden ist."*

Der künstlerische Ausdruck ist den Kindern der 1950er-Jahre nicht so wichtig, sie interessieren sich eher für die Süßigkeiten. Nach dem Kino oder dem Schwimmunterricht im Stadtbad müssen viele mit dem Bus, der direkt vor der *Silberquelle* hält, oder der Straßenbahn vom Friedrich-Wilhelm-Platz nach Hause. Sie nutzen die Wartezeit gern, um für ein paar Groschen ihre individuelle Naschtüte zusammenzustellen. Im Sommer 1950 wird das Freibad im Bürgerpark eröffnet, noch mehr Kinder als vorher strömen nun zum Pavillon. Die Süßigkeiten in den Bonbonieren sind meist unverpackt und einzeln zu kaufen: rautenförmige Nappos in farbigem Stanniol, Samba-Waffeln, verschiedene Lakritzen, Weingummischnuller, Schokoherzen, Schoko-Borke, Rumkugeln, Brausepulverwürfel, Fürst-Pückler-Kekse, Spekulatius, Zuckerstangen, Vivil, Lutscher, Prickel Pit, Pez, Katzenzungen, Sahnebonbons, Erfrischungsstäbchen mit Zitronen- und Orangengeschmack – und noch vieles mehr.

Kein Platz bleibt ungenutzt, Regale in den Fenstern und an den Wänden, um viel anbieten zu können.

Scharfer Spieß: Schaschlik mit pikanter Soße

Die Erwachsenen halten eher nach etwas Handfesterem Ausschau: Bockwurst, Bouillonwurst, Krakauer, Bratwurst Thüringer Art und: Schaschlik! Ruth Goronczewski (Jahrgang 1927) arbeitete am Bratwurstgrill oder in der Küche im Keller der *Silberquelle* und produzierte die begehrten Schaschlikspieße. Sie erinnert sich genau: *„ein Stück Schweinfleisch, ein Stück Leber, ein Stück Paprika und eine Scheibe Zwiebel, dann wieder Schweinefleisch, Leber und so fort. Die Spieße kamen oben im Kiosk in eine Friteuse und wurden dann mit kräftiger, dunkelroter Soße serviert."* Heute klingt das ungewöhnlich, Schaschlik mit Leber, doch Recherchen haben ergeben: Das war früher ein Rezept, das sich lange Zeit hielt. Ende 1957 ist Schaschlik in Braunschweig eine Neuheit.

Die Soße zum Schaschlik ist ein Geheimrezept. Joachim Gorille kocht sie zu Hause, er steht gern am Herd. Anita Liebegeld (sie lernen wir später im Kapitel über die 1960er-Jahre näher kennen) erinnert sich, dass Joachim Gorille das Rezept kreiert und die genauen Zutaten nie verraten hat. Sie sagt, es sei auf alle Fälle viel Tomatenketchup dabei und eine Menge Curry, Worcestersauce und natürlich noch andere Gewürze. Diese Soße wird in Kanister abgefüllt und in die *Silberquelle* gebracht, dort muss sie nur erwärmt werden. Zum Schaschlikspieß mit Soße wird noch eine dicke Scheibe Weißbrot serviert. Im Ordner *„Bilanzen 1957 – 1960"* findet sich eine Aktennotiz: *„Im Jahr 1957 wurde zum ersten Mal Schaschlik verkauft. Der Jahresdurchschnitt pro Monat war 450 Portionen."*

Der absolute Renner aber sind die Bratwürste, erinnert sich Ruth Goronczewski. Sie hat am Grillstand meist 4 Uhr nachmittags bis 1 Uhr nachts gearbeitet. *„Die Würste wurden über Holzkohle gegrillt, da musste man aufpassen, dass sie nicht schwarz wurden"*, erzählt sie und lacht, *„drei durfte man verbrennen, wurden es mehr, musste man sie selbst bezahlen."* Aber weil die Nachfrage so groß ist, brennt selten etwas an. *„Die Leute waren wie verrückt nach den Bratwürsten Thüringer Art."* Manche Stammkunden kommen beinah täglich, einmal stehen gleich sechs oder sieben um sie herum, essen und schwatzen, da kommt der Chef vorbei, erinnert sich Ruth Goronczewski, sie ruft ihm zu, *„hier, das sind meine Stammkunden."* Joachim Gorille begrüßt alle herzlich, flitzt schnell in den Keller und kommt mit Schnaps und Gläsern zurück: *„Zum Wohle, darauf trinken wir einen."*

Schinkenhäger »Urquell«

Schinkenhäger hilft dem Magen, auch schwere Speisen zu vertragen!

S p e i s e k a r t e

Fischbrötchen	DM	-.3o
Lachsbrötchen	"	-.3o
Mettgutbrötchen	"	-.3o
Brötchen mit Butter	"	-.35
Rollmops mit Brötchen	"	-.55
Brot mit Butter u. Mettgut	"	-.7o
Bockwurst mit Brötchen	"	-.85
Bratwurst mit Brötchen	"	-.85
Bratkotelett mit Brötchen	"	1,3o
S c h a s c h l i k m. Brötch.	"	1,35
Dose Ölsardinen mit Brötch.	"	1,5o
Ungar. Paprika Gulasch m. Brötch.	"	1,85
Mockturtle Ragout mit Brötchen	"	1,85
Ragout fin mit Brötchen	"	2,--
G e b ä c k		
Salzstangen, Beutel	"	-.3o
Wochenend - Mischung	"	-.65
XOX gemischtes Gebäck, Beutel	"	1,1o

Bedienungsgeld darf nicht erhoben werden!
Zigaretten und Zigarren in reichl. Auswahl!

Schinkenhäger »Urquell«

Schinkenhäger hilft dem Magen, auch schwere Speisen zu vertragen!

Alkoholfreie Getränke

Filter Kaffee	-.6o
Kännch. Mocca	1,8o
" Kaffee	1,2o
Tee mit Zitrone	-.5o
Hühnerbrühe m. B.	-.6o
Ochsenschanzs.	-.75
Tee mit Rum	1,--

S e k t

Piccolo	3,75
Hausmarke 1/1 Fl.	9,5o

W e i n

53 er Trittenheimer	
Spätlese Fl.	11,--
Bisotte "	6,5o
Schoppenwein, Gl.	1,5o

S p i r i t u o s e n

Weinbrand 2 cl. Gl.	-.90
Doppelkorn "	-.5o
Aperitif 5 "	-.5o
Urquell 2 "	-.6o
Doornkaat "	-.7o
Likör Curacao	-.7o
Jägermeister "	-.9o
Likör 2 cl.	-.9o
Underbg. Orig.Fl.	-.9o
Coca m. Rum	-.95
Grog v. Pott Rum	1,5o

B i e r e

Malz Vollbier	-.6o
Dortmunder-Kronenbier	-.65

einschl. Getränkesteuer!

Mockturtle Ragout war in den 1950er-Jahren sehr beliebt, wer die falsche Schildkrötensuppe bestellte, bekam in der Regel Kalbfleisch, die Brühe wurde u.a. mit Sherry verfeinert.

Die Fresswelle: *Silberquelle* im Trend

Nicht nur die Braunschweiger entdecken ihre Lust auf deftiges Essen. Die Lebensmittelkarten sind passé, auf die Hungerjahre der Kriegs- und Nachkriegszeit folgt in ganz Deutschland die „Fresswelle“, wie diese Zeit von manchen Historikern genannt wird. Exotische Nahrungsmittel und Gewürze erobern die heimische Küche. Zum Schweineschmalz gesellt sich jetzt Kokosfett, und Kalter Hund kommt auf den Tisch – ein gehaltvoller Kuchen aus Keksen, Kakaopulver, Puderzucker und Palmin. Mettigel bereichern die Partytische, geformtes Hackfleisch mit schmalen Zwiebelstückchen als Stacheln, und sehr beliebt wird Mayonnaise, vornehmlich auf Tomaten getupft, die ebenfalls bei Feiern als Fliegenpilze angepriesen werden. Der Höhepunkt der kulinarischen 1950er-Jahre ist der Start des ersten deutschen Fernsehkochs Clemens Wilmenrod, der gelernter Schauspieler war. Seine einfache, aber raffinierte Küche kommt an. Er gilt als Erfinder des Toast Hawaii, eine Scheibe Toastbrot, belegt mit Kochschinken, darauf eine Scheibe Ananas aus der Dose, eine Scheibe Schmelzkäse zum Überbacken, und der krönende Abschluss ist dann eine knallrote Cocktailkirsche, die in den Kreis der Ananas gedrückt wird. Dieses Rezept hält sich Jahrzehnte. In der *Silberquelle* allerdings gibt es kein Toast Hawaii. Zu Hause kommt das farbenfrohe Gericht häufiger auf den Tisch, warum es nicht auch die Speisekarte der *Silberquelle* bereichert, ist nicht bekannt.

Aber Schaschlik gibt es in der *Silberquelle*. Ecki Schimpf erinnert sich, *„Schaschlik kannte zu dieser Zeit kein Mensch“*. Joachim Gorille konnte damit seinen Gästen mal wieder etwas Besonderes bieten. Es sprach sich schnell herum, dass man im Pavillon diese neuen, leckeren Spieße bekam. *„Nach einem Kinobesuch oder einem Clubabend oder Ähnlichem ging man danach noch in die Silberquelle ein Schaschlik bei Jochen essen“*, entsinnt sich Schimpf. *„Jochen Gorille war stadtbekannt, ganz illustre Persönlichkeiten kehrten in der Silberquelle ein, Staatsanwälte, Richter, Wirtschaftsbosse, aber auch ganz ‚normale‘ Braunschweiger – die Kneipe hatte das gewisse Etwas.“*

Adrette weiße Schürze oder weißer Kittel, die Servicekräfte sind so gut erkennbar. Wer sich den Pavillon genau ansieht, erkennt die beiden Schiebefenster unter den Schriftzügen am Pavillon „Rauchwaren“ und „Silberquelle“.

Das „gewisse Etwas“ dank seiner Gastgeber, die wenig Aufhebens darum machten, wer dort sein Bierchen trinkt. Gast ist Gast, so erinnert sich Hans-Herbert Wiegandt (Jahrgang 1945), der spätere Gastwirt „Spitze“, der Anfang der 1960er-Jahre erste Erfahrungen im Bereich Gastronomie unter Anleitung von Joachim Gorille sammelte. *„Joachim hat viele der Gäste mit Handschlag empfangen“*, sagt Spitze. *„Egal, ob Promi oder Flüchtling, er hat sich über jeden Gast gefreut und war freundlich zu ihm. Und er konnte gut mit Flüchtlingen, wohnten ja viele immer noch im Bunker und kamen in die Silberquelle. Der Chef ging sehr herzlich mit ihnen um, merkte sich schnell die Namen und begrüßte auch sie persönlich.“* Vielleicht, weil er immer noch an seine eigene Flucht und die schwere Zeit denken muss.

In der *Silberquelle* wird anfangs nicht frisch gezapft, es gibt Bier in Flaschen, ausnahmsweise, wie die Stadt Braunschweig in der Erlaubnisurkunde vom 24. April 1950 schreibt: *„Bei der Prüfung der Bedürfnisfrage ist besonders berücksichtigt worden, dass ein großer Teil der zu Ihrem Kundenkreis zählenden Verkehrsteilnehmer, insbesondere Reisende, nicht hinreichend Zeit haben, zur Einnahme von Erfrischungen eine Gaststätte aufzusuchen. Aus diesen Erwägungen heraus wurde auch – trotz gewisser Bedenken – das Bedürfnis zum Ausschank von Flaschenbier für Ihre Betriebsstätte anerkannt.“*

Natürlich kann man Zigaretten kaufen, aber auch „feinste Rauchwaren“, dicke Zigarren. Außerdem im Angebot, jedenfalls im Dezember: Feuerwerkskörper wie Luftheuler und Blitzkracher, selbst dafür hatte Joachim Gorille sich eine entsprechende Erlaubnis beim Gewerbeamt geholt.

Zeitungen und Zeitschriften bietet die *Silberquelle* ebenfalls an, auch dafür muss Joachim Gorille eine Erlaubnis bei der Militärregierung einholen. Die Nachrichtenkontrollvorschrift verbietet den Verkauf von Druckerzeugnissen, „sofern hierdurch: a.) die ‚nationalsozialistische oder ähnliche völkische' Ideen (einschließlich Rassenkunde und Rassenhaß) verbreiten werden; b.) faschistische oder antidemokratische Ideen verbreitet werden; c.) Uneinigkeiten zwischen den Vereinigten Nationen zu schaffen oder Geringschätzung derselben anzuregen versucht wird; d.) militärische, einschl. großdeutsche und deutsch-imperialistische Ideen verbreitet werden; e.) zum Aufruhr oder zur Unruhe angestiftet oder auf die Tätigkeit der Militärregierung in irgendeine Weise störend eingewirkt wird." Im Januar 1949 erhält Joachim Gorille die Erlaubnis „to sell newspapers and periodicals – für den Verkauf von Zeitungen und Zeitschriften."

Die Perfektion: Die *Silberquelle* bekommt Schutzwände

1950 wird viel gebaut in der *Silberquelle*, nicht nur der Keller bekommt weitere Räume. Außen um den Pavillon herum verläuft ein Tresen, wer schnell und nur dort etwas essen will, kann darauf Teller und Gläser abstellen. Das ist sehr praktisch, allerdings bei Regen und Wind eine Herausforderung. Darum, so schreibt Architekt Heinz-Willi Jüngst am 12. November 1950 an die Stadt, *„möchte der Bauherr (in ähnlicher Weise wie an der ‚Hagen-Quelle' am Hagenmarkt) einige Schutzwände aus Leichtmetall auf-*

MG/IC/88

Diese Urkunde ist nicht übertragbar und muß auf Verlangen der Alliierten Behörde vorgezeigt oder abgeliefert werden.

This Record is not transferable and must be shown or surrendered on demand of Allied Authority.

To be filled out by Registering Authority

MILITÄRREGIERUNG – DEUTSCHLAND

It is forbidden to copy this document or part thereof by photographic means or to reproduce the stamp in any way whatsoever.

Nachrichtenkontrolle
Information Control

Es ist verboten dieses Dokument oder Teile desselben zu fotografieren oder den Stempel in irgendeiner Weise zu reproduzieren.

Urkunde der Registrierung
Record of Information Control Registration

Joachim Gorille, (Name), 17, Altstadtring, Brunswick (Address)

ist/sind bei der Militärregierung registriert, zwecks Ausübung folgender Tätigkeit(en):
has/have registered with Military Government to conduct the following activity/activities:

Registering Authority will fill in activity or activities indicated on Registration Form

To sell newspapers and periodicals

Verkauf von Zeitungen und Zeitschriften

in / *at* Brunswick (Business address or addresses)

Kiosk Kalenwall Nr. 4

unter dem Namen / *under the name* Joachim Gorille (Trade name, or name of firm)

Es ist ihm/ihr/ihnen bekannt, daß er/sie diese Tätigkeit(en) nur gemäß allen Gesetzen, Verordnungen, Vorschriften und Anweisungen der Militärregierung und des Nachrichtenkontrollamtes ausüben darf/dürfen. Es ist ihm/ihr/ihnen bekannt, daß die Genehmigung zur Ausübung dieser Tätigkeit(en) von der Militärregierung jederzeit allein nach ihrem Ermessen widerrufen werden kann, und daß es ihm/ihr/ihnen obliegt, über alle Gesetze, Verordnungen, Vorschriften und Anweisungen der Militärregierung unterrichtet zu sein und diese strengstens zu befolgen.
The registrant understands that he may conduct such activity only in conformity with all Laws, Ordinances, Regulations and Instructions of Military Government and District Information Control Units. He understands that permission to conduct such activity may be revoked by Military Government at its sole discretion. He understands that it is his responsibility to be informed about and to obey strictly all Military Government Laws, Ordinances, Regulations and Instructions issued.

R.J. Walters, PSO II (Name and rank of MG Officer)

Brunswick (city), 17 Jan. 1949 (date), M.G. Det. No. Public Safety Branch Stadt Brunswick

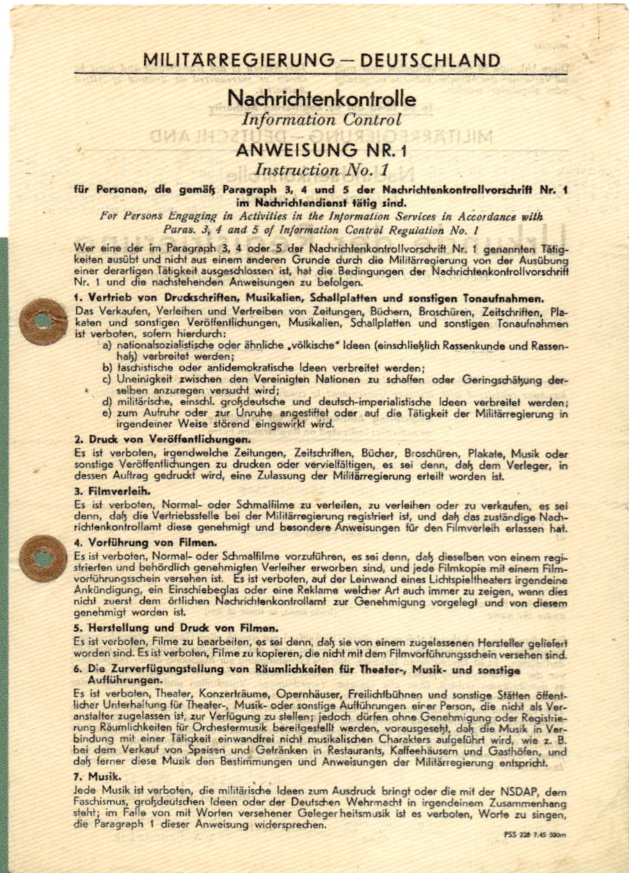

MILITÄRREGIERUNG – DEUTSCHLAND

Nachrichtenkontrolle
Information Control

ANWEISUNG NR. 1
Instruction No. 1

für Personen, die gemäß Paragraph 3, 4 und 5 der Nachrichtenkontrollvorschrift Nr. 1 im Nachrichtendienst tätig sind.
For Persons Engaging in Activities in the Information Services in Accordance with Paras. 3, 4 and 5 of Information Control Regulation No. 1

Wer eine der im Paragraph 3, 4 oder 5 der Nachrichtenkontrollvorschrift Nr. 1 genannten Tätigkeiten ausübt und nicht aus einem anderen Grunde durch die Militärregierung von der Ausübung einer derartigen Tätigkeit ausgeschlossen ist, hat die Bedingungen der Nachrichtenkontrollvorschrift Nr. 1 und die nachstehenden Anweisungen zu befolgen.

1. Vertrieb von Druckschriften, Musikalien, Schallplatten und sonstigen Tonaufnahmen.
Das Verkaufen, Verleihen und Vertreiben von Zeitungen, Büchern, Broschüren, Zeitschriften, Plakaten und sonstigen Veröffentlichungen, Musikalien, Schallplatten und sonstigen Tonaufnahmen ist verboten, sofern hierdurch:
a) nationalsozialistische oder ähnliche „völkische" Ideen (einschließlich Rassenkunde und Rassenhaß) verbreitet werden;
b) faschistische oder antidemokratische Ideen verbreitet werden;
c) Uneinigkeit zwischen den Vereinigten Nationen zu schaffen oder Geringschätzung derselben anzuregen versucht wird;
d) militärische, einschl. großdeutsche und deutsch-imperialistische Ideen verbreitet werden;
e) zum Aufruhr oder zur Unruhe angestiftet oder auf die Tätigkeit der Militärregierung in irgendeiner Weise störend eingewirkt wird.

2. Druck von Veröffentlichungen.
Es ist verboten, irgendwelche Zeitungen, Zeitschriften, Bücher, Broschüren, Plakate, Musik oder sonstige Veröffentlichungen zu drucken oder vervielfältigen, es sei denn, daß dem Verleger, in dessen Auftrag gedruckt wird, eine Zulassung der Militärregierung erteilt worden ist.

3. Filmverleih.
Es ist verboten, Normal- oder Schmalfilme zu verteilen, zu verleihen oder zu verkaufen, es sei denn, daß die Vertriebsstelle bei der Militärregierung registriert ist, und daß das zuständige Nachrichtenkontrollamt diese genehmigt und besondere Anweisungen für den Filmverleih erlassen hat.

4. Vorführung von Filmen.
Es ist verboten, Normal- oder Schmalfilme vorzuführen, es sei denn, daß dieselben von einem registrierten und behördlich genehmigten Verleiher erworben sind, und jede Filmkopie mit einem Filmvorführungsschein versehen ist. Es ist verboten, auf der Leinwand eines Lichtspieltheaters irgendeine Ankündigung, ein Einschiebeglas oder eine Reklame welcher Art auch immer zu zeigen, wenn dies nicht zuerst dem örtlichen Nachrichtenkontrollamt zur Genehmigung vorgelegt und von diesem genehmigt worden ist.

5. Herstellung und Druck von Filmen.
Es ist verboten, Filme zu bearbeiten, es sei denn, daß sie von einem zugelassenen Hersteller geliefert worden sind. Es ist verboten, Filme zu kopieren, die nicht mit dem Filmvorführungsschein versehen sind.

6. Die Zurverfügungstellung von Räumlichkeiten für Theater-, Musik- und sonstige Aufführungen.
Es ist verboten, Theater, Konzerträume, Opernhäuser, Freilichtbühnen und sonstige Stätten öffentlicher Unterhaltung für Theater-, Musik- oder sonstige Aufführungen einer Person, die nicht als Veranstalter zugelassen ist, zur Verfügung zu stellen; jedoch dürfen ohne Genehmigung oder Registrierung Räumlichkeiten für Orchestermusik bereitgestellt werden, vorausgesetzt, daß die Musik in Verbindung mit einer Tätigkeit einwandfrei nicht musikalischen Charakters aufgeführt wird, wie z. B. bei dem Verkauf von Speisen und Getränken in Restaurants, Kaffeehäusern und Gasthöfen, und daß ferner diese Musik den Bestimmungen und Anweisungen der Militärregierung entspricht.

7. Musik.
Jede Musik ist verboten, die militärische Ideen zum Ausdruck bringt oder die mit der NSDAP, dem Faschismus, großdeutschen Ideen oder der Deutschen Wehrmacht in irgendeinem Zusammenhang steht; im Falle von mit Worten versehener Gelegenheitsmusik ist es verboten, Worte zu singen, die Paragraph 1 dieser Anweisung widersprechen.

PSS 228 7.45 500m

Die Militärregierung wollte Nationalsozialisten keine Möglichkeit mehr geben, sich in den Medien faschistis oder antidemokratisch zu äußern.

stellen. Die oberen Felder (in Höhe der Fenster) werden mit Dickglas und die unteren Flächen mit Draht-Glas ausgefüllt." Die Stadt hat keine Bedenken und erteilt recht schnell die Baugenehmigung für eine Art *„Schutzmantel für die Gäste"*, aber wie immer – *„widerruflich"*.

Die Schutzwände sind filigran, ebenfalls silberfarbig, haben viele Fenster, sie harmonieren mit dem Pavillon. Der innovative Architekt installiert dazu noch raffinierte Bodenlichter und auf dem Dach die Leuchtschrift „S I L B E R Q U E L L E". Nachts, wenn alle Lampen eingeschaltet sind, strahlt der gesamte Pavillon weithin sichtbar fast wie ein modernes Kunstwerk. Leider existieren diese Schutzwände nicht mehr, aber der umlaufende Tresen ist noch vorhanden, er wird nach wie vor genutzt, um Gläser abzustellen oder sich anzulehnen. Auch ein stilvoller Schriftzug ist noch vorhanden, der heutige Pächter Kai Fahim hat ihn behutsam modernisiert: *Silberquelle. Der Pavillon.*

Nachts ist die *Silberquelle* der Hingucker, wer vom Bahnhof kommt, kann den leuchtenden Bau nicht übersehen.

Der Einsatz: Rund um die Uhr

Die *Silberquelle* ist täglich geöffnet und hält Gertrud und Joachim Gorille auf Trab. Trotzdem erlauben sie sich Auszeiten, zum Beispiel im Sommer 1951. Gertrud fährt mit ihrer Freundin Magda, die auch in der *Silberquelle* arbeitet, für zwei Wochen an die Ostsee. Natürlich schreiben sich Gertrud und Joachim wieder alle zwei oder drei Tage. Während Gerdi von Sonne, Sand und Meer berichtet, erzählt ihr Jochen über den Alltag in der *Silberquelle*.

Mittagessen mit Katze.

„Die Katzen bleiben nicht mehr hinten. Wollen dauernd in die Küche oder in den Laden. Nachts ist es kaum auszuhalten. Läßt man sie herein, so klappern sie überall herum. Sind sie draußen, so pläken sie die ganze Nacht. Die Frau, die die erste Katze hatte, hat sie uns wieder gebracht. Der Hauswirt duldet es nicht. So, nun sitzen wir auf den Katzen fest. Keiner will eine haben. Mutter rennt schon überall herum, um der Katzenplage Herr zu werden."

Das Verhältnis von Joachim Gorille zu den Katzen ist ambivalent, auf der einen Seite schmust er mit ihnen und verwöhnt sie, auf der anderen Seite nerven sie ihn, vor allem wenn sie Junge haben.

In einem anderen Brief schreibt Joachim: *„Meine liebe Gerdi! Karte erhalten. Vielen Dank. Arbeit reichlich! Schlafmöglichkeit genügend. Freitag riesen Umsatz! Sonnabend Totoumsatz gut! R. hat heut Dienst! Hoffentlich schafft sie es! Bei dem gestrigen Betrieb waren Mutter und B. sowie ich bis 3 Uhr voll beschäftigt."*

Mutter, damit ist Berta Gorille gemeint. Bis 3 Uhr nachts in der *Silberquelle* und ein riesiger Umsatz, das hat seinen Grund. An diesem Tag sind die meisten Gaststätten in den 1950er-Jahren voll, denn Freitag ist Zahltag, Arbeiter und Angestellte erhalten ihre Lohntüte mit Bargeld. Häufig führt sie dann der Weg aber nicht direkt nach Hause, sondern erst einmal an die Theke. Sehr zum Leidwesen ihrer Frauen, denn sie wissen, an die Miete oder Lebensmittel denkt der Göttergatte nicht. Darum steht manche Ehefrau Freitag am Fabriktor und begleitet ihren Mann zur eigenen Haustür. Bis 1957 existiert dieses System der Lohn- und Gehaltszahlung, dann gehen Unternehmen dazu über, auf Girokonten zu überweisen.

Ein paar Tage später teilt Joachim Gertrud mit: *„Das Geschäft geht im Augenblick sehr gut. Die Neue bedient sehr gut und hatte keine weiteren Differenzen. H. kann im Augenblick gar nicht soviel Wurst liefern, wie wir benötigen. Verkaufen jetzt täglich über 200 Port. Das gleiche bald an Bratwurst. Aber Geld besitze ich doch keins. Die Lasten sind im Augenblick verdammt hoch."*

Während Gertrud im Strandkorb sitzt oder mit dem Boot einen Ausflug macht, schreibt ihr Joachim, wie sein Sonntag aussieht. Da er wenig Zeit hat, wieder mal in seinem typischen Telegrammstil:

„Warenausgabe und Büroarbeit um 12 Uhr beendet!
Nach Haus ins Bett – Magenschmerzen –
17 Uhr im Laden, Warennachschub,
18 – 20 Uhr in Wendhausen sonnen. In Waldesruh ein Apfelsaft und ein Brot mit Ei verzehrt. 20:30 im Laden – Geschäft gut. Starker Wurstumsatz – Wetter erstklassig –
0:30 Uhr im Bett.
Montag 8 Uhr Maler im Pavillon. Hinterer Teil wird gestrichen –
9 Uhr Zollkontrolle
11 Uhr Vertreter –
11:30 – 13 Uhr Warenausgabe, Abrechnungen stimmen ganz gut! Wetter heut gut! Fahre mit Mutter voraussichtlich um 3 Uhr nach Wendhausen zum Sonnen – muß 18 Uhr im Laden sein! Nun schreib auch mal."

Wendhausen liegt rund zehn Kilometer nordöstlich von Braunschweig, ein beschauliches Dorf mit einer stattlichen fünfflügeligen Windmühle als Wahrzeichen, eingebettet zwischen Auen und Wäldern. Der Ortskern wird von zwei Armen des Flusses Schunter umflossen. An einer Stelle gab es eine Badestelle, erzählt Heimatpfleger Günter Jung. Vielleicht hat es Joachim Gorille dorthin gezogen oder in den Park des Wasserschlosses. Beide Bereiche waren idyllisch und gut geeignet, für ein paar Stunden die Seele baumeln zu lassen und Kraft für die nächste Schicht zu sammeln. Die Gaststätte *Waldesruh* gab es noch viele Jahre, erst kürzlich ist sie abgerissen worden. Sie lag an der Kreuzung der ehemaligen Bundesstraße 248 von Braunschweig nach Lehre und der Landstraße nach Essehof, dort konnte man in den 1950er-Jahren sehr gut speisen, am Wochenende lockte der Tanztee.

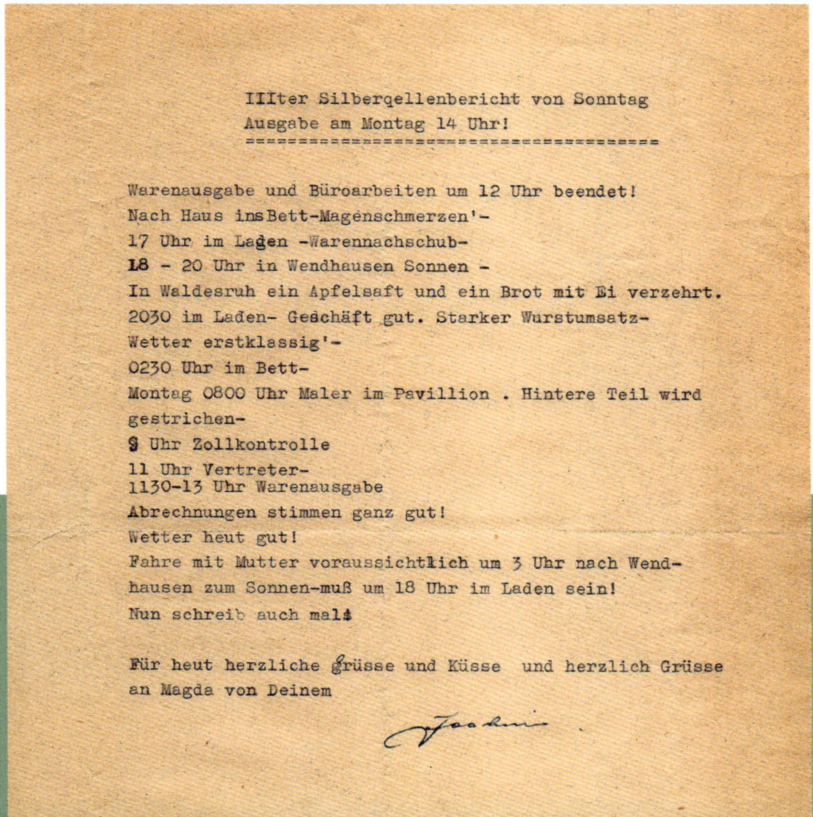

IIIter Silberqellenbericht von Sonntag
Ausgabe am Montag 14 Uhr!
=====================================

Warenausgabe und Büroarbeiten um 12 Uhr beendet!
Nach Haus insBett-Magenschmerzen'-
17 Uhr im Lagen -Warennachschub-
18 - 20 Uhr in Wendhausen Sonnen -
In Waldesruh ein Apfelsaft und ein Brot mit Ei verzehrt.
2030 im Laden- Geschäft gut. Starker Wurstumsatz-
Wetter erstklassig'-
0230 Uhr im Bett-
Montag 0800 Uhr Maler im Pavillion . Hintere Teil wird
gestrichen-
9 Uhr Zollkontrolle
11 Uhr Vertreter-
1130-13 Uhr Warenausgabe
Abrechnungen stimmen ganz gut!
Wetter heut gut!
Fahre mit Mutter voraussichtlich um 3 Uhr nach Wend-
hausen zum Sonnen-muß um 18 Uhr im Laden sein!
Nun schreib auch mal!

Für heut herzliche Grüsse und Küsse und herzlich Grüsse
an Magda von Deinem

Joachim

Die Überschrift des Briefes macht es deutlich, Joachim Gorille hat mehrfach an seine urlaubende Gerdi geschrieben und wartet ungeduldig auf eine Antwort.

Die Tage in der *Silberquelle* beginnen früh und enden spät, das registriert der Körper. Joachim Gorille klagt seit langer Zeit immer wieder über starke Magenschmerzen, seine Gerdi ist besorgt, sie schreibt aus Grömitz: *„Ich wünsche, daß Du Dich ins Krankenhaus legst, damit Du mal auskuriert wirst. Nun wird es doch nötig sein und vor allem es ist bestimmt richtig. Zu Haus befolgst Du ja keine Anordnungen und es wird mit Deinem Magen immer schlimmer. Sieh mal, Du schaffst alles ohne mich, dann werde ich es ohne Dich auch schon schaffen und vor allem bist Du ja dann nicht aus der Welt, ich kann Dich ja täglich besuchen."*

Es dauert noch einige Jahre, bis Joachim Gorille den Rat seiner Frau annimmt und zur Kur fährt. Als er es tut, schmeißt Gerdi den Laden, und natürlich schreiben die beiden sich wieder alle paar Tage, außerdem telefonieren sie häufig. Am 9. März 1957 schreibt Gertrud: *„Es ist doch komisch so lange allein. Ein paar Tage allein ist ganz schön, aber so lange. Überhaupt, wenn ich Dich nicht hätte, könnte ich doch nicht mehr allein sein. Bis jetzt hatte ich ja alle Tage zu tun, aber wenn ich mir vorstelle, ich ginge ins Büro, käme nach Haus und niemand wär da, der auf mich wartet und mit dem ich mich kabbeln könnte, es wär nichts für mich."*

Es geht in den Briefen von Gertrud natürlich auch um die *Silberquelle*: *„Am Montag, nachdem Du weg warst, kam ein Polizist und verbot vor 10 Uhr Zigaretten zu verkaufen. Wirst eben auch einen Automaten, wenn er auch nur klein ist, aufstellen müssen, so wie ihn andere ja auch haben u. somit auch noch nachts verkaufen. (...) Neumann war natürlich nicht hier und so hab ich Frl. Simon rum geschickt. Geld hat sie nicht bekommen. Du hättest gesagt, er soll sich mit dem Abzahlen ruhig Zeit lassen. Darüber reden wir beide noch mal in aller Ruhe. Ich arbeite nicht mit, damit Geld verborgt werden kann. Ich hab selbst noch viele Wünsche, die ich bisher noch nicht erfüllt bekommen konnte, weil dafür noch kein Geld da war und dann verborgst Du Geld. Wir arbeiten schließlich für uns und nicht für andere. Der Neumann kann sehr gut selbst arbeiten gehen. Ich meine das mit Dir aber nicht böse, darfst es nicht falsch verstehen. In Zukunft schicke solche Pumpkunden ruhig zu mir."*

An anderer Stelle schreibt sie: *„Die Kassen stimmen, bis auf Fr. K., sie hatte am vorigen Freitag im Laden 15,– minus. Die Studentin hatte am Sonntagvormittag 40,– minus, ich hab das Geld am Abend bei der Ablösung im Laden an einer ganz komischen Stelle gefunden. Jeder ist erstaunt, wie das Geld dort hin kommt. Es lag auf dem Rohr, wo das Gläserspülbecken ist, toll, was? Wie ich erfahren habe, hat Fr. K., die den ganzen Sonntag Silberstuben-Dienst hatte, der Studentin Mittagessen angeboten, das mußte die Studentin in der Silberstube essen und Fr. K. paßte inzwischen im Laden vorn auf. Wir nehmen an, daß die K. das Geld nicht mehr rechtzeitig einstecken konnte und rasch in dieses Versteck warf. Wir stehen alle vor einem Rätsel. Ich habe der K. noch nichts gesagt, was soll ich machen, wenn sie die Beleidigte spielt und plötzlich aufhört, noch habe ich keinen Ersatz. Habe gestern an zwei Damen geschrieben, die sich schon einmal vorgestellt hatten, die sollen mir nun Bescheid geben, ob ich mit Ihnen rechnen kann. – Die B., die ja vorigen Sonnabend einfach fehlte, da angeblich ihre Schwester krank war, was natürlich nicht stimmte, sie war am Freitag ausgegangen und natürlich blau gewesen und hatte am nächsten morgen Kopfschmerzen, nachdem ich ihr ordentlich die Meinung gesagt habe, ist sie jetzt wie umgewandelt. Mal abwarten, ob sie am 15. kündigt daraufhin."*

Selbstbewusst, schön und offensichtlich mit sich und der Welt zufrieden: Gertrud Gorille 1951.

Die Chefin: Eine selbstbewusste Frau

Diese Briefe spiegeln eine sehr selbstbewusste Person, eine Geschäftsfrau. Gertrud Gorille entspricht in den 1950er-Jahren nicht der Rolle, die zum Beispiel die Werbung zeichnet. Bei Dr. Oetker heißt es in einem Werbespot: *„Eine Frau hat zwei Lebensfragen: Was soll ich anziehen, und was soll ich kochen?“* In Fernsehumfragen sprechen sich Männer dafür aus, dass eine Frau an den Herd gehört und Kinder zu betreuen hat. KKK – Kinder, Kirche, Küche. In der jungen Bundesrepublik ist zwar im Grundgesetz verankert, *„Frauen und Männer sind gleichberechtigt“*, gleichzeitig gelten jedoch paradoxerweise die Regeln des Bürgerlichen Gesetzbuches aus der Kaiserzeit. Dort ist festgelegt, dass der Mann das Oberhaupt der Familie ist und in allen ehelichen Angelegenheiten in letzter Instanz entscheidet. Er hat das Recht, über Wohnort und Wohnung der Familie zu entscheiden, und alles was in der Ehe erworben wird, gehört ihm. Die Frau ist verpflichtet, den Haushalt zu führen. Erst 1957 wird ein Gesetz verabschiedet, das den Frauen erlaubt, ohne Zustimmung des Mannes zu arbeiten – sofern das mit ihren Pflichten in Ehe und Familie vereinbar ist.

Gertrud Gorille ist nach dem Krieg in die Rolle der verantwortungsbewussten, gestaltenden und vor allem gleichberechtigten Geschäftsfrau hineingewachsen. Menschen, die sie in jener Zeit erlebt haben, sprechen davon, dass die Chefin mitunter *„barsch“* war oder *„herrisch“*. Aber vermutlich musste Gertrud in manchen Situationen einfach einen härteren Ton anschlagen als ihr Mann, um sich durchzusetzen. Manch ein Angestellter mag es nicht gleich akzeptiert haben, dass eine Frau das Sagen hatte. Vielleicht hat Gertrud Gorille manchmal lauter und resoluter gesprochen als nötig, weil sie dachte, als Vorgesetzte muss man das so machen. Es gab kaum Vorbilder, Cheffinnen gab es damals noch nicht so viele.

Ein Strauß aus Blumenkohl, Möhren, Tomaten, Weintrauben und vielem mehr zum 28. Geburtstag am 25. Juni 1949 – von diesem besonderen Präsent spricht Gertrud Gorille noch viele Jahre.

Gute Freundinnen: Gertrud und Magda Sommer 1951 in Grömitz.

Aufbruch: Sehnsucht liegt in der Luft

Die Stimmung jener Jahre war geprägt von Nachkriegssorgen, das erzählt der Cousin von Jochen Gorille, Felix Bannert. Viele Menschen leben immer noch in fremden Wohnungen dicht gedrängt mit anderen. Die meisten Familien sind unvollständig, es fehlen Väter, Brüder, Söhne, sie sind tot oder noch in Gefangenschaft oder werden vermisst. Zahlreichen heimgekehrten ehemaligen Kriegsgefangenen fällt es schwer, wieder Fuß zu fassen, sie sind krank oder traumatisiert durch das, was sie erlebt haben. Der Krieg steckt den Menschen noch in den Knochen, sie sehnen sich vor allem nach Ruhe und Sicherheit. So ist Anfang der 1950er-Jahre die Stimmung mitunter gedämpft. Felix Bannert, damals Anfang 20, arbeitet zeitweise in der *Silberquelle*, meist im Winter, wenn er arbeitslos ist, wie er erzählt. Seine Frau Olga arbeitet ebenfalls im Pavillon, sie verkauft einige Jahre Bratwürstchen. Auch in den 1950er-Jahren ist Familie in der *Silberquelle* beschäftigt, wie im Verkaufswagen am Bahnhof auch schon: Im Keller schnibbelt unermüdlich Berta Gorille den schlesischen Kartoffelsalat. Sie wird meist Oma Ille genannt, aber auch Emma, ihr Name lautet Berta Anna Helena Gorille, geborene Fritsch – etwas verwirrend. Auch Oma Hanisch, die nur einen Vornamen hat, Meta, macht sich in der Küche nützlich, und Joachims Bruder Hans samt Frau sind ebenfalls zeitweise dort beschäftigt.

Die 1950er-Jahre sind aber auch, wie Felix Bannert es ausdrückt, eine Zeit des „Frohlockens", des Aufbruchs. Es breitet sich die Zuversicht aus, dass alles besser wird, dass sich das Land neu und gut organisiert, der Frieden stabil ist. Es sind die Gründerjahre der jungen Bundesrepublik. Anfang 1950 werden die Lebensmittelkarten abgeschafft. Fröhliche Momente blitzen in der *Silberquelle* vor allem dann auf, wenn Musik zu hören ist oder Felix Bannert seine Mundharmonika zur Hand nimmt und für die Gäste spielt. Livemusik ist also schon in den 1950er-Jahren in der *Silberquelle* verbreitet und beliebt.

Überhaupt spielt Musik in der *Silberquelle* eine große Rolle, eine Jukebox steht neben der Theke, ein paar Groschen reinwerfen, ein paar Tasten drücken, und schon setzt sich der Greifarm in Bewegung, der die gewünschte Single auflegt. Gern gehört damals: *„Mariandl, Mariandl, du hältst mein Herz am Bandl"*, ein österreichischer Schlager von 1947. Wenn dieses Lied erklingt, trällern vor allem die Frauen mit, erinnert sich Frieda Burgdorf, die schon am Verkaufsstand mitgearbeitet hat und auch jetzt in der *Silberquelle* dabei ist.

Schick gemacht zum Ausflug im Sommer 1954. Die drei Gorilles: Oma Ille, Joachim und Gertrud auf der Okerbrücke.

Um Liebe, Sehnsucht und Fernweh drehen sich die Schlager der 1950er-Jahre. Da versinkt die rote Sonne im Meer vor Capri, und nicht nur Rudi Schuricke weckt die Sehnsucht nach dem Mittelmeer, auch Katharina Valente schmettert: *„Komm ein bisschen mit nach Italien, komm ein bisschen mit, weil sich das lohnt …"* Fernweh besingen auch Freddy Quinn mit dem Jungen, der bald wiederkommen soll, Fred Bertelmann mit dem Lachenden Vagabund und viele andere.

Die Jugend geht nicht nur musikalisch eigene Wege. Der Rock'n'Roll wird Mitte der 50er-Jahre zum Soundtrack einer jungen Generation, die sich faszinieren lässt vom American Way of Life und sich nach Aufbruch und Freiheit sehnt. Das provokative Auftreten der Halbstarken wird schnell zum Sinnbild einer ganzen Generation. Mit der „Fluppe", der Zigarette im Mundwinkel, der modischen Lederjacke, der „Nietenhose" und einem laut knatternden Moped entsetzen sie die braven Bundesbürger.

Die modische Frau dagegen steht auf Wespentaille, Petticoat oder aber auf den schmal geschnittenen Bleistiftrock. Darüber im Sommer elegante, schulterfreie, eng anliegende Oberteile. Endlich wieder schick sein, sich zeigen, sich was leisten, die Sehnsucht nach den entbehrungsreichen Jahren ist groß. Wem dazu das Geld fehlt, der näht die Kleider selber, Burda-Schnittkataloge sind sehr gefragt. Gut besucht sind auch Modenschauen, wie sie das Bekleidungshaus Rosbach und Risse veranstaltet. Bei den Männern ist in dieser Zeit das Nylon- oder Perlonhemd sehr beliebt, knitter- und damit bügelfrei, aber leider nicht geruchsfrei. Besonders modisch: der Mann mit Hut.

Wer über die Köpfe der modisch gekleideten Frauen blickt, sieht den Polizisten, der auf seinem Podest den Verkehr regelt.

Der Schutzmann: Meyer III und das Bierchen

Und wenn in der *Silberquelle* die humorvolle Platte „Schutzmann Meyer III" aufgelegt und in voller Lautstärke gespielt wird, dann weiß der Polizist, der den Verkehr auf dem Friedrich-Wilhelm-Platz regelt: Ein Kaffee oder ein kühles Bierchen warten auf mich. Auf dem Platz steht ein weißes Podest, mit Kelle und Trillerpfeife dirigiert der Beamte, wer sich in Bewegung setzen darf und wer warten muss. Eine menschliche Ampel also. Aber manchmal eben klettert er runter von seinem Turm, überlässt die Verkehrsteilnehmer ihrem eigenen Schicksal und macht Pause in der *Silberquelle*. Diese Anekdote erzählt Gertrud Gorille in einem Interview des NDR 1989, anlässlich des 40. Geburtstags der Gaststätte.

Ein Verkehrsknotenpunkt – der Friedrich-Wilhelm-Platz in den 1950er-Jahren.

Kein Weg zu weit: Frischer Matjes aus Hamburg

1949 kauft Joachim Gorille bei Opel Dürkop in Braunschweig einen Opel Olympia. Manchmal darf der Fleischerjunge Gerhard Hartmann vom Altstadtring in die Stadt mitfahren, das ist ihm jedes Mal eine große Freude, er ist sehr beeindruckt. „Ein eigenes Auto, das war sensationell, hatten noch nicht viele", erinnert sich Hartmann, „dunkelblau war der Opel und innen schwarze Ledersitze, sehr schick. Ich bin sehr gern mitgefahren." Das Auto nutzt Joachim Gorille, um fangfrischen Fisch zu holen. Ein sehr aufwendiges Unterfangen. Bei der ersten Fahrt Ende Januar 1949 ist er mehrere Tage unterwegs, um überhaupt die Firmen zu finden, bei denen er Fisch kaufen könnte. Angekommen in Hamburg, schreibt er am Abend sofort seiner Gerdi: „*... die angegebene Firma liegt weit ab von Hamburg, ca. 30 km Richtung Lübeck. Eben Wagen untergestellt. Für die Nacht 3,50 – toll! Zimmer 7,- DM und liege im Massenquartier mit 4 Herren im 5 Betten Zimmer.*" Wer jetzt vermutet, der Brief sei länger unterwegs als Joachim Gorille, der irrt. Die Post ist 1949 – und auch schon die Jahre davor – sehr gut organisiert. Die relativ kurze Distanz von Hamburg nach Braunschweig überwindet die Bahnpost innerhalb eines Tages, sofern keine Störungen im Betriebsablauf wie schlechtes Wetter oder Zugausfall vorliegen. In der Regel erreichen Briefe einen Tag nach Einwurf, spätestens am übernächsten Tag den Empfänger.

Zwei Abende später schreibt er wieder: „*Am Dienstag fuhr ich nach Bergstedt, starker Nebel. Start 9 Uhr und bin um 13 Uhr nach ca. 20 km Fahrstrecke dort gelandet. Tempo 5 km/h. 100x verfahren, da keine Sicht. Eine Firma war weder mittels Polizei oder Bürgermeister aufzufinden. Bergstedt zählt 1500 Einwohner (Dorf). Eine Lebensmittel- oder Heringsfima gibt es in Bergstedt nicht.*" Weil es noch immer sehr nebelig ist, fährt Joachim Gorille mit dem Zug zurück nach Hamburg und holt später das Auto zu Fuß, vermutlich, um Geld zu sparen. „*Die Knochen taten mir vom Laufen weh. Die Schuhe sind mir um 3 Nummern zu klein geworden. Sei nur froh, daß Du nicht mit warst. Du hättest nichts zu lachen gehabt, Kannst Dir meinen Zorn denken.*" Dann setzt er seine Fahrt fort. „*Um 11 Uhr los von Bergstedt um 17 Uhr in Cuxhaven. Vom fahren tot müde und gleich ins Bett. Donnerstag: kein Geschäft zu machen gewesen. Heut sind die ersten Dampfer angekommen, Bücklinge gibt es in rauen Mengen, aber alles Riesen, ca. 400 gr. das Stück. Alles nur große Fische. – Für heut will ich schließen. Ein Kind stört mich dauernd beim Schreiben.*"

Diese Fahrt klingt wie ein Reinfall, aber schlussendlich weiß Joachim Gorille danach, dass die beste Adresse für frischen Fisch der Hamburger Fischmarkt ist. Er fährt also einmal die Woche am frühen Morgen nach Hamburg. Er selbst liebt Fisch, am meisten geräucherten Aal. Er weiß, wie gut er ganz frisch schmeckt, und das möchte er seinen Gästen bieten. Matjes- oder Aalbrötchen waren zu dieser Zeit nicht überall erhältlich, für seine Kunden soll es etwas Besonderes geben. Aber er merkt bald, das ist sehr kräftezehrend, die Fahrt für die rund 190 Kilometer dauert lange. Da er nicht gern Autobahn fährt, ist er mindestens 3,5 Stunden allein für eine Strecke unterwegs, wenn er gut durchkommt. Nach einigen Monaten überlässt es Joachim Gorille wieder der Nordseekette, für Fisch zu sorgen.

Ein Opel Olympia. Für Autofans: 1,5-Liter-Vierzylindermotor mit 37 PS, die Höchstgeschwindigkeit lag bei 112 km/h. Der Wagen kam 1950 als erste Opel-Olympia-Neukonstruktion der Nachkriegszeit auf den Markt. Es gab zwar auch 1947 bis 1949 schon einen Opel Olympia, aber der entsprach genau dem (technisch veralteten) Vorkriegsmodell von 1938. – Das Kennzeichen BN steht für Britisch Niedersachsen, die 106 ist Braunschweig zugeordnet.

Der Kaffeegarten: Kuchen und Blumen auf dem Hof

Was man sich heute überhaupt nicht mehr vorstellen kann: Im Hof der *Silberquelle* gibt es in den Sommern der 1950er-Jahre einen Kaffeegarten. Zierliche Holzklappstühle, Tische mit karierten Decken, Sonnenschirme und Sonnenblumen – fertig war das kleine Freiluftcafé. Die Beetflächen am Rand der Terrasse bepflanzt Gertrud Gorille liebevoll mit Löwenmäulchen, Strohblumen, Cosmea und eben Sonnenblumen. Die farbenfrohen Blüten sollten das Herz erfreuen und eine kleine Hinterhofidylle schaffen, einen Kontrast zu dem Schutt und den Trümmerhaufen in der Stadt. Sie werden zwar im Laufe der 1950er-Jahre weniger, aber noch säumen sie unübersehbar die Straßen.

Lange Nächte: Skat und Steuersorgen

Gertrud und Joachim Gorille arbeiten hart. Meist sind beide im Geschäft, nicht gleich frühmorgens, aber oft bis in die Nacht. Und häufig ist Joachim derjenige, der abschließt. Die langen Öffnungszeiten sind dem Einzelhandel ein Dorn im Auge. Nicht nur die *Silberquelle*, auch andere Kioske ziehen Zorn auf sich. In der Verbandszeitung des Einzelhandels ist am 15. September 1951 zu lesen:

„Wir haben in verschiedenen Eingaben an den Präsidenten des Niedersächsischen Verwaltungsbezirkes Braunschweig, das Gewerbeamt der Stadt Braunschweig und an die Stadtverwaltung selbst darauf hingewiesen, daß die Verkaufs- und Ausschankzeiten in unserem Gebiet von den Trink- und Imbißhallen sowie den Verkaufskiosken nicht eingehalten werden. Während der Einzelhandel streng an seine Verkaufszeiten gebunden ist, den

Im kleinen Kaffeegarten der *Silberquelle*: Vorn rechts in der Kaffeerunde Oma Ille, hinten stehen Gertrud und ihre Freundin Magda. Auf dem zweiten Foto streckt übermütig Jochen die Zunge raus.

Gaststättenbetrieben ein klarer Feierabendschluß vorgeschrieben ist, werden bei den oben genannten Verkaufshallen diese Verordnungen kaum oder nur wenig beachtet. Man hat uns immer wieder gesagt, daß unsere Beschwerden unterstützt werden. Wir müssen aber darauf hinweisen, daß wir es nicht verstehen können, wenn auf diesem Gebiete mit zweierlei Maß gemessen wird.

Wir haben daher die im Bilde festgehalten Verkaufs- und Imbißhallen mehrmals überprüft und es zeigt sich dabei, daß dieselben noch in der Zeit von 1:15 bis 1:30 Uhr – zu dieser Zeit wurden die nachstehenden Nachtaufnahmen gemacht – geöffnet haben und Verkäufe tätigen.

Es bleibt dabei nicht nur bei einem Verzehr an Ort und Stelle, sondern auch Tabakwaren, Süßwaren usw. werden noch nach 1 Uhr nachts stark verkauft.

Wir meinen, daß hier was nicht stimmt. Wir sind jedenfalls der Ansicht, daß das, was dem Einzelhandel verboten ist, diesen Trinkhallen nicht erlaubt werden darf, und wir glauben, daß es an der Zeit ist, daß hier Verordnungen erlassen werden, die nicht nur das Warensortiment genau abgrenzen, sondern die den Besitzern dieser Trinkhallen die Auflage machen, sich streng an die Verkaufszeiten zu halten."

Der Ärger ist da, ebbt aber auch wieder ab. Die Öffnungszeiten in der *Silberquelle* werden nicht verändert.

Braunschweig-Lüneburger Einzelhandel 8 Nr. 17 / 15. September 1951

Braunschweig:

Trink- und Imbißhallen verkaufen noch nach 1 Uhr nachts

Wir haben in verschiedenen Eingaben an den Präsidenten des Niedersächsischen Verwaltungsbezirkes Braunschweig, das Gewerbeamt der Stadt Braunschweig und an die Stadtverwaltung selbst darauf hingewiesen, daß die Verkaufs- und Ausschankzeiten in unserem Gebiet von den Trink- und Imbißhallen sowie den Verkaufskiosken nicht eingehalten werden. Während der Einzelhandel streng an seine Verkaufszeiten gebunden ist, den Gaststättenbetrieben ein klarer Feierabendschluß vorgeschrieben ist, werden bei den obengenannten Verkaufshallen diese Verordnungen kaum oder nur wenig beachtet. Man hat uns immer wieder gesagt, daß unsere Beschwerden unterstützt werden. Wir müssen aber darauf hinweisen, daß wir es nicht verstehen können, wenn auf diesem Gebiete mit zweierlei Maß gemessen wird.

Wir haben daher die im Bilde festgehaltenen Verkaufs- und Imbißhallen mehrmals überprüft und es zeigt sich dabei, daß dieselben noch in der Zeit von 1.15 Uhr bis 1.30 Uhr — zu dieser Zeit wurden die nachstehenden Nachtaufnahmen gemacht — geöffnet haben und Verkäufe tätigen.

Es bleibt dabei nicht nur bei einem Verzehr an Ort und Stelle, sondern auch Tabakwaren, Süßwaren usw. werden noch nach 1 Uhr nachts stark verkauft.

Wir meinen, daß hier etwas nicht stimmt. Wir sind jedenfalls der Ansicht, daß das, was dem Einzelhandel verboten ist, diesen Trinkhallen nicht erlaubt werden darf, und wir glauben, daß es an der Zeit ist, daß hier Verordnungen erlassen werden, die nicht nur das Warensortiment genau abgrenzen, sondern die den Besitzern dieser Trinkhallen die Auflage machen, sich streng an die Verkaufszeiten zu halten.

Die Aufnahmen, die wir hier veröffentlichen, geben ein Zeugnis für das ab, was wir immer wieder behauptet haben, und wir glauben, daß wir keinen besseren Beweis erbringen können.

(BL-Foto 4)

„... starker Verkauf nach 1 Uhr nachts ..."
Die Nachtschwärmer werden über die langen Öffnungszeiten froh gewesen sein.

Wer viel arbeitet, der hat auch Freizeit verdient, Gertrud und Joachim Gorille gönnen sich jedenfalls ab und an ein paar freie Tage. Mitunter fährt einer von ihnen allein ein oder zwei Wochen an die See oder in die Berge. Manchmal aber machen sie auch zu zweit Urlaub, dann fährt in der Regel einer los, der andere kommt nach und bleibt dann noch ein paar Tage länger. Gertrud reist mit dem Zug, Jochen mit dem Auto. Die *Silberquelle* lassen sie nicht gern lange allein. 1953 besucht Gertrud Gorille Ende Januar erst Tante Trudel und Onkel Waldemar in München und genießt anschließend allein eine Skiwoche in Oberstdorf.

Natürlich schreiben sie sich wieder. Joachim Gorille am 5. Februar 1953 um 24 Uhr, wie er oben im Briefkopf notiert:

„Meine liebe Gerdi! Vielen Dank für Deinen so ausführlichen Brief. – Bei uns geht alles seinen Gang. In Kürze hat sich folgendes ereignet. Sonntag: Geschäftsumsatz gut. Hochwassergefahr. D. besoffen nachts hier. Montag. Großer Skat. Sch. hat verloren. Es haben gespielt R., N., L., S. und ich. R. hat das ganze Lokal unterhalten. Es wurde früh 6 Uhr. Dienstag: wurde im Büro bis 24 Uhr gearbeitet. Steuern. Steuerberater J. und die Kleine mußten mitmachen. Uns sind die Augen übergegangen, was da für Zahlen rausgekommen sind. Stundung vom Finanzamt abgelehnt. Mittwoch: Verhandlung über einen dringenden Kredit bei der Bank. Erhalten für die dringendsten Zahlungen 3.500,00. Geschäft Mittwoch ganz ruhig. Zum Kegeln bin ich nicht gekommen, da zu viel schriftliche Arbeiten mit dem Finanzamt. Nachts 4 Uhr zu Hause. Weiter Steuern erhalten. Zu den vorhandenen Steuern gesellen sich die Vermögens-, Kapital- und Ertragssteuern. Geschäft ruhig. – Kein Geld in der Kasse. Gedrückt kann nichts werden. Werde wohl unsere Sparbüchse aufmachen müssen. Seit gestern Sturm und Schnee in Massen. Heute tolle Kälte. Anrufen werde ich Dich am Sonntag Abend nur in der Zeit zwischen 19–20 Uhr wegen der Gebühren. Müssen unbedingt sparen."

Nachtschichten und dann noch finanzielle Sorgen, das Jahr 1953 startet offensichtlich sehr verhalten. Am Ende des Jahres aber zeigt die Bilanz, dass in der *Silberquelle* ganz ordentlich konsumiert wurde: 106.850 Wurstportionen lagen auf dem Grill, das sind im Schnitt 8.900 Portionen im Monat, rund 300 am Tag. Auch Bier wird reichlich getrunken, rund 335 Hektoliter im Jahr, umgerechnet auf den Monat etwa 2.800 Liter. Nicht alle sind in der *Silberquelle* geleert worden, manche nehmen die Flasche Bier auch mit. Der Umsatz 1953 kann sich sehen lassen: 324.247 DM. Aber man muss bedenken, bei durchschnittlich neun Angestellten sind die Personalkosten hoch, es müssen auch noch Kredite bedient werden – aber trotzdem, das Jahr 1953 hat sich gut entwickelt.

Fotoshooting im Januar 1950 bei einem Ausflug nach Hahnenklee.

Der Erfolgsfaktor: Bedürfnisse erkennen

Die *Silberquelle* ist seit ihrer Eröffnung etwas Besonderes nicht nur wegen der außergewöhnlichen Form und der Farbe, sondern auch weil Überdurchschnittliches geboten wird: nämlich qualitativ hochwertiges Essen in großer Auswahl, zeitweise extra frischen Fisch aus Hamburg, dazu viele verschiedene Getränke, Zeitungen, neben Zigaretten auch Zigarren und Dienstleistungen wie Toto Lotto und jede Menge Süßigkeiten und einiges mehr. Gertrud und Joachim Gorille wollen Besuchern wirklich etwas bieten.

Die *Silberquelle* zieht die Menschen auch an, weil das Ehepaar Gorille eine besondere Atmosphäre schafft und damit auf die Bedürfnisse der Menschen eingeht, ob bewusst oder unbewusst. Fakt ist, dass Gertrud Gorille mit ihrer Dekoration wie Blumensträuße, Deckchen, Gardinen und anderen Accessoires für Geborgenheit sorgt. Die Gäste können für eine Weile den Staub und die Schwere des Alltags hinter sich lassen. Alles riecht gut, ist gepflegt, man kann sich „fallen lassen" und wird auch noch bedient. Gertrud ist mehr für den optischen Rahmen zuständig, Joachim ist extrovertiert und vermittelt eine herzliche Gastfreundschaft. Er empfängt gern die Gäste, führt kleine Gespräche, merkt sich schnell Namen, Geschichten und Vorlieben. In der *Silberquelle* wird häufig Skat gespielt, Joachim veranstaltet Turniere und spielt auch selbst mit. Er ist ein geselliger Typ und hat viele „Fans", Taxifahrer in den 1950er-Jahren bekommen als Fahrtziel häufig genannt *„zu Jochen, in die Silberquelle"*. Auch Ecki Schimpf, der Journalist und Zeitzeuge, berichtet, dass er oft hörte, *„wir treffen uns bei Jochen"*. Bei Jochen Gleichgesinnte treffen, das ist ein Stück wie nach Hause kommen, mit anderen klönen, ein Bierchen trinken, Skat oder auch Rommé spielen, Musik hören – einfach den Alltag abschalten.

Gertrud und Joachim Gorille verkaufen nicht nur Essen und Getränke, sie bieten auch Nahrung für die Seele. Der Krieg ist noch nicht lange vorüber, nicht nur die Trümmer erinnern täglich daran, auch die Gedanken und Träume der Menschen kreisen noch um die Schrecken der Vergangenheit. Das Bedürfnis nach Ablenkung, nach Unbeschwertheit und die Sehnsucht nach etwas, das man „heimelig" in jener Zeit nennt, ist stark ausgeprägt, und in der *Silberquelle* kann dieses Verlangen eine Zeitlang etwas gestillt werden. Das ist der größte Verdienst und damit der enorme Erfolg von Gertrud und Joachim Gorille in ihrer *Silberquelle*.

Gesellig einen dreschen – Skatfreunde treffen sich in den 1950er-Jahren gern in der *Silberquelle*.

Der Bahnhofkiez: Die Blütezeit

Die Friedrich-Wilhelm-Straße ist in den 1950er-Jahren wieder eine belebte und beliebte Geschäftsstraße. Wer dort einmal auf und ab geht, kann fast alles für den täglichen Gebrauch bekommen und einen Hauch von Luxus dazu: Wäsche Sander, die Parfümeriehandlung von Ludwig Pförtner, Herrenausstatter Gerstner, das Lederfachgeschäft Meid, das Lichtspieltheater Capitol, Friseur Burgdorf & Sohn, Juwelier Lechler, die Hauptpost-Drogerie, eine Butterhandlung, Juwelier und Uhren Günther, die Post-Apotheke, Fleischerei Steimker und Witte, Feinkost Meyer, Schuhgeschäft Weferling, Zigarren Farina, Hermann Vick, Damen-, Herren- und Kinderbekleidungsgeschäfte, Handschuh Pfeiffer, Blumenhaus Gerling und noch etliche Geschäfte mehr.

Die Straße ist keine Fußgängerzone wie heute, sie ist eine Hauptverkehrsader der Stadt, da hupen Autos, brummen Büssing-Lastwagen, rumpeln Straßenbahnen, klingeln Radfahrer. Es gibt schicke Frauen, die im Schlendergang die Auslagen in den Fenstern studieren, und es gibt ganz Eilige, die zum Bahnhof oder Bus wollen. Auf dieser Straße pulsiert in den 1950er-Jahren das Leben. Wer sich dem geschäftigen Treiben entziehen möchte, kann in einem der vielen Cafés Zuflucht finden: *City-Café, Kaffee und Konditorei Voigt, Kaffeehandlung Arko* oder in der Villa Amsberg das *Residenz-Café*.

In der Friedrich-Wilhelm-Straße tobte das Leben. Aufnahmen von 1955 (oben) und 1960 zeigen ein fröhliches Durcheinander von Fußgängern, Radfahrern, Straßenbahnen und vielen Autos.

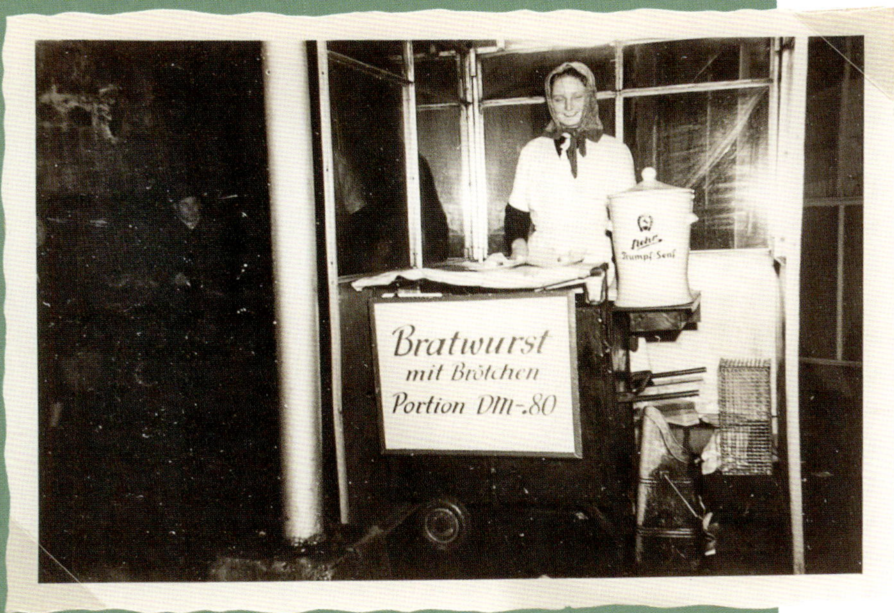

Der mobile Bratwurststand – leider bei Wind und Regen nicht ideal.

Die streitbare Lösung: der wettergeschützte Grill-Kiosk neben dem Pavillon. Nach Ansicht der Stadt nicht zulässig.

Neuer Zoff: Es geht um die Wurst

Die Bratwurst Thüringer Art ist von Anfang an der Verkaufsschlager. Sie wird auf einem kleinen Grill vor dem Pavillon gebruzzelt, auf Holzkohle, es gibt ein schönes Foto mit der strahlenden Olga Bannert, sie trägt Kopftuch und den in der *Silberquelle* obligatorisch weißen Kittel. „Bratwurst mit Brötchen DM -,80." Dieser Grillstand soll nach vielen Jahren im Einsatz komfortabler und allwettertauglich werden, darum möchte Joachim Gorille 1957 eine Art Grill-Kiosk aufstellen. Dazu benötigt er eine Genehmigung der Stadt und er ahnt wohl schon, dass das Stress geben könnte. So holt er bei der Anfrage zur Genehmigung am 29. Januar 1957 weit aus, er erinnert an den Start der *Silberquelle* und die Tatsache, dass damals neben dem Pavillon der ehemalige Bunker-Verkaufsstand stand. Er drückt sich etwas verwirrend aus, aber er möchte halt klarmachen, so hatten wir das schon mal, da gab es auch keine Probleme: *„Der Verkaufs-Kiosk bedeutet keine Neuaufstellung, sondern ist ein Ersatz für meinen alten an derselben Stelle gestandenen Kiosk gleichen Verwendungszweckes. Er ist ein Teil meines Verkaufs-Pavillons ‚Silberquelle' auf gleichem Grundstück. Der Kiosk ist dem Verkauf von Bratwurst bestimmt.'*

Der Bunker ist mittlerweile stark umgebaut und wird vielfältig genutzt, 1958 öffnet das Filmtheater *Lido*, später *Broadway*. Gut zu erkennen: der Bratwurstkiosk und die *Silberquelle*.

Die Stadt lässt sich mit der Antwort Zeit. Joachim wartet nicht ab, er handelt und stellt seinen kleinen Grill-Kiosk auf. Anfang April reagiert die Stadt, das Bauordnungsamt spricht sich gegen das Vorhaben aus und begründet das Nein mit der Ortssatzung und ungenügender Ästhetik. *„Außerdem entspricht der Kiosk nicht den Forderungen der Baugestaltung, weil er sich in seine Umgebung nicht einwandfrei einfügen läßt. (...) Nach unseren Feststellungen haben Sie den Kiosk bereits aufgestellt. Wir fordern Sie daher auf, denselben bis spätestens zum 15.4.1957 zu beseitigen."*

Joachim Gorille kämpft um seinen Stand. Verständlich, seine Bratwurst ist nun mal der Kassenschlager, wie aus der Bilanz 1957 ersichtlich wird. Joachim notiert, dass in diesem Jahr insgesamt 196.505 Portionen Wurst verkauft wurden, das sind rund 540 am Tag. Dazu auch eine enorme Menge an Senf, insgesamt 1.650 kg, in Portionen von 8,5 Gramm. Auch getrunken wird reichlich:

Burg-Brauerei:	67.662 Flaschen
Feldschlößchen:	25.020 Flaschen
Wittinger:	4.950 Flaschen

Das entspricht 322 Hektolitern Bier: also 32.200 Litern Bier im Jahr 1957, 2.680 Litern im Monat, 88 Litern am Tag.

Nachdem die Stadt den Bratwurstantrag abgelehnt hat, unternimmt Joachim Gorille – nichts. Der kleine Stand bleibt stehen. Gut eineinhalb Jahre später, im November 1958, fällt das der Stadt auf, und sie schaltet einen Gang höher: Androhung eines Zwangsgeldes von 100 DM, sollte der Kiosk nicht innerhalb von zehn Tagen beseitigt sein. Jetzt nimmt sich Joachim Gorille einen Anwalt, nicht irgendeinen, Ernst Böhme, Oberbürgermeister a.d., Rechtsanwalt und Notar, der Beschwerde einlegt und begründet: *„Der Verkaufsstand ist die Haupterwerbsquelle meines Auftraggebers; er ist ergiebiger als der eigentliche Silberpavillon. Es wäre eine unbillige Härte, wenn dieser Verkaufsstand (...) beseitigt werden müßte und das Publikum sich in dieser Zeit von der sehr günstigen und auch sehr beliebten Gelegenheit, dort eine kurze Mahlzeit einzunehmen, entwöhnen würde. Im übrigen zeigt der Absatz des Verlaufsstandes, daß er z.Zt. einem lebhaften Bedürfnis entspricht."* Böhme fügt hinzu: *„Dies umso mehr, als der gewiß nicht schöne Anblick des Verkaufsstandes so lange nicht stört, wie die Umgebung ebenfalls jeder Schönheit bar ist."*

Man hört in der folgenden Antwort der Stadt förmlich das Schnauben des Oberbaurats. *„Die Angabe des Beschwerdeführers, daß die Umgebung ‚jeder Schönheit bar' sei, wird bestritten. Der Verkaufsstand wirkt unseres Erachtens wie ein nicht an der richtigen Stelle stehendes Möbelstück."*

Der Oberbaurat leitet die Angelegenheit an den Präsidenten des Niedersächsischen Verwaltungsbezirks Braunschweig weiter und bittet darum, dass die Beschwerde und eine dauerhafte Aufstellung des Kiosks abgelehnt werden. Der Präsident stellt sich am 15. Dezember 1958 auf die Seite der Stadt aber er reduziert das Zwangsgeld auf 50 DM, *„da mir ein erstes Zwangsgeld von 100,– DM zu hoch erscheint."* Der Bratwurstkiosk also muss weg

Und was macht Joachim? Er sinnt darüber nach, wie er den Stand doch noch retten kann. Er schreibt wieder an das Bauordnungsamt: *„Der Bratwurststand ist nun derartig geändert, daß es sich nicht mehr um ein Bauvorhaben handelt, sondern um einen fahrbaren Gegenstand, der je nach Bedarf benutzt wird."* Die Beseitigung sei darum gegenstandslos. Auf diese Idee muss man erst mal kommen, den Kiosk einfach auf Räder zu stellen und meinen, damit das Problem aus der Welt zu rollern ... Doch so viel Humor hat die Stadt nicht, die Angelegenheit landet erneut beim Präsidenten des Verwaltungsbezirks, und der schreibt am 28. April 1959 ziemlich nüchtern und etwas verärgert: Es ist *„lediglich die vorhandene baurechtswidrige bauliche Anlage durch Hinzufügen von Rädern unwesentlich umgestaltet (...) und, daß die Bestrebungen der Stadt Braunschweig, die ‚Budenzeit' zu beenden, volle Billigung des Verwaltungspräsidenten finden."*

Joachim Gorille ignoriert diese Antwort und bittet mehrfach um Fristverlängerung, der Streit landet letztendlich vor Gericht, das am 17. Mai 1960 urteilt: Klage abgewiesen. Der Bratwurststand muss definitiv weg. Dreieinhalb Jahre hat Joachim Gorille gekämpft, jetzt fällt ihm nichts mehr ein. Den alten Grill will er nicht mehr aktivieren, aber die Bratwurst Thüringer Art soll es natürlich weiterhin geben, und so installiert er im Pavillon einen Bratrost, gleich neben dem Schiebefenster auf der linken Seite von der Straße aus gesehen. Die vielen treuen Kunden sind dankbar.

Die Zweite: Die *Silberquelle* in der Neuen Straße

Neben der ganzen Streiterei um den Bratwurstkiosk kümmert sich Joachim Gorille um ein zweites Standbein, eine weitere *Silberquelle* in der Neuen Straße ist geplant. Der Standort am Bahnhof könnte an Attraktivität verlieren. Seit ein paar Jahren ist in der Diskussion, den Bahnhof zu schließen, das gesamte Gebäude und vor allem die Lage sind nicht mehr zeitgemäß. Es handelt sich um einen sogenannten Kopfbahnhof, die Züge fahren also rein und müssen wieder zurück, das kostet Zeit. Der Personen- und Güterverkehr ist aber kontinuierlich angewachsen, weswegen Braunschweig einen modernen Durchgangsbahnhof erhalten soll. Im Februar 1957 erfolgt dazu der erste Spatenstich im Süden der Stadt, im November 1958 wird Richtfest gefeiert. Am 1. Oktober 1960 wird der neue Hauptbahnhof am Berliner Platz feierlich eröffnet.

Kein Bahnhof mehr gegenüber der *Silberquelle*, das bedeutet weniger Publikumsverkehr und damit Umsatzeinbußen, das ist dem Kaufmann Joachim Gorille klar. Die spontanen Stopps für ein Bierchen oder eine Bratwurst werden wegfallen. Aber immerhin halten noch die Busse vor der *Silberquelle*, und es gibt weiterhin den sogenannten „Gummibahnhof", Kalenwall Ecke Gieseler, dort ist Endstation für einige Busse aus dem Umland wie beispielsweise die Linie A aus Wolfenbüttel.

Der Wegfall des Hauptbahnhofs ist in der Familie Gorille ein Thema, das belegt ein Gedicht, das Onkel Fritz und Tante Marta zu Jochen Gorilles 50. Geburtstag am 16. März 1966 verfassen.

„Als der Bahnhof wurd kassiert, / Busse wurden dezimiert, / spannst Du einen neuen Faden, / für ´nen prima Ausweichladen. / Diesen auf der „Neuen Straße" / aufzuschlagen war die Masche. / Und wiederum mit Kennerblick / meisterst Du Dein Existenzgeschick. / Ach, wie trügerisch ist das Leben, manches geht auch mal daneben. / So der alte Würstelstand, / der doch gut zu Buche stand."

Der Omnibusbahnhof, Ecke Kalenwall und Gieselerwall, von dort starten viele Busse in die Region.

Die Neue Straße in Braunschweig ist im Krieg stark zerstört worden, eine Straßenseite lag komplett in Trümmern, auf der anderen stand und steht noch heute das ein oder andere Fachwerkhaus. Ende der 1950er-Jahre wird dort wieder aufgebaut. In ein Gebäude investiert der Ofenbauer Hodemacher, er lässt ein vierstöckiges Stadthaus bauen, das im Erdgeschoss eine Ausstellungsfläche für sein traditionsreiches Ofenfachgeschäft bietet (heute Radio Ferner). Außerdem gibt es im Erdgeschoss einen schmalen, rechteckigen Raum – der Bereich der künftigen *Silberquelle* Nr. 2. – heute *Guidos Pizzeria*. Ob Horst Hodemacher und Joachim Gorille bei einem Bierchen diesen Bauplan ausheckten, ist nicht überliefert, aber denkbar.

Am 19. Dezember 1958 erscheint in der *Braunschweiger Zeitung* eine Anzeige zur Neueröffnung.

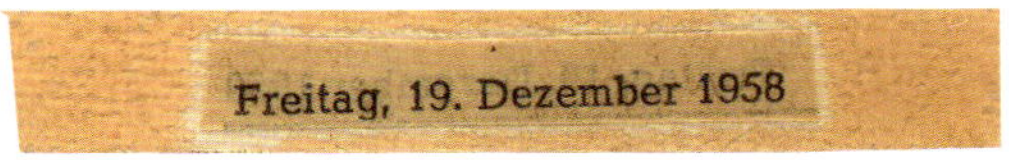

Auch in der *Silberquelle* Neue Straße sollte es etwas Besonderes geben, Schaschlyk, am Spieß gebratene, scharf gewürzte Fleischstückchen, ein Gericht, das aus Südosteuropa stammt, russisch šašlýk.

Die neue *Silberquelle* verströmt den Chic und Charme der 1960er-Jahre. In den Wänden sind kreisrunde Vertiefungen mit Spiegeln eingelassen, davor weiße, kleine Klettergerüste für verschiedene rankende Pflanzen, auch hier wieder der Hang zum gemütlichen, aber stilvollen Wohnzimmer. Hängende Pendelleuchten und runde Deckenlampen illuminieren die Gaststätte. Der Eingang wirkt durch die doppelflügelige Glastür sehr großzügig; damit es im Winter nicht zieht, hängt dort ein schwerer dunkelroter Samtvorhang. Vom Eingang links trifft man auf den langen Tresen, davor Barhocker, rechts befinden sich kleine Tische. Die haben keine störenden Tischbeine, sondern sind an der Wand verankert, dazu runde Hocker für ein Treffen in trauter Zweisamkeit. Hinter dem Tresen öffnet sich der Raum für fünf oder sechs sogenannte Stempeltische, Tische, die ebenfalls keine vier Beine haben, sondern einen dicken „Fuß“ beziehungsweise „Stempel“, der die Tischplatte trägt – ebenfalls sehr platzsparend. Um diese Tische herum stehen kleine Clubstühle mit Arm- und Rückenlehnen. Zur Einweihung am 19. Dezember 1958 ist Schornsteinfeger Jochen Schramm dabei, der Glücksbringer.

Unserem lieben Joachim

zum Abrahamsfest

Mein lieber, guter Schnuckel,
jetzt hast Du "50" auf dem Buckel.
Das gibt mir Anlaß zu bedenken,
zurückzuschau'n, ohne zu kränken
auf oft bewegt vergangene Jahre,
die machten Dir manch graue Haare.
Nach all des Krieges Ach und Wider
sah'n wir uns dann in Braunschweig wieder.
Du kamst mit Weib und Schwigermutter,
im Zweiradwagen lag das Futter.
"Berlin ist eine Reise wert", ach, wie ist
die Welt verkehrt!

Und eines Tages war's so weit,
Geschäft und Wohnung stand bereit.
Und auch ein Keller comme il faut
mit Töpfen, Herd und Sauerkohl.
Mit Hering, Torte oder Brötchen,
ein jeder leckte sich die Pfötchen.
Zum Bau kam dann die Silberquelle,
zum Schluß fehlt nur die eine Stelle ....♡ o o
Einst kam der Onkel Paul vorbei,
der meint, das ist 'ne ....
Sogar der gute Nachbar Bunker
war entsetzt darob mitunter.

Als dann die Währung kam, o Graus,
war's mit Deiner Fassung aus.
Pfennige wollt'st Du gar nicht haben,
Abrechnungen war'n Dir allzu fade.
Wie nun das war auch im Gleise,
machtest Du eine Bayernreise.

- 2 -

Du verließest Deinen Hort
und gingst an einen anderen Ort .
"Jochen" sprach die Frau Mama
diplomatisch zum Papa,
"Lehndorf offeriert ein Häuschen,
Woll'n wir's ansehn wie ein Mäuschen?"
Mit Begeisterung, Kredit und Scheck
war der Kauf auch bald perfekt.
Dieses war der zweite Streich
und der dritte folgt sogleich.

Als der Bahnhof wurd kassiert,
Busse wurden dezimiert,
spannst Du einen neuen Faden
für 'nen prima Ausweichsladen.
Diesen auf der "Neuen Straße"
aufzuschlagen war die Masche.
Und wiederum mit Kennerblick
meisterst Du Dein Existenzgeschick.
Ach, wie trügerisch ist das Leben,
manches geht auch 'mal daneben.
So der alte Würstelstand,
der doch gut zu Buche stand.
Als bewohnt nun war das Haus,
ging die Liebe nie mehr aus.
Was nützt Dir Schaukel, Federball, Gewehr,
Plattenspieler, Fernsehtruhe und noch mehr,
wenn die Kuckucksuhr tickt leise:
"So alleine, lange Weile".
Eines tag's ein Storch erfuhr
von dem Ruf der Kuckucksuhr.
Und er holte ohn' Verweilen
aus dem Park des Büssingteiches
eine kleine süße Bürde,
trug sie mit bewußter Würde
in das Haus der Kuckucksuhr,

- 3 -

von woich's dann alsbald erfuhr.
Nun ist eitel Glück im Haus,
Claudia geht schon mit Euch aus.

Einen Glückwunsch von uns beiden,
daß Gesundheit Dich begleite
und der Magen gut verdaut, Eisbeine und Sauerkraut.
Laß Merkur Dich nicht verdrießen,
lieber von G. u. Cl. versüßen.

Drum Freude heut und guter Dinge.
Aus blauem Rauch mach frohe Ringe.
Und will Dir 'mal was nicht gelingen,
so denk an Götz von Berlichingen.

Herzlich

Onkel Fritz
Tante Marta

Recklinghausen 16. III. 1966

Der Abrahamstag ist eine Bezeichnung für den 50. Geburtstag in den Niederlanden, Onkel Fritz und Tante Marta wohnen in Recklinghausen, von dort ist Holland nicht weit. – Gewehr, damit ist ein Luftgewehr gemeint, Joachim schießt mit ihm gern auf Zielscheiben oder brennende Kerzen aus.

Auch in der *Silberquelle II* gibt es Schaschlik mit pikanter Soße und Brötchen und natürlich die beliebte Echte Thüringer Bratwurst mit Brötchen oder Kartoffelsalat. Außerdem stehen auf der Speisekarte: *„Curry Wurst, Ragout fin, Ung. Paprika mit Brötchen, Dose Ölsardinen, saure Gurke garniert und Echte Schildkrötensuppe mit Käsestange.“*

Es kommt aber noch eine Spezialität dazu, die schnell ein Publikumsrenner wird: französische Zwiebelsuppe. Ein Gericht, das Joachim Gorille im Urlaub in Frankreich kennengelernt hat. Auch diese Suppe kocht der Chef persönlich, immer freitags. So steht es in der Speisekarte, erst ab 23 Uhr kann sie bestellt werden. Wieder etwas Besonderes, was für Braunschweig neu ist. Theater- und Kinogänger jedenfalls wissen diese Zwiebelsuppe bald sehr zu schätzen, gegen Mitternacht trifft immer ein Schwung neuer Gäste ein. Manche kommen aber auch von zu Hause, extra wegen der Zwiebelsuppe, wie eine Lehndorfer Nachbarin berichtet.

Die *Silberquelle* im Design der 1960er-Jahre, statt schwerer Möbel sind filigrane im Trend, Kugelleuchten, Kreise und geschwungene Linien kontrastieren die sonst sehr geradlinige Einrichtung.

Im ersten Stock des Hauses in der Neuen Straße, gleich über der *Silberquelle*, befindet sich eine Wohnung mit Küche, die Joachim Gorille ebenfalls gemietet hat, und in der er die Zwiebelsuppe kocht. Wie in der *Silberquelle* am Kalenwall ist die Küche mit dem Gastraum über einen Fahrstuhl verbunden. Diesmal fahren die Speisen also nicht aus dem Keller nach oben, sondern von der Küche nach unten. Hier richtet Joachim Gorille auch ein Büro ein, die anderen Räume nutzt er für Akten, ein Sofa steht dort für ein kurzes Mittagsnickerchen und bald ein Fotokopierer.

Seit Dezember 1958 also gibt es zwei *Silberquellen*. Gemein ist beiden, dass sie sehr klein und stilvoll eingerichtet und dass sie sehr beliebt sind. Wie Gertrud und Joachim Gorille sich aufteilen, ob es einen festen Plan gibt, wer sich wann wo aufhält, das ist nicht genau belegt. Joachim Gorille ist auf alle Fälle freitagnachts in der *Silberquelle* Neue Straße, um die Zwiebelsuppe zu kochen.

Im August 1959 ändert sich die bewährte Zusammenarbeit des Ehepaars, Tochter Claudia kommt auf die Welt, und Gertrud kümmert sich zu Hause um das Kleinkind und die Büroangelegenheiten – sie ist aber auch immer wieder „*im Geschäft*". Die 1960er-Jahre bringen einschneidende Veränderungen für das Ehepaar.

TASSE
0,91 DM

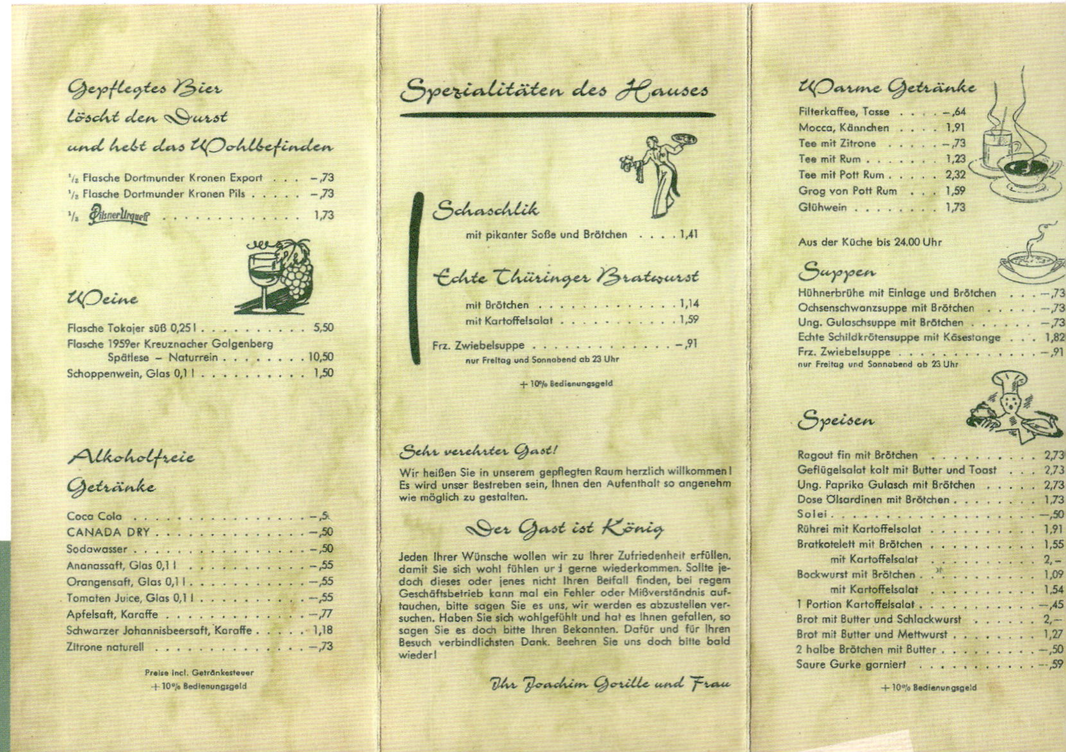

Gepflegtes Bier
löscht den Durst
und hebt das Wohlbefinden

1/2 Flasche Dortmunder Kronen Export . . . –,73
1/2 Flasche Dortmunder Kronen Pils . . . . . –,73
1/2 Pilsner Urquell 1,73

Weine

Flasche Tokajer süß 0,25 l 5,50
Flasche 1959er Kreuznacher Galgenberg Spätlese – Naturrein 10,50
Schoppenwein, Glas 0,1 l 1,50

Alkoholfreie Getränke

Coca Cola . . . . –,5
CANADA DRY . . . . –,50
Sodawasser . . . . –,50
Ananassaft, Glas 0,1 l . . . . –,55
Orangensaft, Glas 0,1 l . . . . –,55
Tomaten Juice, Glas 0,1 l . . . . –,55
Apfelsaft, Karaffe . . . . –,77
Schwarzer Johannisbeersaft, Karaffe 1,18
Zitrone naturell . . . . –,73

Preise incl. Getränkesteuer
+ 10% Bedienungsgeld

Spezialitäten des Hauses

Schaschlik
mit pikanter Soße und Brötchen 1,41

Echte Thüringer Bratwurst
mit Brötchen 1,14
mit Kartoffelsalat 1,59

Frz. Zwiebelsuppe . . . . –,91
nur Freitag und Sonnabend ab 23 Uhr

+ 10% Bedienungsgeld

Sehr verehrter Gast!

Wir heißen Sie in unserem gepflegten Raum herzlich willkommen! Es wird unser Bestreben sein, Ihnen den Aufenthalt so angenehm wie möglich zu gestalten.

Der Gast ist König

Jeden Ihrer Wünsche wollen wir zu Ihrer Zufriedenheit erfüllen, damit Sie sich wohl fühlen und gerne wiederkommen. Sollte jedoch dieses oder jenes nicht Ihren Beifall finden, bei regem Geschäftsbetrieb kann mal ein Fehler oder Mißverständnis auftauchen, bitte sagen Sie es uns, wir werden es abzustellen versuchen. Haben Sie sich wohlgefühlt und hat es Ihnen gefallen, so sagen Sie es doch bitte Ihren Bekannten. Dafür und für Ihren Besuch verbindlichsten Dank. Beehren Sie uns doch bitte bald wieder!

Ihr Joachim Gorille und Frau

Warme Getränke

Filterkaffee, Tasse . . . . –,64
Mocca, Kännchen 1,91
Tee mit Zitrone . . . . . –,73
Tee mit Rum 1,23
Tee mit Pott Rum 2,32
Grog von Pott Rum . . . 1,59
Glühwein 1,73

Aus der Küche bis 24.00 Uhr

Suppen

Hühnerbrühe mit Einlage und Brötchen . . . –,73
Ochsenschwanzsuppe mit Brötchen . . . . . –,73
Ung. Gulaschsuppe mit Brötchen . . . . . . –,73
Echte Schildkrötensuppe mit Käsestange . . . 1,82
Frz. Zwiebelsuppe . . . . –,91
nur Freitag und Sonnabend ab 23 Uhr

Speisen

Ragout fin mit Brötchen 2,73
Geflügelsalat kalt mit Butter und Toast . . . 2,73
Ung. Paprika Gulasch mit Brötchen 2,73
Dose Ölsardinen mit Brötchen 1,73
Solei . . . . –,50
Rührei mit Kartoffelsalat 1,91
Bratkotelett mit Brötchen 1,55
mit Kartoffelsalat 2,–
Bockwurst mit Brötchen 1,09
mit Kartoffelsalat 1,54
1 Portion Kartoffelsalat . . . . –,45
Brot mit Butter und Schlackwurst 2,–
Brot mit Butter und Mettwurst 1,27
2 halbe Brötchen mit Butter . . . . –,50
Saure Gurke garniert . . . . –,59

+ 10% Bedienungsgeld

Die Zwiebelsuppe ist der „Renner" in der *Silberquelle* Neue Straße.
Rechts: Auf der Speisekarte entscheidet sich Joachim Gorille bald für die gängigere Schreibweise: Schaschlik.

Zwei Silberquellen: Die 1960er-Jahre

Lange Nächte: Genuss im Morgengrauen

Braunschweig hat mittlerweile ein anderes „Gesicht" als unmittelbar nach dem Krieg. Bis 1963 sind alle Trümmer beseitigt und die meisten Bombenschäden an historischen Gebäuden repariert, außerdem viele Baulücken geschlossen. Die typischen 1950er-Jahre-Bauten prägen die Innenstadt: gerasterte Fassaden, viele Fenster, eine gewisse Leichtigkeit, ein Hang zur Schlichtheit oder aber zu verspielten runden Ecken. Es entstehen ganze Stadtviertel in dem unverwechselbaren Hochhausstil wie unter anderem am Bohlweg, am Steinweg und der Wilhelmstraße.

Die 1960er-Jahre charakterisiert Auf- und Umbruch, Studentenproteste (*„unter den Talaren – Muff von 1000 Jahren"*), sexuelle Revolution (Antibabypille), Mauerbau, Vietnamkrieg, Mondlandung. Auch für Gertrud und Joachim Gorille sind es unruhige Jahre mit vielen Herausforderungen: zwei Geschäfte und ein kleines Kind, das kostet Kraft, besonders bei dem Anspruch, den die beiden an sich in der Rolle der Gastwirte haben.

Gertrud kümmert sich hauptsächlich um Töchterchen Claudia, ist aber trotzdem regelmäßig in der *Silberquelle*, mehr am Kalenwall oder, wie sie in Briefen schreibt: *„am Bahnhof"*, als in der Neuen Straße. Sie schaut nach dem Rechten, unterstützt im Büro oder in der Küche, teilt das Personal ein. Sie hat keinen Führerschein, fährt also mit dem Bus, der Linie 11, in die *Silberquelle*. Joachim pendelt mit dem Auto zwischen den Läden, vom Kalenwall zur Neuen Straße sind es 650 Meter. Seit 1945 haben die Geschäfte sieben Tage in der Woche geöffnet, es gibt keinen Ruhetag, aber den Sonntag reservieren Gertrud und Joachim Gorille für die Familie.

Die Nächte sind für Joachim Gorille schon immer lang, besonders die Freitage und vor allem die Samstage. Ich erinnere mich, dass ich mit fünf oder sechs Jahren meinen Vater manchmal nach Hause kommen hörte, der weiße Mercedes rollte leise brummend aufs Grundstück, meine Mutter hatte ihm eingeschärft, *„auf dem Grundstück gibst du nicht mehr Gas, du rollst nur noch."* Wir wohnten damals in Lehndorf, meine Eltern hatten 1954 ein Haus samt Garten gekauft. Dort lebten sie zusammen mit meinen Omas, Oma Berta und Oma Meta, die kurz vor ihrem Tod 1961 in ein Seniorenheim zog, außerdem wohnten eine Angestellte, das Fräulein Simon und natürlich ich in diesem Haus. Sechs Menschen unter einem Dach auf rund 130 Quadratmetern.

Die Buslinie 11, hier mit Anhänger. Ein Mädchen am Kiosk holt sich wahrscheinlich etwas zu naschen.

Kurz nachdem das Motorengeräusch verstummt war, hörte ich meinen Vater in der Küche hantieren. Dann bin ich manchmal aus dem Bett geschlüpft, denn ich wusste, es liegt etwas Leckeres auf dem Schneidebrett, ein geräucherter Aal zum Beispiel. Mein Vater hatte die Angewohnheit, alles in mundfertige Häppchen zu schneiden. Den Aal pellte er vorsichtig aus der Haut und portionierte ihn in daumendicke Stückchen, dann träufelte er Zitronensaft darüber, strich Butter auf eine heiße Scheibe Toast, damit sie schön schmilzt, darauf kam der Aal, und das Toast wurde in entsprechende Stückchen geschnitten – fertig war der nächtliche Snack. Begeistert war ich auch, wenn er Schichtnougat auf das Schneidebrett legte, diesen Riegel schnitt er in ganz dünne Scheibchen, die wir auf die Zunge legten und warteten, dass der ganze schokoladige Schmelz sich im Mund ausbreitete, herrlich.

Im Sommer setzten wir uns draußen vor den Eingang auf die Treppenstufen des Hauses. Naschen, in den Garten gucken, die Stille genießen, und wenn es besonders spät geworden war, hörten wir den Amseln zu, die den neuen Tag begrüßten. Mein Vater rauchte eine Feierabendzigarette, Ernte 23. Er war Ende 40 und mittlerweile vollständig ergraut.

Der 6. Geburtstag von Claudia Gorille. Gertrud ruft ihr zu: *„Nicht mit offenem Mund lächeln, die Zahnlücke!"*

Diese Momente im Morgengrauen zusammen mit meinem Vater habe ich geliebt, und ich denke sehr gern daran.

In den vielen Briefen meiner Eltern, die sie sich über all die Jahrzehnte geschrieben haben, lese ich immer wieder, dass mein Vater schwere gesundheitliche Probleme hatte. Im Januar 1952 schreibt er seiner Gerdi, die in Oberstdorf ist, dass er unter starken Magenschmerzen leidet, viel erbricht. *„Wenn ich mich im Spiegel betrachte, wird mir ganz komisch, was ich in den 2 Tagen abgenommen habe."* Es war geplant, dass Gerdi einen Skikurs macht und er dann nach ein paar Tagen ebenfalls nach Oberstdorf fährt. *„Leider wird nichts daraus."* Ein Arzt rät ihm zu einem Aufenthalt im Krankenhaus, Magen, Leber und Galle, alles scheint entzündet zu ein. Joachim aber will zu Hause bleiben und verspricht, die Medikamente wie vorgeschrieben zu nehmen und auch, sich zu schonen. Zwei Tage später schreibt er: *„Geschäft geht schlecht. Man fehlt halt im Laden. In der kurzen Zeit, in der ich nicht im Laden war, haben sich die Luden und Gesindel hingezogen. Man hat es mir heut erzählt."*

Die Bruchstraße mit den käuflichen Damen im Fenster ist nicht weit entfernt. Die Frage ist, wie ist Joachim Gorille, wenn er im Laden ist, diesen Gästen begegnet. Klaus Buhlmann, von 1975 bis 2015 bei der Polizeidirektion Braunschweig, erzählt, dass man damals mit Zuhältern reden konnte, ohne eins auf die Mütze zu bekommen. Es ist also durchaus wahrscheinlich, dass Joachim Gorille den Zuhältern gesagt hat, dass zu viele von ihnen die gemütliche Atmosphäre beeinträchtigen würde und dass diese dann tatsächlich auch in andere Lokale auf der Friedrich-Wilhelm-Straße zogen. *„Gewalt in dieser Szene gab es damals mehr untereinander und Streitigkeiten wurden fernab der Establishments gern auch bei Boxkämpfen in den Okerwiesen ausgetragen. Auf oder in der Nähe der Bruchstraße wollte man keine Störungen, das wäre schlecht fürs Geschäft gewesen. Und Messer, Pistolen und blutige Bandenstreitigkeiten kamen erst ab 1989 auf"*, so Buhlmann. Auch Schutzgelderpressung gab es in Braunschweig in den 1950er-Jahren kaum.

Joachim Gorille war leidenschaftlich gern Gastwirt, hatte Freude an seinem Beruf, liebte es, mit Menschen ins Gespräch zu kommen, ihre Geschichten zu hören. Aus so manchen *Silberquellen*-Besuchern wurden Freunde, die uns zu Hause besuchten. Besonders gut und gern erinnere ich mich an persische Studenten, die Maschinenbau an der TU Braunschweig studierten und Gäste in der *Silberquelle* Neue Straße waren. Waren sie bei uns in Lehndorf zu Besuch, ging es sehr familiär zu. Es gibt Fotos, auf denen Nadder und ich in Badehosen lachend unter dem Gartensprenger stehen, Hussein einen Baum ausgräbt oder mein Vater und die beiden in Shorts am Gartentisch sitzen und Skat spielen. Sie waren Anfang 20 und mein Vater mehr als doppelt so alt, sie schätzten offensichtlich die Gespräche und die Zeit mit ihm. Auch später, als Joachim Gorille kein Gastwirt mehr war, besuchten sie ihn häufig im Büro, um zu plaudern, Kaffee zu trinken und Pralinen zu naschen.

Als Kind war ich sehr gern in der *Silberquelle* am Kalenwall, vor allem im Keller. Er war zwar sehr übersichtlich geplant, aber damals kam mir alles viel größer und ein bisschen auch wie ein Labyrinth vor. Die größte Attraktion für mich war das Büro, besser gesagt, der lange Wandschrank und vor allem seine Bewohner. Der Schrank war aus Holz und hatte Schiebetüren, damit das Öffnen keinen zusätzlichen Raum beanspruchte. In dem Schrank standen Akten, lagerten Handtücher, Kittel, Bierdeckel, Seifen, Flaschen – kurzum, alles, was nicht zu den Essensvorräten gehörte, die waren in der Küche verstaut. In einem Teil des Schrankes stand auf dem Boden ein großer brauner Pappkarton, ausgepolstert mit alten Handtüchern und Zeitungen. Das war das Körbchen für die Katzen. Da meine Eltern keine Mäuse in und rund um die *Silberquelle* wollten, hatten sie immer Katzen. An eine kann ich mich besonders erinnern, sie hieß Purzel, gerufen meist Purzemie, sie hatte häufig Junge. Die Katze war sehr gnädig mit mir, ich durfte mich auch noch in den Karton quetschen und mit den Katzenbabys schmusen. Meine Eltern erlaubten es ebenfalls gern, denn so war ich beschäftigt und sie konnten arbeiten.

Natürlich schlich ich auch in die Küche, den kleinen Aufzug fand ich faszinierend, ich wäre gern mit ihm nach oben gefahren, das aber war verboten. Ich scharwenzelte häufig um den Kiosk herum, schielte auf die Regale mit den vielen Süßigkeiten, es war klar, ich durfte nicht in die Bonbonieren greifen und mir nehmen, was ich wollte. Aber die Mitarbeiterinnen steckten mir ab und zu ein Salino oder einen Brausewürfel zu, meine Lieblingsleckereien.

König Kunde: Die Regeln in der *Silberquelle*

Als Anfang der 1960er-Jahre Hans-Herbert Wiegandt, genannt "Spitze", in der *Silberquelle* am Kalenwall anfängt zu lernen, ist er 16 Jahre alt. *„Ich hatte von nichts ne Ahnung"*, lacht er heute. Joachim Gorille bringt ihm bei, worauf es ankommt. Erste Regel: höflich sein, den Kunden hofieren, immer nachfragen, ob es noch was sein darf. *„Da konnte ich viel lernen, mir viel abgucken, das hat mich auch geprägt. Das war wie eine super Lehrzeit."* Später wird Spitze selbst erfolgreicher Gastronom, betreibt Szenekneipen wie das *Rataplan* oder das *Leuko.*

Noch immer sind Anfang der 1960er-Jahre weiße Kittel oder Jacken oder für Frauen Schürzen als Dienstkleidung angesagt. Auch Hans-Herbert muss eine weiße Jacke tragen. Er findet es anfangs komisch, in der kleinen *Silberquelle* an die Tische zu treten und den Gast nach seinen Wünschen zu fragen. *„Der Tresen war ja so nah, da hätte man die paar Schritte auch hingehen können, aber Joachim Gorille war es wichtig, dass die Gäste bedient werden."* Später versteht Wiegandt, dass die Gäste diesen Service schätzen, umsorgt und bedient zu werden, sich mal nicht kümmern müssen, das ist eine Dienstleistung, die ankommt.

Der Kunde ist König, dieser Slogan begleitet Joachim Gorille sein gesamtes Geschäftsleben. Er thematisiert diese Haltung auch immer wieder mit seinen Mitarbeitern. Es geht ihm dabei nicht darum, zu buckeln oder sich anzubiedern, es geht um Gastfreundschaft, sie zu leben und erlebbar zu machen. Auch Gertrud Gorille richtet ihren Blick auf den Kunden und seine Bedürfnisse, aber ihr Schwerpunkt ist das Atmosphärische, das Drumherum, die Dekoration.

Anita Gottschalk (Jahrgang 1940), die in dieser Zeit in der *Silberquelle* Neue Straße arbeitet, lernt schmerzhaft eine weitere Regel kennen: Über Kunden spricht man nicht. Sie hat an der Theke, als Joachim Gorille dort mit einem Gast saß, über einen anderen Gast gesprochen, nichts Verwerfliches, was Nettes sogar, aber: Der Chef bat sie am folgenden Tag in sein Büro. Sie erinnert sich: *„Das geht nicht, hat er gesagt, man kann über Gott und die Welt reden, aber nicht über einen Gast, man kann noch nicht mal sagen, dass jemand da war."* Joachim Gorille beließ es nicht bei der Ermahnung, er hat ihr daraufhin nach einem Jahr Beschäftigung gekündigt. Anita Gottschalk war schockiert, aber heute, nachdem sie viele Jahre in der Gastronomie tätig war, sagt sie, *„das war richtig, das ist ein ungeschriebenes Gesetzt, über Gäste redet man nicht – heute weiß ich das."* Sie hat Joachim Gorille trotzdem in guter Erinnerung, *„ein sehr freundlicher und sehr korrekter Chef."* Und die Erinnerungen an die *Silberquelle* sind auch deshalb positiv, weil sie ihren Mann dort kennenlernte. Wolfgang Liebegeld saß an ihrem ersten Arbeitstag am Tresen und musste, weil der Laden so voll war, etwas länger auf sein Bier warten. Er murrte deshalb rum, und sie strafte ihn *„mit einem Blick, der durch Mark und Bein ging"*, erzählt er. Er kommt trotzdem immer wieder, nicht nur wegen des leckeren Schaschliks, wie er augenzwinkernd berichtet. Ein paar Jahre später haben sie geheiratet.

In der *Silberquelle* der 1960er-Jahre am Kalenwall sieht Spitze noch heute die Soleier vor sich, die in der Silberstube auf der Theke in einem großen Glas standen, in der Vitrine die Rollmöpse, gleich daneben die Buletten unter einer Glasglocke, *„die hat der Chef persönlich geknetet und gebraten, und die Oma Ille hat noch den Kartoffelsalat geschnippelt, schlesischen, versteht sich."*

In der *Silberquelle* gibt es Anfang der 1960er-Jahre auch Currywurst und Spitze vermutet, dass Joachim Gorille die erste Currywurst in Braunschweig serviert hat. *„Mit Sicherheit hat er die Thüringer Bratwurst gegrillt und in Stücke geschnitten, Ketchup drüber und dann ordentlich Currypuder drauf."* Nach weitverbreiteter Auffassung ist die Currywurst in der Zeit nach dem Zweiten Weltkrieg in Berlin entstanden, gut möglich, dass Gertrud und Joachim Gorille diesen Trend aufgegriffen und schon in den 1950er-Jahren Currywurst am Kalenwall verkauft haben. Auch in der *Silberquelle* Neue Straße wird „Cürrywurst" serviert.

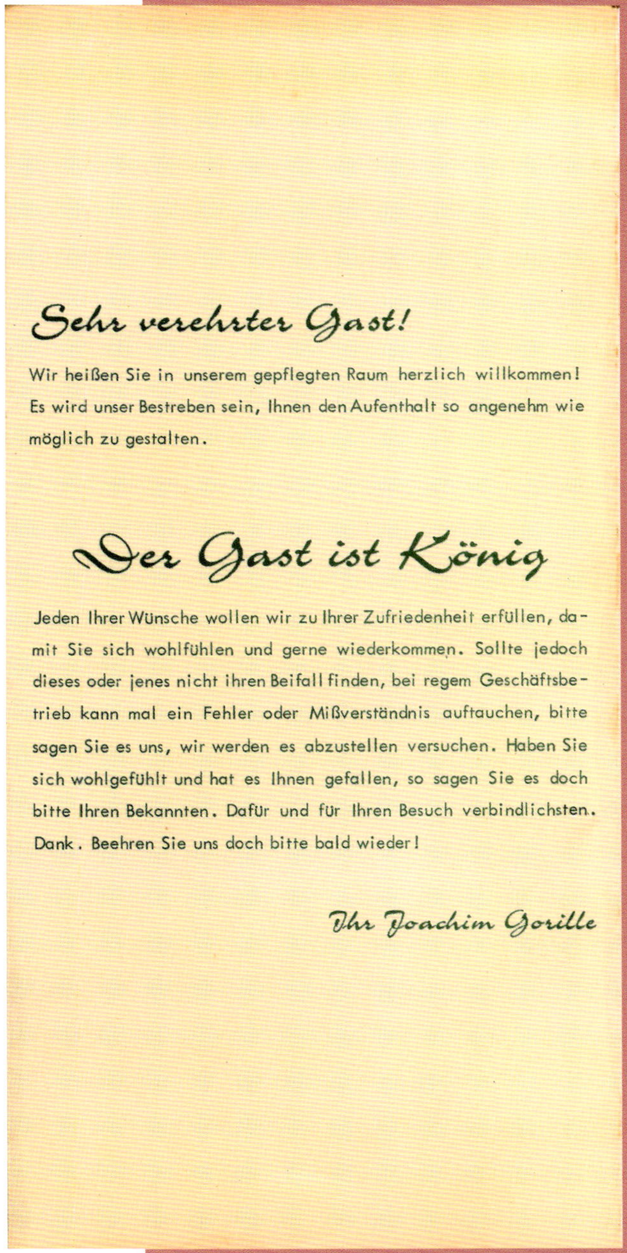

Sehr verehrter Gast!

Wir heißen Sie in unserem gepflegten Raum herzlich willkommen! Es wird unser Bestreben sein, Ihnen den Aufenthalt so angenehm wie möglich zu gestalten.

Der Gast ist König

Jeden Ihrer Wünsche wollen wir zu Ihrer Zufriedenheit erfüllen, damit Sie sich wohlfühlen und gerne wiederkommen. Sollte jedoch dieses oder jenes nicht ihren Beifall finden, bei regem Geschäftsbetrieb kann mal ein Fehler oder Mißverständnis auftauchen, bitte sagen Sie es uns, wir werden es abzustellen versuchen. Haben Sie sich wohlgefühlt und hat es Ihnen gefallen, so sagen Sie es doch bitte Ihren Bekannten. Dafür und für Ihren Besuch verbindlichsten. Dank. Beehren Sie uns doch bitte bald wieder!

Ihr Joachim Gorille

Spezialitäten des Hauses

Original persisch Kabab 2,50 DM
Krim-Suppe, Soljanka 1,50 DM

Schaschlik
mit pikanter Soße und Weißbrot 1.73

Cürry Wurst
mit Weißbrot 2,70

Echte Thüringer Bratwurst
mit Weißbrot 1.37

Jägersuppe
mit pikanter Einlage und Weißbrot 1.50

Frz. Zwiebelsuppe
mit Weißbrot 1,00

Kartoffelsalat
Portion, garniert . . . . -.64

+ 10 % Bedienungsgeld

Zigarren, Postkarten, Kaisers Pfefferminz, Salzstangen, Erdnüsse am Büfett erhältlich

Zigaretten am Automaten

Der Gast ist König, das ist für Jochen Gorille kein Slogan, sondern eine Regel, und er erwartet, dass die Servicekräfte sich daran halten.

In die *Silberquelle* kommen gern persische Studenten, sie studieren Maschinenbau an der TU, von ihnen lernt Joachim Gorille, wie man persisches Kebab zubereitet und vor allem, wie man es würzt.

In der Regel hat Joachim Gorille in der *Silberquelle* viel zu tun, aber er nimmt sich immer wieder mal eine Auszeit zum Skatspielen, erinnert sich Hans-Herbert Wiegandt. Wenn nicht in der *Silberquelle* eine Skatrunde zusammenkam, ging er gern in *Die Klause*. Der Gastwirt Heinrich Lochte, genannt „Heini", betrieb in der Friedrich-Wilhelm-Straße die Kneipe *Zur Klause*. Dort traf Joachim auf Fred W., einen Immobilienmakler mit Cockerspaniel, Herbert Sch., der mit der Augenklappe, erinnert sich Spitze, und Kulle K. gehörte ebenfalls zu der Runde. Manchmal wurde auch Poker gespielt, und Herbert Sch. habe dabei seinen Ford Capri verloren. Von Poker jedoch hat Jochen Gorille die Finger gelassen.

Der Wandel: Es wird stiller im Kiez

Die Nachbarschaft rund um die *Silberquelle* verändert sich, die Befürchtungen von Gertrud und Joachim Gorille werden wahr. Auf dem alten Bahnhof gegenüber ist es still, seit dem 1. Oktober 1960 schnaufen die Züge von den Gleisen im neuen Bahnhof am Berliner Platz los. Der Kopfbahnhof hat ausgedient. Das Bahnhofsgelände kauft 1961 die Braunschweigische Staatsbank, heute Braunschweigische Landessparkasse (BLSK). Die Gleisanlagen und Gebäude werden bis auf die schöne spätklassizistische Nordfassade abgerissen. Sie bleibt erhalten und schmückt ab Mitte der 1960er-Jahre das Direktionsgebäude der BLSK. Etwas versetzt dahinter wird ein moderner, markanter Büroturm mit vielen Fenstern errichtet.

Mitte der 1950er-Jahre Blick vom *Residenz-Café* auf den Friedrich-Wilhelm-Platz, gegenüber Konditorei Otto Voigt, 1906 eröffnet und 2016 geschlossen.

Auch die Ära der Villa Amsberg als Haus für Cafés neigt sich dem Ende. Bis 1945 öffnet dort *Café Börner* seine Türen, darauf folgt das *Café Eden*, Anfang der 1950er-Jahre zieht das *Residenz-Café* ein, das bis 1967 dort Kaffee und Kuchen kredenzt. Dann verwandelte sich die Villa wieder in ein Bankhaus, das es schon einmal war. Kurzer Rückblick: Die Villa von Amsberg wurde 1827 nach den Plänen des Architekten Peter Josef Krahe gebaut. Dort residierte Phillipp August von Amsberg, der Begründer der ersten deutschen Staatsbahn, der Herzoglich Braunschweigischen Staatseisenbahn, zusammen mit seiner Familie rund 20 Jahre lang. Als er das Haus verkaufen wollte, fand er nur schwer einen Käufer, denn es gab das Gerücht, in dem Gebäude sei ein Bruder des Eigentümers ermordet worden. 1852 kaufte schließlich Bankier Jacob Hilzheimer die Villa. Nach seinem Tod 1875 erwarb Bankier David Meyersfeld das Anwesen, drei Generationen führten die Privatbank, bis sie 1931 in Konkurs ging. Auf die Bankhäuser folgten von 1931 bis 1967 die Kaffeehäuser, dann zog wieder eine Bank ein, das Bankhaus Marcard, auf das 1991 die NordLB folgte, die die Villa bis heute nutzt.

Verändert hat sich auch der ehemalige Luftschutzbunker. Er dient nun nicht mehr nur Flüchtlingen als vorübergehende Unterkunft, sondern wird mehr und mehr zivil genutzt. 1953 ziehen im Erdgeschoß eine Fischbratküche und eine Bierstube ein, im ersten Stock mietet die Oskar-Kämmer-Schule einige Räume und unterrichtet darin. Ende der 1950er-Jahre keimt die Idee auf, dass dort ein Kino eingerichtet werden könnte. Dem Kaufmann Rudolf Rommel schwebt ein sehr großes Kino vor, er reicht bei der Stadt ein entsprechendes Konzept samt Zeichnungen ein. *Löwenlichtspiel-Theater* soll über die gesamte Bunkerwand stehen, ein Tag- und Nachtkino, Anfangszeiten von 7 Uhr morgens bis 3 Uhr nachts, ununterbrochen sollen Filme gezeigt werden. Dieser Plan wird nicht verwirklicht, aber im Oktober 1958 eröffnet das *Lido*-Filmtheater dort, nachdem wieder nachts einige Decken gesprengt worden waren, um die nötige Raumhöhe zu erreichen. Im Erdgeschoss bietet in den 1960er-Jahren Blumen-Laucke Freesien, Nelken und mehr an, daneben in der Fruchthandlung von Karl Dieckhoff liegen Bananen, Ananas und andere Exoten.

Keine Laufkundschaft: Dramatischer Umsatzeinbruch

Die gravierendste Veränderung ist, dass die *Silberquelle* nun nicht mehr dem Hauptbahnhof gegenüberliegt. Seine Eröffnung am Berliner Platz am 1. Oktober 1960 ist ein großes Ereignis in der Stadt, im Vorwort des Adressbuches 1961–1962 schreibt Oberstadtdirektor Hans-Günter Weber: *„Der neue Hauptbahnhof, eine der modernsten zweckmäßigsten Anlagen dieser Art in Europa, wird in der kommenden Zeit alle mit dem Wachsen der Stadt und den Entwicklungen des Verkehrs in unserem Gebiet verbundenen Verkehrsproblemen, mögen sie auch noch so umfangreich sein, lösen können. Er gilt daher auch heute schon als ein neues Wahrzeichen der Stadt und wird dazu beitragen, den Ruf Braunschweigs als bedeutender Übergangs- und Verbindungsweg nach der Zone und den östlichen Ländern hinter dem Eisernen Vorhang zu kräftigen."*

Ein paar Absätze weiter denkt der Stadtdirektor mit wenigen Zeilen an diejenigen, die durch den Umzug des Bahnhofes massiv betroffen sind. *„Freilich hat die Verlagerung in das neue Bahnhofsviertel auch Probleme für die Anwohner des alten Bahnhofsgeländes hervorgerufen, die zu bewältigen nicht so ganz einfach sein dürfte. Doch die Entwicklung konnte deshalb nicht stehen bleiben."*

Keine Pendler und Bahnreisenden mehr, die eben im Vorbeigang etwas zu trinken, etwas zu essen auf die Fahrt mitnehmen, sich mit Zigaretten eindecken, den Lottoschein abgeben oder sich nach Feierabend auf die Schnelle eine Bratwurst mit einem kleinen Bierchen gönnen. Das hat Folgen, das hat Joachim vollkommen richtig geahnt. Wie dramatisch die Veränderungen sind, zeigt ein Blick in die Bilanzen.

Der kleine Pavillon macht in den 1950er-Jahren erstaunlich große Umsätze. Nach wie vor ist er von 7 Uhr morgens bis nach Mitternacht geöffnet. Die Gesamtumsätze liegen:

1956 bei 377.658,– DM,
1957 bei 405.444,– DM,
1958 bei 416.339,– DM.

Auf einem kleinen Zettel hat Joachim Gorille für 1958 handschriftlich zur Bilanz 1958 notiert: *„204.300 Wurstportionen, 5.016 Schaschlik / 1.680 kg Senf, 8,2 g pro Portion, Bier 96.294 Flaschen.“* Ein gewaltiger Umsatz, wenn man bedenkt, dass der Pavillon schlanke 33 Quadratmeter groß ist und es auf der Freifläche zusätzlich nur einen kleinen Bratwurststand gibt.

Und 1961, nach dem Umzug des Bahnhofs? Da verzeichnet das Bilanzbuch für die *Silberquelle* am Kalenwall für:

1961 84.964,– DM,
1962 91.028,– DM,
1963 78.459,– DM.

Die *Silberquelle* 1963. Wolters statt Burg Pils. – Burg Pils hat ihr Brauhaus an der Celler Straße 172/173 und wird in den 1980er-Jahren von der Bavaria St. Pauli Brauerei übernommen.

Die Neue Straße 1958 mit Blick auf das heutige Konrad-Koch-Quartier / City Point.

Ein extremer Umsatzrückgang, mehr als Dreiviertel weniger als vor der Verlegung des Hauptbahnhofs. Der einst beste Standplatz hat nun deutlich an Attraktivität verloren. Bei diesen Zahlen versteht man, warum Joachim Gorille so energisch darum kämpfte, dass der Bratwurststand auf der Freifläche erhalten bleibt. Die Laufkundschaft ist nun erheblich reduziert, aber die Stammkunden kommen weiter gern und schätzen es, in gepflegter und geselliger Runde dort einzukehren. Die *Silberquelle* am Kalenwall hat auch in den 1960er-Jahren einen guten Ruf.

Wie gut, dass Gertrud und Joachim Gorille frühzeitig über einen Ausgleich nachgedacht haben. Am 19. Dezember 1958 – also zwei Jahre, bevor der Bahnhof geschlossen wird – eröffnen sie die *Silberquelle* in der Neuen Straße.

Zweites Standbein: Die neue *Silberquelle* macht sich gut

Die Neue Straße erweist sich ebenfalls als ein sehr guter Standort. Sie entwickelt sich zu einer lebhaften Geschäftsstraße, nachdem Ende der 1950er-Jahre die kriegsbedingten Lücken wieder mit Wohn- und Geschäftshäusern geschlossen werden. Es gibt gleich zwei Kaufhäuser, am einen Ende der Straße Hertie, 1953 eröffnet (später City-Point, heute Konrad-Koch-Quartier), und am anderen Ende das Kaufhaus Karstadt, noch etwas kleiner als heute. Erst 1969 wird es vergrößert und das Parkhaus gebaut. Neben der *Silberquelle* in der Neuen Straße ist der Laden von Ofen Hodemacher, dann folgt die Buchhandlung Graff mit ihren lichtdurchfluteten Räumen. Außerdem gibt es in der Neuen Straße die Glas- und Porzellanhandlung Giem, das Kino Universum, das Möbelhaus Bertram, die Gaststätte *Derby*, einen Blumenladen und vieles mehr. Damals war die Straße keine Fußgängerzone, sondern eine Straße, in der Autos fuhren, die Straßenbahnlinie 4 und auch Busse sich durchschoben und natürlich Fußgänger.

Anita Gottschalk erinnert sich gut an die *Silberquelle* Anfang der 1960er-Jahre, denn es war ihr erster Job in der Gastronomie. *„Tagsüber ging es, aber abends musste man ran"*, lacht sie, *„da kamen die Kino- und Theaterbesucher und wollten noch was essen, da standen sie in Zweierreihen am Tresen."* Die *Silberquelle* ist ein beliebtes Restaurant. Natürlich wird auch an den Tischen bedient, aber manchen geht das nicht schnell genug, und so stehen sie am Tresen an. Bis 3 Uhr nachts ist die Gaststätte geöffnet.

Ende der 1960er-Jahre arbeitet Hans-Herbert Wiegandt wieder in der *Silberquelle*, diesmal Neue Straße. Er erinnert sich an illustre Gäste wie den Stammgast Werner, ebenfalls ein Gastronom. Irgendwann aber tauchte der nicht mehr an der Theke auf. *„In der Zeitung war dann zu lesen, Werner hatte eine Bank betrogen und war ins Ausland getürmt"*, erzählt *Spitze*. Aber Werner hatte sich mit der Schauspielerin Kim Nowak für die Revue, ein deutsches Boulevardmagazin, ablichten lassen. Kurz darauf konnte die Polizei ihn in St. Tropez verhaften. Werner hatte damals die *Rally Racing Bar* betrieben, heute *Brain*. Auch an Ruth erinnert sich Spitze, an *„Ruthchen"*, eine Schönheitstänzerin, wie man Erotiktänzerinnen damals nannte, aus der *Melodia*-Bar gegenüber, die ab und an auf ein Feierabendbier in die *Silberquelle* kam. Der junge Kecko, der Frisör, fühlte sich in der Gaststätte wohl, Peter Frankenfeld, der Entertainer, war nach einem Auftritt in der Stadthalle dort, und auch an die persischen Studenten kann er sich gut erinnern.

In den 1960er-Jahren ist Joachim Gorille häufiger zur Kur, immer wieder klagt er über Magenschmerzen und schreibt, dass er sich *„todmüde"* fühlt. Gertrud schmeißt derweil Haushalt und die beiden Geschäfte. Sie schreibt ihrem lieben Jochen: *„Ich bin alle Tage vollauf beschäftigt. Vorige Woche Dienstag war ich mit Frl. Simon in Hannover zur Messe; es war sehr schön, hat aber viel Geld gekostet. Wir waren froh, als wir abends ins Bett kamen, d.h., Frl. Simon sollte eigentlich anschließend abends noch Dienst machen, weil wir dachten, Frau Steffens würde nicht kommen, da sie einen Tag zuvor Geburtstag hatte, aber sie kam doch, dafür fehlt sie nun schon seit Tagen unentschuldigt. Morgen fängt eine neue Bedienung am Bahnhof an. Heute fing eine Küchenfee Neue Straße an. Na, wir finden schon wieder was. Vorigen Mittwoch hatte ich große und kleine Wäsche und der Fensterputzer war hier. Donnerstag hab ich alles gebügelt u. Anzüge usw. sauber gemacht, die Du mir an den Schrank gehängt hattest. Nachts fuhr ich runter ins Geschäft, Frau Dippes Geburtstag. Freitag: alles sauber gemacht, abends Englisch-Kurs, anschließend im Geschäft mit Neumann, Kilian und Henry einen gekübelt. Frl. Simon, Frau Dippe kamen noch nach. Sonnabend: Kater gehabt und nur 4 Stunden geschlafen, anschließend Gartenarbeit gemacht. Sollte nachts ins Geschäft kommen, da Frl. Simons Geburtstag gefeiert wurde, aber ich ging ins Bett."*

Gertruds Idol, Peter Frankenfeld, Jahrzehnte lang Moderator zahlreicher Fernsehshows gastiert auch ab und an in der Stadthalle Braunschweig.

An anderer Stelle schreibt Gertrud: *„Mit dem Fahren der Schaschliksoße klappt es auch prima. Heinz Lier hat sie einmal gefahren und gestern brachte der Fensterputzer die leeren Kanister mit nach Lehndorf. Frl. Simon und ich mach a Tempo Soße und Herr Maslo nahm sie dann mit in beide Geschäfte. 4 Eimer Äpfel gab ich ihm auch mit zur Neuen Straße. Mit dem Dienst klappt auch alles wunderbar. Kannst also ganz beruhigt sein."*

Um ihre Tochter, ihr Spätzchen, kümmert sie sich natürlich auch. *„Claudia musste ich eben in die Badewanne stecken, so niedlich sah sie wieder aus, nun schläft sie auch schon, denn sie hat mittags nicht geschlafen, wir waren in der Stadt.“*

Auch 1964 ist Joachim Gorille auf Kur, Gertrud schreibt ihm. *„Heute morgen kam Dein lieber, langer Brief, herzlichen Dank. In den Geschäften ist personalmäßig alles in Ordnung. Am Telefon sagte ich ja schon, daß in einer Woche am Bahnhof schon 2 x eingebrochen wurde. Beim 2. x haben sie mehr mitgenommen. Das, was sie verzehrt und mitgenommen haben, läßt darauf schließen, daß es 2 Jugendliche waren. Hoffentlich kriegen sie die Bengel bald wieder. Du hast sicher Sorgen, ob ich täglich beschäftigt bin. Ich bin es.“*

Haushalt, Kind und zwei Geschäfte – Gertrud Gorille organisiert diesen anspruchsvollen Alltag unerschütterlich und ohne Klage. Zwischen den Zeilen klingt es nach einer Frau voll Energie und Lebensfreude. Aus den Briefen geht hervor, dass an Wochenenden häufig Besuch in Lehndorf ist, Felix und Olga mit ihrer kleinen Angelika, oder es kommt ihre Freundin vom Englischkurs samt Mann. Gertrud bäckt gern Apfelkuchen, und abends schreibt sie ab und zu ihrem Mann oder klebt Fotos in die Alben.

Grenzenloser Jubel – die Meistermannschaft auf ihrem Siegeszug durch die Neue Straße und ein herzlicher Kartengruß der Eintracht aus Kanada in die *Silberquelle.*

Blaugelb: Braunschweig ist Deutscher Meister

In der *Silberquelle* Neue Straße kehren auch gern Fußballspieler der Eintracht ein. Spitze erinnert sich an Lothar Ulsaß, Jürgen Moll und Hennes Jäcker, die regelmäßig kommen und ein Bierchen nehmen. Dann der Triumpf: Am 3. Juni 1967 wird Braunschweig Deutscher Meister. Die Eintracht gewinnt im letzten Spiel mit 4:1 gegen den 1. FC Nürnberg. Das ist der Startschuss zu einer mehrtägigen Meistersause. Am Sonnabend, einen Tag nach dem Sieg, bewegt sich der Autokorso vom Eintracht-Stadion durch die Neue Straße zum Altstadtrathaus. *„Konfettiregen fast wie bei einer Broadway-Parade“*, so der Kommentator des NDR-Fernsehens. Kapitän Achim Bäse reckt immer wieder den schweren Silberteller in die Höhe. Mehr als 20.000 Menschen auf dem Altstadtmarkt, an 72 Stellen in der Stadt wird Freibier ausgeschenkt, rund 12.000 Liter. Auch in der *Silberquelle* wird an diesem Wochenende der Sieg gefeiert.

Anschließend gönnt sich das Fußballteam eine Auszeit in Kanada und schickt eine Postkarte von den Niagarafällen an Joachim Gorille: *„Herzliche Grüße aus Kanada senden Klaus Meyer und der neue Deutsche Fußballmeister 1967, Eintracht Braunschweig.“* Viele Spieler unterschreiben, die Unterschriften sind meist kaum zu entziffern. Eine nette Geste, die die Verbundenheit der Meistermannschaft mit der *Silberquelle* demonstriert.

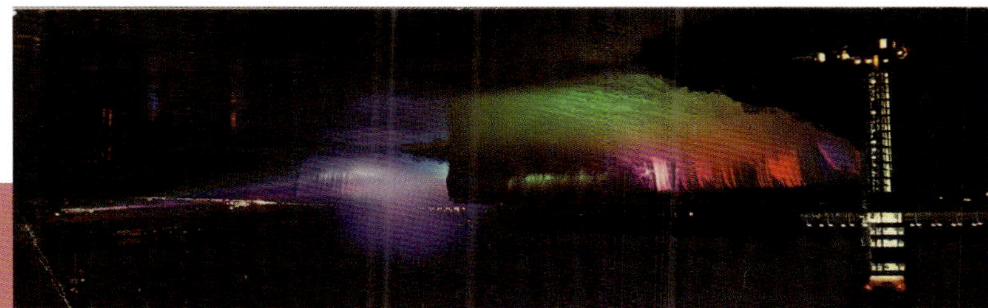

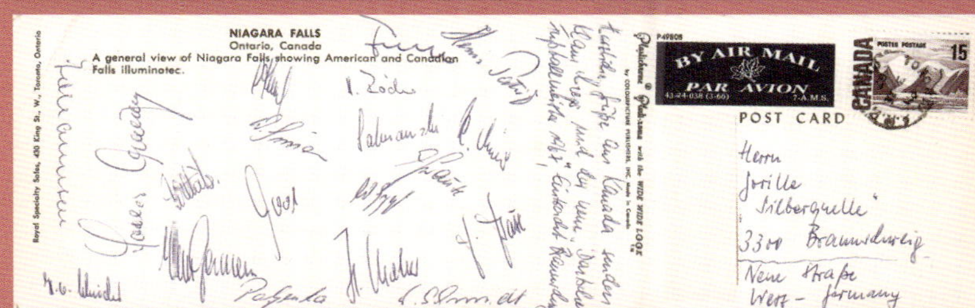

Joachim Gorille verhält sich gegenüber seinen Gästen in der Regel höflich und charmant. Aber er zeigt auch deutlich seine Abneigung gegenüber Kampftrinkern und Halbstarken, erzählt Hans-Herbert Wiegandt: *„Er wollte ein nettes, ein feineres Publikum und damit auch eine gute Atmosphäre."* Auch der Servierein Anita Gottschalk ist in guter Erinnerung, dass die Stimmung in der *Silberquelle* immer heiter war, dass es nie Pöbeleien gab, auch das schätzte sie an ihrem Arbeitsplatz.

Der Abschied: Der Pavillon wird verpachtet

Zehn Jahre lang betreiben Gertrud und Joachim Gorille zwei *Silberquellen*. Das ist sicher eine strapaziöse Zeit, besonders für Joachim, der immer für die Gäste ein Ansprechpartner sein will. Freitags ist Zwiebelsuppe kochen in der Neuen Straße angesagt, und danach ergeben sich natürlich Gespräche mit Gästen. Es wird stets spät. Im Frühjahr 1968 feiern die beiden ihre Silberhochzeit in einem hübschen Hotel auf Teneriffa zusammen mit ihrer Tochter, ein sehr entspannter Familienurlaub. Vielleicht ist dort die Entscheidung gefallen, kürzerzutreten. Auch vor dem Hintergrund, dass Joachim Gorille immer wieder über gesundheitliche Probleme klagt, der Magen rebelliert, irgendwann kommen auch Herz- und Kreislaufbeschwerden dazu. 23 Jahre sind Joachim und Gertrud nun in der Gastronomie selbstständig. Wenn andere freihaben und feiern, arbeiten sie und sorgen für gute Stimmung. Jetzt wollen sie vielleicht auch mal wieder mehr Zeit füreinander haben.

Am 1. November 1968 dann ein Befreiungsschlag, die *Silberquelle* am Kalenwall wird verpachtet, die Unterzeichnung des Vertrags ist im Fotoalbum mit Bild festgehalten: Übergabe an Karlheinz Felger und Frau. Es wird Jochen und Gertrud nicht leichtgefallen sein, ihr „Baby" in fremde Hände zu geben. Bezeichnend, dass sie den 1. November wählten, den Start in ihre Selbstständigkeit. 19 Jahre lang haben sie sich Tag für Tag um die *Silberquelle* am Bahnhof gekümmert. Die Angestellten schreiben auf eine Abschiedskarte: *„Die Silberquelle – ein Trauerkloß, nun sind wir unsern Alten los."* Aber es ist sicher die richtige Entscheidung. Dann dauert es nicht mehr lange, und es gibt in den 1970er-Jahren einen weiteren Abschied.

Urlaub auf Teneriffa April 1968, dort wird die Silberhochzeit gefeiert.

Schwierige Zeiten: Die 1970er-, 1980er- und 1990er-Jahre

Rückzug: Joachim Gorille orientiert sich neu

Für Gertrud und Joachim Gorille startet das 1970er-Jahrzehnt ruhig. Die *Silberquelle* am Kalenwall ist verpachtet, die *Silberquelle* Neue Straße läuft gut. Der Standort entwickelt sich weiter positiv. Karstadt investiert in sein Kaufhaus gegenüber und baut für 25 Millionen DM ein modernes Haus samt spektakulärer Spindel als Zufahrt für die Parkebenen, Platz für 425 Autos. 1970 wird der Bau fertig, eine publikumsstarke Nachbarschaft, zudem wird die Neue Straße in eine Fußgängerzone umgewandelt.

Auch sonst tut sich einiges in Braunschweig: Der Rathausbau am Bohlweg Anfang der 1970er-Jahre vervollständigt das neue, moderne Stadtbild, Highlight für die Jugend wird das Freizeit- und Bildungszentrum – kurz FreiBiZe – im Bürgerpark, legendäre Konzerte unter anderem mit der Band Holde Fee, die Braunschweig überregional bekannt macht. Der Jägermeister-Hirsch läuft erstmals mit der Eintracht im Stadion auf und bereitet der Trikotwerbung den Weg.

Braunschweig wie ganz Deutschland erlebt Flower Power, Schlaghosen und Discofieber, Hippies, Hasch, lange Haare und freie Sexualität, *„wer zweimal mit derselben pennt, gehört schon zum Establishment"*. Der Generationenkonflikt wird öffentlich sichtbar. Die Proteste der Anti-Atomkraft-Bewegung sowie die *„Grenzen des Wachstums"* mit Ölkrise und autofreien Sonntagen prägen das gesellschaftspolitische Leben. In vielen Familien wird gestritten, die Jungen werfen den Alten vor, die Nazizeit zu verdrängen, und Unternehmer, die bis dato als fleißige Stützen des Wirtschaftswachstums galten, sehen sich dem Vorwurf ausgesetzt, Kapitalisten zu sein und Arbeitende auszunutzen. Neben dem anarchistischen Polit-Protest der Studentenbewegung entwickelt sich die gewalttätige Rote Armee Fraktion (RAF). Die 1970er-Jahre sind gesellschaftlich und politisch turbulent und eine Zeit des Umbruchs.

Joachim Gorille geht es gesundheitlich noch immer nicht richtig gut, darum will er dem Nachtleben den Rücken kehren. Im Juni 1971 gründet er die Internationale Handelsagentur Joachim Gorille und ist Repräsentant der Firma Magnet, Ferienappartements GmbH Zürich, so steht es auf einer Visitenkarte. Er ist jetzt also als Makler tätig. Standort seiner neuen Firma: Neue Straße 22. Dort nutzt er seit der Eröffnung der Gaststätte am 15. Dezember 1958 die Wohnung im ersten Stock als Büro und Küche. Jetzt möchte er die Wohnung behalten und nach der ersten auch die zweite *Silberquelle* abgeben. Es gelingt ihm jedoch offenbar nicht, jemanden zu finden. Vielleicht, weil die *Silberquelle* so sehr von Joachim Gorille geprägt worden war ... Der junge Gastronom Guido Schmidt aber interessiert sich für die Räume. Er hat wenige Meter entfernt seine Grillbar und möchte gern eine Pizzeria eröffnen. Guido Schmidt wird dann auch der neue Mieter, baut den lang gestreckten Raum um und eröffnet genau 13 Jahre nach Joachim Gorille am 15. Dezember 1971 *Guidos Pizzeria*.

Nicht mehr aktiver Gastwirt: Dieser Schritt bedeutet, dass die langen Nächte für Gertrud und besonders für Joachim Gorille endlich ein Ende haben. In seiner neuen Tätigkeit als Makler ist er anfangs viel auf Reisen, sogar in Griechenland ist er unterwegs. Aber sehr schnell erkennt er, Reisen ist auch anstrengend, und im Raum Braunschweig kann man ebenfalls gut als Makler tätig sein. Und endlich hat Joachim Gorille mehr Zeit für sich, er kann sich stundenlang im Bad pflegen und hegen, in der Badewanne liegen, dabei im Radio „Zwischen Hamburg und Haiti" hören und nachdenken. Am liebsten darüber, was für einen Unsinn er verzapfen könnte. Er entdeckt die Möglichkeiten, die der 1. April bietet. Dabei hat er nicht die simplen, schnellen Gags im Blick. Seine 1.-April-Streiche sind aufwändig. Wochenlang brütet er darüber, wen er womit in den April schicken könnte.

Aprilscherz Nr. 1: Guido Schmidt in der *Schaubude*

Guido Schmidt ist sein erstes Opfer. Die beiden verstehen sich prächtig, die Familien besuchen einander, aus dem Geschäftskontakt ist eine Freundschaft geworden. Joachim Gorille kennt Guido also gut und bilanziert: Guido ist extrovertiert, lacht gern, brennt schnell für neue Ideen, ein richtiger Macher, der auch gern im Rampenlicht steht. Und irgendwann hat er die Idee.

„*Gerdi*", bittet er seine Frau, „*schreib doch mal an die Schaubude, die Fernsehsendung, und frag nach dem Kochrezept. Ich brauch dringend den Briefkopf.*" Die *Aktuelle Schaubude* war von 1957 bis 2009 ein Unterhaltungsmagazin des Norddeutschen Rundfunks, in Familien sehr beliebt. Einige Tage später liegt das Kochrezept vor, Joachim Gorille schneidet den Briefkopf ab, kopiert ihn auf weißes Briefpapier und bittet seine Frau erneut, in die Tasten zu hauen. „*Lieber Guido Schmidt*", diktiert er ...

Kurz vor dem 1. April ist Guido Schmidt vor seiner Pizzeria schwer beschäftigt, er schiebt Palmen in großen Holzkübeln als neue Deko um die Stühle auf dem Freisitz in der Fußgängerzone, stellt Fahnen in den Farben Italiens auf, grün-weiß-rot leuchten sie fröhlich, auch die Sonnenschirme sind neu. Joachim Gorille fragt scheinheilig neugierig: „*Guido, was machst du, was soll das?*" „*Mensch*", raunt Guido, „*das Fernsehen kommt.*" „*Was?*" „*Ja, die haben geschrieben, meine Pizzeria, die ist einzigartig, die wollen sie filmen für die Schaubude. Heidrun*", ruft Guido seine Frau, „*mach doch mal die große Speisekarte neu, du kannst doch so gut zeichnen, mach mal wieder was Schickes.*" „*Wann kommen denn die vom Fernsehen*", fragt Joachim. „*Na am Wochenende*", sagt Guido. „*Samstag, schade, ich kann nicht dabei sein, ich soll ja in die Sendung, in die Schaubude, nach Hamburg, glaubste, Wahnsinn. Ich werde da meine Pizzen mitnehmen.*"

Den Kofferraum seines Autos voller Pizzen in Kartons fährt Guido Schmidt am 1. April nach Hamburg und erreicht am frühen Abend den NDR im Stadtteil Lokstedt, dort sind die Fernsehstudios. Voller Vorfreude und Zuversicht zeigt er an der Pforte sein Einladungsschreiben. Das sorgt für Verwirrung, dass ein Gast aus Braunschweig kommt, davon weiß man nichts. Guido Schmidt wird ins Studio zur Sendeleitung gebracht, auch dort sind sie erst erstaunt und verwirrt. Dann schaut jemand genauer hin: Der Briefkopf stimmt, aber die Unterschrift, da ist doch was faul ... Die Fälschung fliegt auf, der Aprilscherz ist erkannt, alle lachen herzlich – Guido etwas halbherzig.

Joachim Gorille lacht und scherzt gern, diese Pose ist typisch für ihn.

Die Fernsehleute haben Mitleid und laden Guido Schmidt in die Sendung ein, allerdings nur als Zuschauer. Bei den Schwenks mit der Kamera über das Publikum ist er das eine oder andere Mal zu sehen, er versucht, freundlich zu gucken. Nach der Sendung fährt er gleich wieder nach Braunschweig, auf der Elbbrücke hält er an, alle Pizzen im Kofferraum wirft er in den Fluss, er ist sehr verärgert. Er ahnt genau, wer ihm das angetan hat. Er schwört sich, im kommenden Jahr ist er um den 1. April nicht zu Hause ... Aber trotzdem ist die Pizzeria im Jahr darauf abermals das Ziel von Joachim Gorille.

Aprilscherz Nr. 2: Die Bombe im Pizzaofen

Der zweite Streich soll Joachim Gorille eine Anzeige einbringen und ein saftiges Strafgeld ... Er nimmt eine Eisenkugel, so groß wie eine Pampelmuse, darauf klebt er eine Schraube mit zähflüssigem weißem Kleber und wickelt um sie eine Schnur, eine Zündschnur. Seine Tochter bittet er, das Symbol der Roten Armee Fraktion auf die Kugel zu malen. Also die drei Großbuchstaben R A F und dazu eine symbolisierte Maschinenpistole. So gut es geht, erledigt sie ihren Auftrag mit weißer Farbe. Eigentlich hätte es die Farbe Rot sein sollen, aber die war zu Hause nicht vorrätig. Mit sehr viel Fantasie könnte man denken, es handelt sich um eine Bombe. Das Kunstwerk platziert Joachim Gorille im Pizzaofen von Guidos Pizzeria. Der Pizzabäcker entdeckt das Gebilde, hat wenig Fantasie und entsorgt es unbeeindruckt in der Mülltonne im Hof.

Joachim Gorille ist enttäuscht, angelt die Kugel aus dem Müll und legt sie dem Vermieter der Neuen Straße, Horst Hodemacher, der ganz oben wohnt, auf den Abtreter vor die Tür. Als der die mutmaßliche Bombe entdeckt, ruft er erschrocken die Polizei, diese wiederum alarmiert das Sprengstoffkommando in Hannover. Als die Jungs mit ihren schweren Schutzanzügen vor der obskuren RAF-Kugel stehen, packen sie nicht ihr Equipment aus, sie fangen an zu lachen. Ob Horst Hodemacher mitlacht, ist nicht überliefert. Aber ihm ist sofort klar, das kann nur Gorilles Werk sein. Der sitzt einige Stockwerke tiefer in seinem Büro und hat scheinbar von der Aufregung im Treppenhaus nichts mitbekommen. Joachim erkennt, Leugnen ist zwecklos, er gibt alles zu und bekommt eine Anzeige wegen groben Unfugs und außerdem ein saftiges Bußgeld, den Einsatz der Polizei muss er natürlich auch bezahlen. Das war der teuerste Aprilscherz von Joachim Gorille.

Aprilscherz Nr. 3: Ein Seitensprung mit Folgen

Die Skatrunde kommt in den 1970er-Jahren immer noch in der *Klause* bei Heini Lochte in der Friedrich-Wilhelm-Straße zusammen. Dort prahlt ein Skatbruder regelmäßig mit Geschichten von der Reeperbahn. Meist erzählt er von den Amüsements mit Frauen, speziell mit einer, ihren verheißungsvollen Namen nennt er natürlich auch. Den Namen merkt sich Joachim Gorille und bittet seine Frau, an das Institut für Tropenmedizin in Hamburg zu schreiben. Irgendeine Frage zu einer Reise in ein fernes Land – es kommt ihm ja wieder nur auf eine Antwort beziehungsweise den Briefkopf an. Als der endlich vorliegt, schreibt seine Frau nach Anweisung sinngemäß: „*Bei Ihrem letzten Besuch in Hamburg haben Sie sich bei der Prostituierten namens xyz sehr wahrscheinlich infiziert. Die Dame leidet an einer gefährlichen, tropischen Geschlechtskrankheit, die unbedingt behandelt werden muss.*" Er solle also nach Hamburg kommen, damit man ihn untersuchen und gegebenenfalls medizinisch versorgen könnte. Als Termin steht in dem Brief: 1. April.

Natürlich achtet der Skatbruder nicht auf das Datum, er ist sehr aufgeregt, hat einfach Angst und fährt nach Hamburg. Er meldet sich im Institut, am Empfang legt er seinen Brief vor, es ist ihm peinlich, eine Geschlechtskrankheit ... Der Brief sieht perfekt aus, aber niemand kennt den Arzt, bei dem sich der Skatbruder melden soll. Und irgendwann schaut jemand genauer hin, nicht nur der Arzt, auch die vermeintliche Geschlechtskrankheit existieren nicht. Auch das Datum fällt dann auf und damit der Groschen. Der Skatbruder fährt ebenfalls wütend nach Hause, auch er ahnt gleich, wem er diese Blamage zu verdanken hat. Er sinnt auf Rache und hat einen genial gemeinen Einfall.

Die Rache: Kinderlieber Opa verschenkt Haus

Der geharnischte Skatbruder setzt eine Anzeige in die Braunschweiger Zeitung. Am Pfingstsamstag ist in der Rubrik Immobilien zu lesen: *„Kinderlieber Opa verschenkt Haus in Lehndorf“*, es folgt die Adresse. An jenem Morgen sitzt Familie Gorille fröhlich am Frühstückstisch im Garten, die Sonne scheint, ein schönes ruhiges Wochenende steht bevor, gemütlich zu Hause sein, vielleicht grillen. Da klingelt es unerwartet. Tochter Claudia, immer sehr neugierig, wer da wohl kommt, rennt den Gartenweg runter zum Tor. Eine Familie steht dort, Eltern mit Kindern, sie schauen erwartungsfroh und fragen: *„Ist es noch zu haben?“* Am Horizont ist eine zweite Familie im Anmarsch. Pfingsten ist im Eimer, so viel steht nach den ersten klärenden Gesprächen fest. Joachim Gorille schreibt ein Schild: *„Haus schon vergeben.“* Familie Gorille packt ein paar Sachen zusammen und verbringt das Wochenende im Harz.

Eine kleine Feier im Januar 1973, Familie Dimitrakoudis übernimmt die *Silberquelle*.

Der Schock: Auf einmal ist alles anders

Wer von diesen Streichen das erste Mal hört, könnte denken, das ist ja ein Schalk, der Herr Gorille. Aber nein, er hat nicht in bösartiger Absicht gehandelt, und alle, die in den April geschickt worden waren, sind Freunde geblieben, haben später immer und immer wieder darüber gelacht. Joachim Gorille hatte viel Humor, und in den 1970er-Jahren kann er ihn so richtig ausleben. Er hat jetzt mehr Zeit dazu, der Pachtvertrag in der *Silberquelle* Neue Straße ist aufgelöst, die *Silberquelle* am Kalenwall befindet sich in guten Händen.

Seit Mitte der 1970er-Jahre bewirtschaftet Familie Dimitrakoudis den Pavillon. Es gibt Gyros und na klar, die Bratwurst Thüringer Art und eine neue Öffnungszeit, ab 9 Uhr sind Gäste willkommen. In den 1970er-Jahren ist die *Silberquelle* am Kalenwall noch immer Treffpunkt vieler Braunschweiger, auch Ratsmitglieder diskutieren dort gern bei einem Bierchen über die Stadtpolitik, schmieden Allianzen oder entwerfen Strategien. Joachim Gorille schaut häufiger mal auf ein Feierabendbier vorbei, er mag Familie Dimitrakoudis sehr, Gertrud und Joachim essen dort auch ihr erstes Ćevapčići, gegrillte Röllchen aus Hackfleisch. Die Familien freunden sich an, im Sommer 1975 schreibt Frau Dimitrakoudis in das Gästebuch, das Gertrud Gorille führt: *„Nach 15 Jahren in Deutschland kamen wir zu Besuch in ein deutsches Haus. Der Tisch war mit verschiedenen Speisen versehen. Das war keine Überraschung. Die Überraschung waren die freundlichen Gesichter der Hausmutter, Frau Gorille, sowie des Herrn und der niedlichen Tochter Claudia. Es war eine Gastfreundschaft, die uns an eine griechische Familie erinnert. Das war unser herzlichster Besuch bei einer deutschen Familie. Diese Familie ist und bleibt für uns die freundlichste Begegnung, die wir hatten.“*

Joachim Gorille hat jetzt weniger Stress, aber die vergangenen Jahre haben Spuren hinterlassen; der Körper meldet sich erneut. Allerdings bereitet jetzt nicht der Magen Probleme, sondern Herz und Kreislauf. Im Sommer 1976 erleidet er einen leichten Schlaganfall und liegt einige Zeit im Krankenhaus. Er behält eine leichte Lähmung in der linken Hand zurück, trainiert aber diszipliniert mit einem kleinen Ball, den er immer wieder zusammendrückt. Das hilft ihm, bald kann er die Finger wieder wie gewohnt bewegen. Sein Arzt rät ihm zur Kur, und er fährt im Dezember 1976 in eine Klinik nach Bad Wildungen. Dort fühlt er sich immer sehr müde, ihm machen Bluthochdruck und Angina-Pectoris-Anfälle zu schaffen. Aus dieser Kur schreibt er die letzten drei Briefen an seine Gerdi.

Auch Gertrud schreibt ihrem Jochen am 20. Dezember 1976: *„Heute kam Dein 7. Anruf. Ich freue mich, daß Du mich so oft anrufst. Weniger schön ist natürlich, daß Du so mutlos bist und glaubst, daß es Dir gar nicht wieder besser gehen wird eines Tages. Deine Krankheit ist ja auch nicht von einem Tag zum anderen gekommen, sondern sie brauchte viele Jahre um eines Tages eben ausbrechen zu können. Du weißt ja selbst, Du hattest zu wenig frische Luft, zu wenig Bewegung, zu viel geraucht und zu fett gegessen. Nun mußt Du eben Geduld haben. Kopf hoch und nicht nach unten. Anbei ein paar Witze zum Schmunzeln."*

Die Weihnachtstage verbringen Gertrud, Claudia und Joachim Gorille gemeinsam in der Klinik in Bad Wildungen. Am 30. Dezember fahren Gertrud und Claudia wieder nach Braunschweig. Am 3. Januar 1977 stirbt Joachim Gorille in Bad Wildungen spätabends an einem Herzinfarkt. Er wurde 60 Jahre alt.

Das Büro der Handelsagentur Gorille in der Neuen Straße, direkt über der Pizzeria, denn Joachim hat den Mietvertrag nur für die Gaststätte gekündigt, die Wohnung darüber nutzt er weiter.

Für Gertrud Gorille bricht eine Welt zusammen. 35 Jahre war ihr Jochen an ihrer Seite, sie waren ein gutes Team, im Geschäftlichen wie im Privaten. Klar, es gab auch Reibereien und Streitereien, aber unterm Strich wussten sie, was sie aneinander haben, dass sie sich aufeinander verlassen können und dass sie sich lieben. Aus ihren Briefen spricht eine tiefe Verbundenheit, sie necken sich häufig, senden einander Küsschen und bezeugen sich ihre Liebe. Auf seinen Brief vom 1. Januar 1977 notiert sie *„Letzter Brief!"*, sie hatte ihm am 3. Januar 1977 geschrieben, sie hält am Briefrand fest: *„Letzter Brief an Jochen nach Bad Wildungen, leider hat er ihn nicht mehr gelesen."*

Jetzt muss sie die *Silberquelle* allein weiterführen, eine schwere Zäsur. Die geschäftlichen Abläufe beherrscht sie perfekt, sie kann sich aber nicht mehr mit ihrem Vertrauten beraten. Tochter Claudia ist 18 Jahre alt, fängt bald an zu studieren und hat von Gastronomie keine Ahnung. *Die Silberquelle* ist nach wie vor an Familie Dimitrakoudis verpachtet. Erst einmal geht alles ruhig seinen gewohnten Gang. Im April 1980 aber endet der Mietvertrag, die Familie will sich auf ihre anderen Restaurants fokussieren. Gertrud Gorille hat anfangs kein glückliches Händchen mit den nachfolgenden Pächtern, sie alle werfen nach einigen Monaten oder wenigen Jahren das Handtuch.

Joachim Gorille wird 60, und Oberbürgermeister Günter Jaenicke gratuliert.
Es ist Joachims letzter Geburtstag.

Von der Top- zur Problemlage: Das Bahnhofsviertel verändert sich

Es ist nicht mehr so einfach, die *Silberquelle* erfolgreich zu betreiben. Das Viertel hat sich massiv verändert, es hat durch den Umzug des Bahnhofs seine Bedeutung und seine Identität verloren. Eben noch pulsierte dort das Leben, jetzt fehlt quasi das Herz. Von heute auf morgen ist der Strom der Fußgänger versiegt. Das hat Konsequenzen nicht nur für den Kalenwall, sondern auch für den Friedrich-Wilhelm-Platz. Einst Entree der Stadt, verliert er seinen Stellenwert und seine Attraktivität, besonders das *Hotel Monopol* trifft das hart. Das erste Haus am Platz – dickes Eichenparkett, roter Teppich, mondäne Marmortreppe – war bei Braunschweig-Besuchern beliebt, denn es lag dem Bahnhof gegenüber, war also bequem zu erreichen und hatte einen guten Ruf.

Seit im Oktober 1960 der Bahnhof weit weg ist, fehlen gut zahlende Gäste. Das Publikum ändert sich, und mit ihm das Niveau. Das Rotlichtviertel macht sich jetzt massiv bemerkbar. *„Es gab Gäste, die buchten mit Blick auf die Bruchstraße"*, erzählt Jürgen Burghardt 2017 gegenüber Ann-Claire Richter, Reporterin der *Braunschweiger Zeitung*. Burghardt hat seine Kindheit im *Monopol* verbracht, denn seiner Familie gehörte einst das Hotel. 1974 wurde der Vater dort ermordet – erschlagen mit zwei Brauseflaschen von zwei Jugendlichen, die sich gezielt eingemietet hatten, um den Hotelier auszurauben. Sie wollten nach Frankreich und brauchten Geld. Die Beute betrug laut Polizeibericht in der BZ: 90 Mark. Mitte der 1970er-Jahre schließt das Hotel seine Türen.

Auch die Friedrich-Wilhelm-Straße verliert mehr und mehr an Lebendigkeit. Nicht nur durch den Wegfall des Bahnhofs und der damit verbundenen Laufkundschaft, sondern auch durch die neue Fußgängerzone in unmittelbarer Nähe. Seit Mitte der 1960er-Jahre gibt es die erste autofreie Straße zwischen Kohlmarkt und Bohlweg, durch die attraktiven Fußgängerzonen nimmt die Friedrich-Wilhelm-Straße zunehmend ein Schattendasein ein. Abgehängt wird das Viertel auch, weil die Straßenbahnen stillgelegt werden.

Die Umsätze sinken, die Mietpreise und Immobilienwerte ebenfalls, nach und nach schließen alteingesessene Geschäfte, die Straße verliert an Schick, Charme und Großstadtflair. Peepshows statt Pelzgeschäfte, „Oben ohne"-Bars, illegales Glücksspiel in den Souterrains, immer mehr zwielichtige Etablissements mit ihren Wurzeln in der nahen Bruchstraße, dem Rotlichtmilieu, breiten sich aus. In Wirtschaftskreisen gilt die Friedrich-Wilhelm-Straße schon länger nicht mehr als allerbeste Adresse, schreibt die *Braunschweiger Zeitung* am 15. September 1989.

Doch nicht nur das ehemalige Bahnhofsviertel leidet wirtschaftlich, der gesamten Stadt geht nach den Wirtschaftswunderjahren die Luft aus. Zwar liegt der Industrieumsatz in Brauschweig seit Kriegsende immer hinter dem der Bundesrepublik. Aber plötzlich wuchs der Abstand beträchtlich. 1980 lag der Index des Industrieumsatzes in der Stadt um circa 40 Prozent unter dem des Bundes.

In Braunschweig waren weltweit bekannte und spezialisierte Betriebe ansässig, niemand rechnete damit, dass sie mal in Konkurs gehen würden. Die Wilke-Werke, Rollei, Luther, Unger, Voigtländer, die Jutespinnerei, Büssing / MAN und einige andere mussten schließen, bei vielen anderen wie der MIAG, Siemens, Karges-Hammer schrumpfte die Belegschaft erheblich. *„Braunschweig verlor 1979 bis 1984 1/3 der industriellen Arbeitsplätze und liegt damit gleichauf mit Liverpool. Neuansiedlungen wie Commodore, Toshiba und LSI konnten diesen Verlust nicht annähernd ausgleichen"*, schreiben Karl Liedke und Bernd Rother in ihrem Buch *Von der Zuckerfabrik zum Mikrochip, Braunschweigs Industrie von 1850 bis heute*. Fast alle wurden Opfer ihrer Exportabhängigkeit, waren der Konkurrenz auf dem Weltmarkt nicht mehr gewachsen. Hinzu kamen Wettbewerbsnachteile durch die Zonenrandlage Braunschweigs, bilanziert die Agentur für Arbeit in Braunschweig. Die Arbeitslosenquote für die Stadt lag 1970 bei 0,6 Prozent, 1985 bei 13,8. Das westliche Ringgebiet rund um die Jahnstraße entwickelte sich zum sozialen Brennpunkt der Stadt. Das Problemviertel ist nicht weit von der *Silberquelle* entfernt.

1986 übernimmt Helga Abdel-Sadik die *Silberquelle*. Zusammen mit ihrem Mann bringt sie ägyptische Spezialitäten auf den Tisch. Die Abdel-Sadiks schaffen es, die Kneipe am Laufen zu halten. Die *Silberquelle* ist kein Szenelokal mehr und schon gar nicht Anlaufpunkt für junge Menschen. Sie ist eher eine Eckkneipe, in der sich auch viele ältere von Not und Armut betroffene Braunschweiger treffen. Wer einmal arbeitslos ist, bekommt so schnell keinen Job mehr, die durchschnittliche Dauer der Arbeitslosigkeit liegt in jener Zeit bei mehr als einem Jahr. Die Wirtin bietet ihnen ein „Wohnzimmer", sie hat immer ein offenes Ohr für ihre Sorgen, sie ist ein wenig die Kummerkastenwirtin.

Zur Eröffnung der
„Silberquelle"
am 31. Januar 1986
laden wir Sie herzlich ein.
Z. B. ½ Fladenbrot mit ägyptischer Spezialität DM 4,50.
Braunschweig, Kalenwall 4

Noch immer werden die Schiebefenster zur Straße hin geöffnet, es gibt den Kiosk und den Straßenverkauf, Kinder kaufen gelegentlich Süßigkeiten, Erwachsene gönnen sich ein gefülltes Fladenbrot. Auf dem Kalenwall ist tagsüber wenig los, die Bushaltestellen sind auf den Friedrich-Wilhelm-Platz verlegt, der „Gummibahnhof", der Parkplatz für die Mundstock-Busse am Gieselerwall ist Vergangenheit. Abends aber herrscht Leben auf den Wällen, besonders am Wochenende, attraktiv sind das *Panoptikum*, kurz *Pano*, im Haus am Gieselerwall, dann das *Liro* und natürlich das Kino *Broadway*, weiter unten am Bruchtorwall das *Brain*. Mit Helga Abdel-Sadik ist die *Silberquelle* wieder *„in ruhigem Fahrwasser"*, aber es tauchen neue Probleme auf.

Ein Blick in der Friedrich-Wilhelm-Straße Richtung Post 1981 – vorbei die Zeit, als das Leben auf dieser Straße tobte.

Die Drohung: Die *Silberquelle* soll plattgemacht werden

Ende der 1980er-Jahre plant die Stadtverwaltung, die Fläche zwischen dem ehemaligen Bunker und der Villa von Amsberg in eine Grünfläche zu verwandeln. Sie schreibt an Gertrud Gorille: *„Seit Verlegung des Hauptbahnhofes ist in diesem Stadtbereich ein Rückgang der Attraktivität zu beobachten. An einer Vielzahl von Gebäuden besteht erheblicher Modernisierungsbedarf. Einem weiteren Absinken soll durch geeignete Sanierungsmaßnahmen entgegengewirkt werden."* Einige Zeilen weiter degradiert sie den einst von Professor Friedrich Wilhelm Kraemer (zur Erinnerung, das ist der ehemalige Baurat der Stadt Braunschweig) als architektonisches Meisterstück gelobten Pavillon zur Butze: *„Das städtebauliche Ensemble aus mehrgeschossigen, zum größten Teil aus dem 19. Jahrhundert stammenden repräsentativen Wilhelminischen Gebäuden mit dem alten wertvollen Baumbestand wird durch den eingeschossigen behelfsbauartigen Kiosk gestört."*

Gertrud Gorille kann über diese Unverschämtheit nur spotten: *„Ich habe bisher nicht gewusst, dass der Bahnhofsbunker ein Wilhelminisches Gebäude ist."*

Sie wird aufgefordert und bedrängt, das Grundstück an die Stadt zu verkaufen. Nicht nur die Mitarbeiter der Bauverwaltung schreiben und rufen an, auch ein Rechtsanwalt meldet sich im Namen der Stadt. Gleichzeitig schränkt die Stadt sie auch in ihrer Handlungsfreiheit ein. So untersagt sie ihr im Sommer 1988, den Mietvertrag mit Abdel-Sadik fortzuführen. Bislang war die Brauerei Feldschlösschen der Hauptmieter und Abdel-Sadik die Unterpächterin, die Brauerei will den Pachtvertrag beenden, Gertrud ihn jedoch mit der Pächterin verlängern. Die Stadt schreibt dazu: *„Der Pachtvertrag mit einer Laufzeit von 5 Jahren würde die begonnene Durchführung der Sanierung für den Bereich Kalenwall wesentlich erschweren."* Der Vertrag dürfe für die Dauer von einem Jahr geschlossen werden.

Von Silber keine Spur mehr, typisch für die 1980er-Jahre sind kräftige, knallige Farben und gern Braun.

Wie schon in den 1940er-Jahren ist die *Silberquelle* der Stadtverwaltung ein Dorn im Auge. Aber wie damals zusammen mit ihrem Mann hält Gertrud Gorille dem Druck und dem Ärger nun auch allein stand, sie will sich trotz allem nicht von ihrem Lebenswerk trennen, im Gegenteil, sie will es feiern. „*Jetzt erst recht*", sagt sie. Im Juni 1989 steht der 40. Geburtstag an, ein Fest, das Aufmerksamkeit schaffe, und die ist in der derzeitigen Situation angesagt, erklärt Gertrud Gorille ihrer Tochter. Zu diesem Anlass will sie die *Silberquelle „aufhübschen"* und wieder silbrig streichen lassen. Momentan ist der Pavillon kräftig braun und rot-grün gestrichen, in den Farben der Brauerei Feldschlösschen. Neu streichen, schreibt das Stadtplanungsamt, das dürfe sie nicht mehr, denn es solle ja eine Grünfläche werden.

Gertrud Gorille fragt sich, wie viel „*Macht*" die Stadt hat, ob sie tatsächlich ihren Pavillon nicht mehr streichen dürfe, ob sie ihr Eigentum tatsächlich verkaufen müsse, wenn die Stadt das wolle. Wie einst ihr Mann scheut auch sie den Konflikt nicht. Sie schaltet einen Rechtsanwalt ein und wendet sich außerdem an die *Braunschweiger Zeitung*, um das rüde Vorgehen der Stadtverwaltung öffentlich zu machen. Der Redakteur Harald Duin verfasst am 24. September 1988 einen langen Artikel, und es gibt eine Überraschung. „*Als die BZ beim Planungsamt anrief, zeigt man sich dort überraschend einfühlsam, erklärte, man solle den Konflikt nicht auf die Spitze treiben. Silbrig anstreichen dürfe Frau Gorille den Pavillon auch. Zu seinem Jubiläum im nächsten Jahr soll er wie einst 1949 wieder erglänzen. Dazu wird auch die Bauverwaltung eingeladen werden.*" Leider eine falsche Auskunft!

In einem Schreiben des Stadtplanungsamtes vom 4. Oktober 1988 an den Rechtsanwalt von Gertrud Gorille steht: „*Wir möchten noch einmal hervorheben, daß wir wie bisher an der Planung für die Neuordnung des Baublocks Kalenwall festhalten und insoweit im Zusammenhang mit einer Umgestaltung des Bunkergebäudes Kalenwall 3 weiterhin die Beseitigung des Kiosk ‚Silberquelle' erwägen. Eine endgültige Entscheidung wird der Rat der Stadt Braunschweig im Zusammenhang mit dem Sanierungsrahmenplan zu treffen haben.*"

Gertrud Gorille begrüßt eine Umgestaltung des Friedrich-Wilhelm-Platzes und will sich aktiv daran beteiligen. Sie schreibt der Stadt, dass sie aus Anlass des 40-jährigen Jubiläums eine Sitzbank aus Metall stiften möchte, versehen mit einem Hinweis an die Stifterinnen, Gertrud und Claudia Gorille. Das Stadtplanungsamt bedankt sich artig für das Angebot, lehnt es aber ab, denn es läge noch kein Konzept für einen künftigen Friedrich-Wilhelm-Platz vor.

Sonnabend, 24. September 1988 | Braunschweig | Seite 9

„Silberquelle“ als schöne Bagatelle

Ein Nachkriegskapitel mit Happy-End

Das Stadtplanungsamt ist eine unermüdliche Abteilung. Immer dabei, unser Braunschweig noch schöner zu machen. Detailverliebt läßt es sich manchmal fortreißen, auch das letzte noch zu gestalten. Wie neulich, als es vorschlug, ein Fleckchen Innenstadt in eine Grünanlage umzuwandeln. Pech für den, der dort gerade ein ordentliches Gewerbe betreibt. Es begann das klassische Spiel „Stadtverwaltung drängt widerstrebenen Bürger“: „Nun verkaufen Sie doch endlich!“ Aber Gertrud Gorille, um deren „Silberquelle“ am Kalenwall es geht, schüttelte bisher immer mit dem Kopf. Auch als ein Rechtsanwalt sie wortreich zum Verkauf bewegen wollte, sagte sie schlichtweg nein.

Lehrreich ist bei dieser Geschichte, daß etwas, was vor fast vier Jahrzehnten bei der Eröffnung das äußerste Wohlgefallen der Bauverwaltung erregte, den Nachfolgern derselben Abteilung nicht mehr gut genug ist.

Was war das für ein Auftrieb, als 1949 Joachim und Gertrud Gorille am Kalenwall (neben dem heutigen Kino „Broadway“) ihren zehneckigen Kiosk aus Leichtmetall in Betrieb nahmen! Geliefert wurde das superschicke Ding von der Braunschweiger Firma Henri Belle. Die Behördenvertreter waren zahlreich erschienen, wohl vor allem deswegen, weil sie sich umsonst, ohne Vorlage von Brotmarken, sattessen konnten.

Auch der Staatsschauspieler Hermann Meßmer war bei diesem gesellschaftlichen Ereignis anwesend und trug ein wundervolles selbstverfaßtes Gedicht vor, das sich in jeder Zeile auf „Silberquelle“ reimte und in dem Ausspruch gipfelte: „Wenn Du hier eintrittst über die Schwelle, dann wird der Kopf und das Auge helle“.

Ein glücklicher Tag für das Ehepaar Gorille, das bei Kriegsende zu Fuß Richtung Westen geflüchtet und eher zufällig in Braunschweig hängen geblieben war. „Essen und trinken müssen die Leute immer“, dachte damals Joachim Gorille ziemlich zukunftsweisend und stellte am 1. November 1945 am Kalenwall eine Verkaufsbude auf. Der Nachfolgebau, die „Silberquelle“, war ein erstes sichtbares Zeichen dafür, daß es langsam wieder aufwärts ging.

Regelmäßig fuhr Joachim Gorille mit seinem Opel P 4 zur Nordseeküste und schleppte den Matjeshering gleich tonnenweise nach Braunschweig, wo Mitarbeiterinnen den Fisch akkurat auf Brötchenhälften verteilten. Freilich: Noch berühmter wurde die „Silberquelle“, eine gelungene Symbiose von Kiosk und Kneipe, durch ihre Thüringer Bratwurst.

In dieser voll unterkellerten Raststätte wurde immer wieder kräftig gefeiert, beispielsweise beim sechsjährigem Bestehen, von dem noch Fotos existieren, auf denen man deutlich sieht, wie wohl sich die Leute von der Bauverwaltung inmitten der vorrangig weiblichen Belegschaft fühlten. Diese herzlichen Bindungen zum Rathaus waren möglicherweise eine Erklärung dafür, daß die Beschwerden des Braunschweiger Einzelhandels gegen die „Silberquelle“ (die ihre Dienstleistungen von morgens sieben bis nachts um eins anbot) letzlich vergeblich bleiben mußten.

Das Unternehmen florierte so prächtig, daß Joachim Gorille an der Neuen Straße (heute „Guido“) die „Silberquelle“ Nummer zwei aufmachte, eingerichtet im typischen Stil der 50er Jahre. Dieses Etablissement erlebte seine Sternstunde, als Quizmaster Peter Frankenfeld zur Tür hereinkam und sein Lieblingsgetränk, einen Calvados, bestellte. Leider war diese Sorte gerade nicht da.

Nur die originale „Silberquelle“ am Kalenwall überlebte. Nach dem Tode ihres Mannes verpachtete Gertrud Gorille den Pavillon, dessen Wirt dank der Stammkunden alle gastronomischen Moden ignorieren konnte.

Und was nun? Die Zukunft der „Silberquelle ist gesichert! Als die BZ beim Planungsamt anrief, zeigte man sich dort überraschend einfühlsam, erklärte, man wolle den Konflikt nur ungern auf die Spitze treiben. Silbrig anstreichen dürfe Frau Gorille den Pavillon auch. Zu seinem Jubiläum im nächsten Jahr soll er wie einst 1949 erglänzen. Dazu wird auch die Bauverwaltung eingeladen werden.

-ui-

Original „Silberquelle“ aus dem Jahr 1949 — ein revolutionärer Leichtmetallbau der früheren Braunschweiger Firma Henri Belle. Damals hatte der Pavillon noch einen verkleideten Rundgang. Das „Burgpils“ wird längst nicht mehr ausgeschenkt.

Fünf Meter tief gefallen: Junge in Lebensgefahr

Bei einem Sturz von einem etwa fünf Meter hohen Dach erlitt ein zwölfjähriger Junge so schwere Verletzungen, daß er nach Auskunft der Ärzte in Lebensgefahr schwebt.

Wie die Polizei am Freitag berichtet, geschah das Unglück am Donnerstag gegen 20 Uhr auf dem Grundstück Hamburger Straße 267, auf dem sich auch Räume des städtischen Ausgleichsamtes befinden.

Nach den bisherigen Erkenntnissen sollen zwei Jungen (elf und zwölf Jahre alt), die in der Nachbarschaft zu Hause sind, durch das unverschlossene Tor auf das Gelände gelangt sein. Von hier sollen sie über eine Feuerleiter an der Rückseite des Gebäudes auf das Dach geklettert sein. Beim Spielen ist der Zwölfjährige offenbar ausgerutscht und durch die Glasscheibe eines Oberlichts in die Räume des Ausgleichsamtes gestürzt.

Anwohner, die das Scheibenklirren gehört hatten, fanden den Jungen auf dem Innenhof des Geländes. Das Kind wurde in eine Klinik gebracht, wo die Ärzte schwere innere Verletzungen feststellten. Auch nach zwei Operationen befindet sich der Junge noch in Lebensgefahr. Die Ermittlungen dauern an.

„Silberquelle“ heute am Kalenwall. Die Stadt wollte aus dieser Raststätte eine Grünfläche machen. BZ-Foto: Rudolf Flentje

Ein Bild aus den Anfangsjahren der „Silberquelle“, die im Hintergrund zu sehen ist. An ihrem Opel P 4 lehnen Joachim und Gertrud Gorille, die die Mischung aus Kiosk und Kneipe zu einer sprudelnden Erwerbsquelle machten. Der Rundbau war zeitweise auch Toto- und Lottoannahmestelle.

Fotos (2). privat

Wohin heute?

Staatstheater, Großes Haus, 19.30 Uhr: „West Side Story“ — Musical von Leonard Bernstein.

Festplatz Lehndorf, Blitzeichenweg, 16 und 20 Uhr: Zirkus Casselly.

Burgplatz, 11 bis 14 Uhr: Braunschweiger Bildhauersymposium.

Herzog Anton Ulrich-Museum, Museumstraße 1, 10 bis 17 Uhr: „Bilder norddeutscher Meister — Gemälde des 17. und 18. Jahrhunderts aus eigenem Besitz“.

Burg Dankwarderode, Burgplatz, 10 bis 17 Uhr: „Glanz alter Buchkunst. Mittelalterliche Handschriften der Staatsbibliothek Preußischer Kulturbesitz Berlin.“

Verkehrsverein Bohlweg, 14.30 Uhr: Stadtrundfahrt mit Besichtigung des Städtischen Museums.

Braunschweigisches Landesmu- [...]

[...] **Haus,** 20 Uhr: „Butterbrot“ — Stück von Gabriel Barylli.

theaterspielplatz, Hinter der Magnikirche 6 a, 20 Uhr: „Mr. Pilks Irrenhaus“ — Szenenfolge von Ken Campbell.

Stadthalle, Kleiner Saal, 20 Uhr: Frisurenmode Herbst/Winter.

Festplatz Lehndorf, Blitzeichenweg, 15 Uhr: Zirkus Casselly.

Verkehrsverein Bohlweg, 10.30 Uhr: Stadtrundgang.

Braunschweigisches Landesmuseum, Burgplatz 1, 10 bis 17 Uhr (11 Uhr Führung mit Marita Sterly): „Fürsten der Bronzezeit“. **Ausstellungszentrum Hinter Aegidien,** 10 bis 17 Uhr: „Jüdisches Museum“. Und: „Von Seemännern und Scheunendreschern — Getreideanbau im Braunschweigischen im Wandel der Zeit. 15 Uhr, Vortrag von Wilfried Knauer: Das Laubhüttenfest.

Herzog Anton Ulrich-Museum, Museumstraße 1, 10 bis 17 Uhr: „Bilder norddeutscher Meister — Gemälde [...]

Jugendring

Studienseminar in Magdeburg

Ein Studienseminar in Magdeburg veranstaltet der Jugendring Braunschweig (JURB) vom 11. bis 13. Dezember. Die Fahrt soll Mitarbeitern aus Jugendverbänden und -gruppen Gelegenheit geben, sich über die Möglichkeiten deutsch-deutscher Jugendbegegnungen zu informieren und diese für die Arbeit in ihren eigenen Verbänden zu nutzen.

Um den Dialog der Jugendverbandsvertreter der jeweils anderen gesellschaftlichen und politischen Systeme zu vertiefen, werden die 1987 begonnenen Gespräche mit der Staatsjugend der DDR fortgeführt.

So sind neben touristischen und kulturellen Programmteilen für die Braunschweiger Delegation auch Gespräche mit der FDJ-Kreisleitung und mit Vertretern von Parteien und gesellschaftlichen Gruppen der Stadt Magdeburg über kommunale Themen geplant. Für diese Studienfahrt können sich Mitglieder der im Jugendring zusammengeschlossenen Verbände nur Dienstag, 27. September, von 9 bis 12 Uhr unter der Telefonnummer 4 49 50 melden.

Jetzt festgenommen

Diebespaar stammt aus Süddeutschland

Die Frau, die — wie berichtet

Für Gertrud Gorille keine Bagatelle: die *Silberquelle* soll verschwinden.

Das Fest: Der 40. Geburtstag

Gertrud Gorille bleibt nichts anderes übrig, als abzuwarten, was da noch kommt, doch es kommt nichts mehr, keine Anrufe, keine beleidigenden Briefe. Der 40. Geburtstag 1989 wird ein schönes Fest, Teddy Wiener, ein Braunschweiger Original, sorgt mit seiner Quetschkommode für Stimmung, und die Brauerei Feldschlösschen spendiert Freibier. Das Stadtplanungsamt ist auch eingeladen, von den Herren lässt sich allerdings niemand blicken. Aber es gibt ein Schreiben, die Mitarbeiter des Amtes hätten andere dienstliche Verpflichtungen. *„Wir gratulieren zum vierzigsten Jubiläum der Silberquelle und wünschen Ihnen und Ihrem Unternehmen für die weitere Zukunft alles Gute."*

Die 1990er-Jahre verlaufen ruhig, die Pächterin führt die Gaststätte ohne große Zwischenfälle. Die Stadt meldet sich nicht mehr, sie konzentriert sich auf den Friedrich-Wilhelm-Platz und die Friedrich-Wilhelm-Straße. Nachdem in den 1960er-Jahren der Straßenbahnverkehr dort eingestellt wurde, soll er nun wiederbelebt werden. Es wird über vieles gestritten: mit oder ohne eigenes Gleisbett, mit Trenngittern zur Sicherheit für die Fußgänger, mit oder ohne Individualverkehr etc.. Zwischendurch wird auch überlegt, ob der Friedrich-Wilhelm-Platz nicht vielleicht eine *„gärtnerische Gestaltung"* erhalten soll. Die *Silberquelle* will inzwischen niemand mehr abreißen und in eine Grünfläche verwandeln. Im April 1995 berichtet die *Braunschweiger Zeitung*, der Bau einer Trasse sei in greifbare Nähe gerückt, die Friedrich-Wilhelm-Straße soll eine Fußgängerzone werden, *„die sich Fußgänger, Stadtbahn, Omnibuslinien, Radfahrer in beide Richtungen und begrenzt auch Lieferverkehr teilen müssen, damit meinen Bauverwaltung und Verkehrs-AG den Straßenzug wieder ‚aufmöbeln' zu können."* Es dauert noch einmal drei Jahre, bis am 19. Juli 1998 der Straßenbahnverkehr durch die Friedrich-Wilhelm-Straße wieder aufgenommen wird.

Gertrud Gorille erlebt das nicht mehr. Sie erleidet kurz nach Silvester 1997 überraschend einen Herzinfarkt. Sie liegt vier Wochen im Koma im Krankenhaus, wo sie am 29. Januar 1997 mit 76 Jahren stirbt. Jetzt bin plötzlich ich, die Tochter, für die *Silberquelle* verantwortlich.

Anläßlich
40 Jahre
1949 — 1989

sind wir in so reichlichem Maße mit Blumen, Geschenken, Post und Anrufen bedacht worden, daß wir unmöglich jedem Einzelnen dafür herzlichen Dank sagen können. Besonderen Dank sagen wir aber hiermit dem NDR-Radio Niedersachsen für das Interview, welches am nächsten Tag in der Sendung „Vor Ort" ausgestrahlt wurde.

Danke sagen:
Gertrud und Claudia Gorille

Das Braunschweiger Original Teddy Wiener drückt die Tasten – Claudia und Gertrud Gorille mal wieder zusammen in der *Silberquelle*.

Das Erbe: Wie soll es weitergehen?

Bislang hatte ich mich weitgehend rausgehalten und meine Mutter immer nur dann unterstützt, wenn sie das ausdrücklich wünschte. Zum Beispiel als es Anfang der 1990er-Jahre zu einem Gerichtsstreit mit dem Bankhaus Marcard kam, es ging um Wurzeln, die in ein Abwasserrohr gewachsen waren und letztendlich eine Verstopfung verursachten. Das Rohr nutzten sowohl die *Silberquelle* als auch das Bankhaus, das in der Villa von Amsberg residierte, aber die Bank wollte sich an den Kosten für neue Rohre nicht beteiligen. So entstand ein Rechtsstreit, der gut fünfeinhalb Jahre andauerte. Es wurde sogar ein genetisches Gutachten verfasst, um festzustellen, welcher Baum genau dafür verantwortlich war, die Kastanie auf dem Grundstück der *Silberquelle* oder die Rotbuche neben der Villa. Letztendlich konnte diese Frage nicht geklärt werden. Bei dieser Auseinandersetzung habe ich im Namen meiner Mutter einige Briefe an die Bank oder den Rechtsanwalt verfasst.

Aber sonst hatte ich mich nie groß um die *Silberquelle* gekümmert. Als Jugendliche fühlte ich mich auch dort nicht mehr heimisch. Ich war ab den 1980er-Jahren wie viele meines Alters auf dem Kalenwall und dem Gieselerwall unterwegs, der Partymeile von Braunschweig. Ich schielte zwar immer zur *Silberquelle* hin, ging aber meist zügig daran vorbei und hoffte, dass weder Frau Abdel-Sadik noch ihr Mann am Fenster standen und mir zuwinkten, es wäre mir peinlich gewesen. Ich dachte, hoffentlich weiß niemand von meinen Kommilitonen, dass die Kneipe zu mir gehört. Ich fand sie so altbacken, aus der Zeit gefallen, ein Stück weit auch trostlos.

Nun bin ich plötzlich verantwortlich. Die Pächterin, Frau Abdel-Sadik, macht es mir leicht. Es gibt anfangs nichts zu regeln, sie ist dort die Wirtin und erledigt ihren Job gut. Aber ab und an gibt es was zu besprechen, meist gehe ich vormittags hin, in der Hoffnung, dass niemand da ist. Doch es sind immer einige Gäste anwesend, mehr Männer als Frauen, ich vermute, sie sind arbeitslos. Sie tun mir leid, ich gehe mit einem schlechten

Gewissen rein und wieder raus, dabei bin ich für ihre Situation nicht verantwortlich. Ich weiß nicht, wie ich regieren soll, wenn mich jemand anspricht. Manchmal höre ich, *„Ach, du bist die Chefin."* Die Chefin, das hört sich komisch an, irgendwie nicht richtig, und ich weiß nicht, was ich sagen soll. Ich bin jedes Mal froh, wenn ich wieder auf der Straße stehe.

Im Juni 1999 ist die *Silberquelle* 50 Jahre alt, aber niemandem ist danach, das Jubiläum zu feiern. Der Pavillon ist auch nicht mehr vorzeigbar. Er ist in die Jahre gekommen. Die Farbe blättert ab, die Fenster sind verkratzt, im Keller rollt sich der Anstrich von den Wänden. Meinem Mann, dem Biologen Dr. Hans-Joachim Fauter, von Freunden Hansi genannt, und mir wird klar, schnell mal ein bisschen Farbe hier und dort, damit ist es nicht getan. Wir erkennen, es muss insgesamt gründlich saniert und vor allem modernisiert werden, wenn die *Silberquelle* eine Zukunft haben soll.

Ein Problem sind die Glasbausteine über dem Keller. Die Fugen sind undicht geworden, und keine Dachdeckerfirma schafft es, die Risse dauerhaft zu kitten. Darum wird eine trübe Plastikhaube über die Glasfläche gestülpt. Das sieht nicht gut aus, erfüllt aber erst einmal den Zweck, dass der Keller trocken bleibt. Die Glasbausteine über dem Keller der *Silberquelle* sind schon etwas Besonderes, und wenn sie nicht abzudichten sind, wollen wir sie austauschen. Es gibt allerdings nur noch eine Firma in der Schweiz, die begehbare Glasbausteine herstellt und sich das teuer bezahlen lassen will. Also verabschieden wir uns von dieser Idee, zumal künftig wohl niemand mehr den Keller darunter als Büro nutzen wird.

Wichtig sind uns die Gäste-WCs, auch sie sind nicht mehr zeitgemäß, viel zu klein, der Eingang für Frauen und Männer ist nicht getrennt. Der gesamte Keller soll gestrichen und ein Teil gefliest werden. Auch der Außenbereich um den Pavillon muss komplett erneuert werden, der Belag rund um die *Silberquelle* ist ein Mix aus Betonplatten, Glasbausteinen und Asphalt, alles mittlerweile rissig. Die Wurzeln der Kastanie haben für manche Stolperschwellen gesorgt. Der gesamte Platz soll mit einheitlichen Gehwegplatten gestaltet werden.

Und der Pavillon innen? Der entspricht nicht mehr den Bedürfnissen der wenigen Menschen, die dort vorbeigehen. Kinder kommen kaum noch, um nach Nappos, Salinos oder Eis zu verlangen, der Kiosk ist wenig gefragt. Meinem Mann und mir schwebt deshalb eine Gaststätte vor, die den gesamten Raum nutzt. Das bedeutet, dass die Trennwand zwischen Kiosk und Silberstube entfernt werden muss – und damit der legendäre kleine Aufzug zwischen Keller und Pavillon. Das tut mir dann doch in der Seele weh, der Aufzug, in dem ich als Kind immer mitfahren wollte, der Kiosk mit den dickbauchigen Bonbonieren, alles raus? Wehmütiger, tiefer Seufzer. Wir engagieren einen Architekten und planen für 2001 den Umbau.

Die *Silberquelle* ist in die Jahre gekommen.

Oben links ist die gewölbte Abdeckung zu erkennen, die die Glasbausteine vor Regenwasser schützt. Damit die Kosten der Sanierung nicht explodieren, übernehmen mein Mann und ich zusammen mit Freunden auch einige Arbeiten, wie Dach streichen, Fugen mit Split füllen und Ähnliches.

Der Neuanfang: Die 2000er-Jahre

Nur die Hülle bleibt: Der Umbau der *Silberquelle*

51 Jahre ist die *Silberquelle* nun alt, die Zeit für eine Generalsanierung endgültig reif. Nach langer Planung wird sie 2001 geschlossen und umgebaut, gut ein halbes Jahr sollen die Arbeiten dauern. Die langjährige Pächterin Helga Abdel-Sadik hat Verständnis für die Maßnahme, schließlich hat sie immer wieder unter einer tropfenden Kellerdecke gelitten. Monatelang pausieren, das will sie aber verständlicherweise nicht, ein neues Konzept für die *Silberquelle* zu entwickeln, traut sie sich nicht zu. Nach vielen Jahren trennen sich die Wege freundschaftlich, sie findet auch schnell eine gemütliche Eckkneipe am Ring.

Bei den Umbauarbeiten gibt es keine großen Probleme oder Überraschungen. Damit die Kosten nicht ins Unermessliche steigen, packen wir, mein Mann und ich, auch immer wieder mit an. Schweren Herzens lassen wir das Innenleben im Pavillon entfernen, raus mit der Theke, der Zwischenwand, den Tischchen, den Gardinen, alles kommt weg: Aus zwei Räumen wird einer. Der Straßenverkauf ist in den vergangenen Jahren so stark zurückgegangen, dass dieses Konzept uns nicht mehr zukunftsfähig erscheint. Aber die Möglichkeit, Getränke oder kleine Speisen nach draußen zu reichen, die soll es auch weiterhin geben. Außerdem gehören Schiebefenster einfach zum Charakter der *Silberquelle*. Bei den neuen, doppelverglasten Fenstern lassen wir nicht nur eine Schiebemöglichkeit nach vorn in Richtung Straße, sondern auch eine zweite für den Hof einbauen.

Nicht nur die Fenster werden erneuert. Im Keller wird die Decke aus Glasbausteinen mit Beton geschlossen, die Wände bekommen eine frischen Anstrich und teilweise Fliesen, die Gästetoiletten erhalten getrennte Zugänge und um den Pavillon werden einheitliche Platten verlegt.

Nach einigen Monaten sind wir fertig, und es findet sich schnell ein neuer Pächter. Er baut eine große Theke ein, streicht die Wände in hellem Gelb. Dann gestalten Studierende der Hochschule für Bildende Künste Braunschweig den Raum, sehr fantasievoll mit Pflanzen aus Pappmaschee, die grün bemalt wie Lianen von den Wänden zur Decke ranken. Blüten schweben über der Theke, ein kleiner Dschungel. Jedem, der reinkommt, gefällt es, es ist urig, ungewöhnlich. Die *Silberquelle* sieht cool aus, dennoch kommt sie nicht richtig in Schwung. Einige Pächter versuchen ihr Glück, aber keiner hält sich lange.

Silberstube ade, Studierende der Hochschule für Bildende Künste sind mit viel Fantasie ans Werk gegangen.

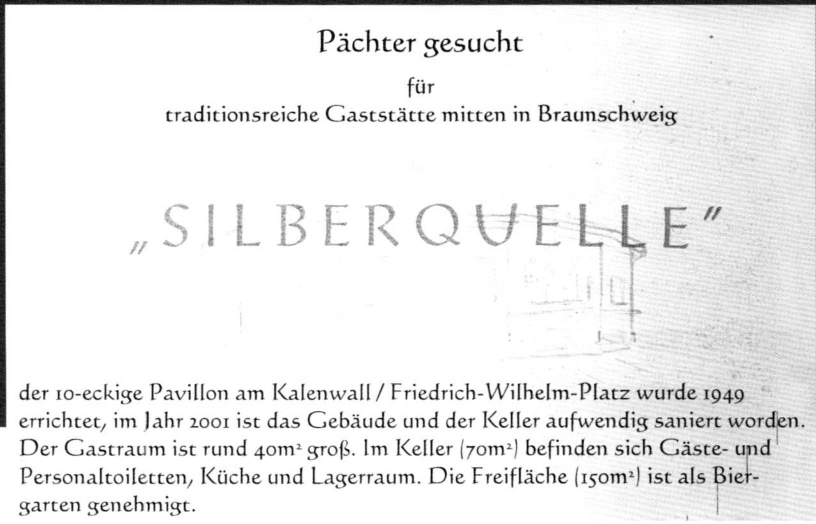
Pächter gesucht

für

traditionsreiche Gaststätte mitten in Braunschweig

„SILBERQUELLE"

der 10-eckige Pavillon am Kalenwall / Friedrich-Wilhelm-Platz wurde 1949 errichtet, im Jahr 2001 ist das Gebäude und der Keller aufwendig saniert worden. Der Gastraum ist rund 40m² groß. Im Keller (70m²) befinden sich Gäste- und Personaltoiletten, Küche und Lagerraum. Die Freifläche (150m²) ist als Biergarten genehmigt.

Im Herbst 2006 entdeckt Kai Fahim eine Anzeige, die wir in der *Braunschweiger Zeitung* geschaltet haben: *„Pächter für traditionsreiche Gaststätte gesucht."* Er ist schon seit vielen Jahren in der Gastronomie tätig. Gelernt hat er mal Betonbauer, aber Platten legt er lieber auf, als dass er sie gießt. Er hat unter anderem im *Marstall* gearbeitet, war Geschäftsführer im *Americano* und Pächter des *Alagala*, damit ging er 1998 pleite, eine schmerzliche Erfahrung. Als ihm die Anzeige ins Auge springt, arbeitet er gerade in der Szenekneipe *Zu den Vier Linden*. Die *Alagala*-Insolvenz verursacht noch immer Kosten und drückt ab und an aufs Gemüt, aber viel größer ist sein Drang, selbstständig zu sein. Kai Fahim glaubt an sich, der Konkurs war mehr der langen Sperrung der Leonhardstraße geschuldet als seiner Führung. Er ist der Überzeugung: Ich will das, also schaffe ich es auch.

An einem Wochenende besucht er die *Silberquelle*, es ist mäßig voll, und er beobachtet, dass ein Gast, der auf fünf seiner geäußerten Bestellungen hört *„Das haben wir gerade nicht"*, trotzdem bleibt. Offensichtlich gefällt es ihm hier, das hat was, der Pavillon, denkt Kai Fahim. Aber er möchte sich nicht auf sein Gefühl allein verlassen. Er ruft einen Freund in Hannover an, der seit 40 Jahren im Bereich Diskotheken arbeitet. Zusammen gehen sie in die *Silberquelle*, irgendwann nickt der Freund und sagt: *„Klein, aber mein."* Diese Einschätzung bestätigt Kai Fahim, da geht was.

Let's dance: *Silberquelle* goes disco

Am 1. November 2006 – also exakt 61 Jahre, nachdem Gertrud und Jochen Gorille sich mit dem Vorläufer der *Silberquelle*, dem Verkaufsstand am Bunker, selbstständig gemacht haben – startet Kai Fahim mit der *Silberquelle* in seine zweite Selbstständigkeit. Ist das Datum ein gutes Omen? Um es vorwegzunehmen: ja. Aber als Kai Fahim und wir den Mietvertrag im Oktober unterschreiben, hat niemand dieses denkwürdige Datum im Kopf. Beide Seiten aber freuen sich. Kai Fahim, dass er eine erneute Chance hat, wir, weil wir den neuen Mieter sehr patent und sympathisch finden.

Einen Tag später, Donnerstag, 2. November, steht Kai Fahim zum ersten Mal hinter der Theke seiner *Silberquelle*. Draußen ist es nasskalt und windig, Schneeschauer, fünf Grad. In der *Silberquelle* ist es warm und gemütlich, aber werden Gäste kommen? Eine angenehme Überraschung, es kommen viele und vor allem: Es wird getanzt. Kai Fahim hat einen einfachen haushaltsüblichen Plattenspieler mitgebracht und legt auf. Als der Platz vor der Theke nicht mehr ausreicht, werden die Stehtische zur Seite geschoben – die Stimmung ist ausgelassen.

Freitag und Samstag ist die Bude voll. Es kommen sehr, sehr viele Gäste, die meisten aus den *Vier Linden*, alle wollen *„Hallo"* sagen und *„alles Gute"* wünschen. Mitarbeiter Michael feixt, *„du hast den Altersdurchschnitt durch die Decke schießen lassen"*, denn viele sind 50 Jahre und älter, das war vorher nicht so. Die neuen Gäste haben Durchhaltevermögen, sie tanzen bis weit nach Mitternacht.

Der Laden läuft: Kleine Änderungen, große Wirkung

Auch an den nächsten Wochenenden kommen mehr Leute als bislang. Was macht Kai Fahim anders? An der Einrichtung hat er nichts verändert, noch immer hängen die Fantasieblumen von der Decke. Äußerlich bleibt alles beim Alten, aber Atmosphäre und Abläufe ändern sich enorm. Michael, der schon zwei Jahre zur Servicecrew der *Silberquelle* gehört und von Kai Fahim übernommen wird, erinnert sich: *„Die größte Neuerung war, dass Kai wollte, dass wir zu den Gästen hingehen und fragen, was sie bestellen wollen, dass wir nachfragen, wenn das Glas leer ist, darf es noch etwas sein?“* Michael ist von dieser Ansage anfangs wenig begeistert. *„Mir fiel das schwer, ich dachte, ich würde die Gäste belästigen, sie stören in ihren Gesprächen, ich nahm an, sie finden das aufdringlich.“* Aber er macht die Erfahrung, die Gäste finden das toll, wenn er kommt. Sie finden es angenehm, ihre Gespräche nicht für längere Zeit unterbrechen zu müssen, um ein neues Getränk zu bekommen, sie müssen nicht vor der Theke Schlange stehen, sie können einfach unbeschwert reden und werden nett umsorgt. Alle Gäste empfinden diesen Service als Luxus. Sie geben lobende Rückmeldungen und Michael freut sich, dass seine Arbeit so positiv bewertet wird.

Noch etwas legt Kai Fahim seiner Crew ans Herz: die Bestellungen sehr schnell zu erledigen, *„kaum ausgesprochen, schon auf dem Tisch“*, so lautet die Devise. Um diesen Anspruch erfüllen zu können, ändert er die Abläufe: Eine Thekenkraft zapft Bier, eine weitere macht alle anderen Getränke fertig, und eine Servicekraft übernimmt Bestellungen und Bedienung. *„Die Gäste sind jedes Mal echt erstaunt, wenn 90 Sekunden nach der Bestellung das Getränk auf dem Tisch steht. Die Silberquelle ist der schnellste Laden in Braunschweig“*, grinst Michael. Auch die neue Mischung aus Stehkneipe und Disco kommt gut an.

Farbenfroh wie die *Silberquelle* sind auch die Hemden von Pächter Kai Fahim.

Eine weitere Neuerung: Kai Fahim hat im Keller ausreichend Bier, Wasser, Softdrinks und Schnäpse vorrätig, das war bis dahin nicht selbstverständlich, das Getränkeangebot war in den letzten Jahren eher überschaubar. Aber er möchte, dass alle Wünsche nach Möglichkeit erfüllt werden, entsprechend baut er sein Warenlager im Keller aus. Allerdings streicht er nach einiger Zeit Cocktails von der Karte. *„Ein Cocktail braucht seine Zeit und wenn der Laden voll ist, dann müssten andere auf ihr Getränk warten"*, erklärt er den Gedanken dahinter. *„Hinter der Theke ist außerdem nicht viel Platz, ich könnte nicht noch jemanden extra für Cocktails einteilen."* Longdrinks, die nur aus zwei Zutaten bestehen und schnell gemischt sind, gibt es aber weiterhin.

Den Sound im Pavillon bestimmt kein Streamingdienst, der Chef persönlich sorgt für den richtigen Ton, er legt auf. Anfangs ist das gar nicht so einfach, wenn jemand die Tür des Kühlschranks zuhaut, hopst die Nadel aus der Rille. Mittlerweile steht dort eine bessere Anlage. Dass jemand eigenhändig Platten auflegt, fasziniert die meisten Gäste, das macht sonst kaum jemand in Braunschweig. So mancher Besucher schaut Kai Fahim dabei zu, fängt ein Gespräch über Musik und Vinyl an und holt irgendwann auch sein verstaubtes Gerät wieder aus dem Keller. Angefangen hat Kai Fahim mit gut drei Dutzend Platten, inzwischen ist seine Sammlung auf rund 600 Langspielplatten, zahlreiche Singles und CDs angewachsen. Er hat für sie ein Regal gebaut, eine kleine Ecke wie am Anfang reicht schon lange nicht mehr aus.

Kai Fahim steigt 2006 behutsam in die *Silberquelle* ein. *„Ich wollte erst einmal alles kennenlernen, den Standort, die Leute, und nicht einfach so verändern."* Dann entscheidet er, die Kneipe nicht mehr von Dienstag bis Samstag zu öffnen. Besonders im Winter wird ihm klar, manch ein Tag kostet ihn mehr, als das er einbringt, die Ausgaben für die Heizung sind hoch, die Einnahmen niedrig. Außerdem ist es kräftezehrend, fast die ganze Woche hinter der Theke zu stehen, wenn es am Wochenende heißt, zwei Nächte lang *„Vollgas geben"*. Also zieht er Konsequenzen: Die *Silberquelle* ist ab 2007 von Donnerstag bis Samstag geöffnet, immer ab 20 Uhr – Ende offen. Es ist meist ein spätes Ende, denn wenn andere Clubs gegen 3 oder 4 Uhr schließen, kommen die Nachtschwärmer in die *Silberquelle*. Jeder weiß, hier endet die Party erst in die frühen Morgenstunden. Manche gehen von der *Silberquelle* direkt in ein Café und bestellen dort erst einmal einen starken Kaffee und Frühstück.

Ich liebe das Leben: Tanzen, bis der Boden bricht

Gemeinsam tanzen, ausgelassen springen, im Rhythmus stampfen: Wenn das 20 bis 30 Leute gemeinsam machen, ist der Boden arg gefordert, überfordert. 2008 halten die Fliesen in der *Silberquelle* dieser Extrembelastung nicht länger Stand, sie brechen. Kai Fahim legt neue Fliesen, aber auch die halten nicht lange. Dann probiert er es mit dicken Eichenbohlen. Eiche hält ewig, hat er im Ohr – das scheint zu stimmen.

Partystimmung kommt in der *Silberquelle* so ab 22:30 Uhr oder 23 Uhr auf, dann beginnen die Ersten, sich zum Takt der Musik zu bewegen. Die Leute tanzen zu zweit oder allein, aber irgendwann tanzt jeder mit jedem, es geht gar nicht anders, denn es ist so voll und eng. Refrains werden mitgegrölt, es wird viel gelacht, die Leute feiern gemeinsam, es wirkt vertraut.

Lebensfreude pur, *„ich liebe das Leben"* wird mit Wunderkerzen zelebriert.

Ist die Stimmung auf dem Höhepunkt, legt Kai Fahim noch eine Schippe drauf: Es gibt Wunderkerzen und ein ganz spezielles Lied, DAS *Silberquellen*-Lied, ein Schlager aus dem Jahr 1957 von Vicky Leandros: „Ich liebe das Leben". Auch wenn es auf den 33 Quadratmetern schon sehr voll ist, bei diesem Lied drängeln sich noch ein paar von draußen dazu. Wer testen möchte, ob er unter Panikattacken in kleinen Räumen und mit vielen Menschen leidet, hier wäre sein Testlabor. Alle halten knisternde und Funken sprühende Wunderkerzen in die Höhe und johlen voller Inbrunst:

Nein, sorg dich nicht um mich
Du weißt, ich liebe das Leben
Und weine ich manchmal noch um dich
Das geht vorüber sicherlich
Was kann mir schon gescheh'n?
Glaub mir, ich liebe das Leben
Das Karussell wird sich weiterdreh'n
Auch wenn wir auseinandergeh'n.

Vicky Leandros ist also gesetzt. Und sonst? Welche Platten legt Kai Fahim an einem Abend auf? Die Antwort darauf fällt ihm schwer. *„Das kann ich kaum sagen, das hängt immer von der Stimmung ab, aber grundsätzlich spiele ich alles von Beatles über Stones, Hits aus Classic Rock, Neue Deutsche Welle, Punk und Soul, Swing oder Rock' n' Roll, Reggae oder eben Schlager. Je nachdem, wer so da ist, wie spät es ist."*

Und manchmal steht der Plattenspieler auch still, wenn Bands in der *Silberquelle* auftreten. Das kommt nicht so häufig vor, aber auf alle Fälle an Jubiläen wie dem 70. Geburtstag der *Silberquelle*. Solche Jahrestage zelebriert Kai Fahim, er denkt mehr als die Vermieterin an sie. Manchmal spielen Bands auf dem Hof, aber meist quetschen sie sich ganz eng im Pavillon zusammen. Livemucke hautnah.

Kommunikation als Konzept: Die *Silberquellen*-Tische

Eines hat Kai Fahim recht schnell verändert. Auf dem Freisitz fliegen die Alustühle und Tische der Vorpächter raus. *„Das alles war mir zu statisch“*, sagt er, *„die Leute sollen gut miteinander ins Gespräch kommen können.“* Er lässt einen Stehtisch in der Form eines Kreuzes bauen. Darüber ist ein großer Schirm aufgespannt, auch bei Regen hält man es dort gut aus. Kommunikation leicht gemacht, schnell mal den Platz wechseln können, unter diesem Motto gestaltet Kai Fahim über die Jahre die gesamte *Silberquelle* außen sowie innen.

Der größte Kommunikator aber ist Kai Fahim selbst. *„Alle kommen wegen Kai“*, erzählt mir Melli im Brustton der Überzeugung. Sie feiert im Juli 2023 gemeinsam mit Freundinnen wieder ihren Geburtstag in der Quelle, sie ist Stammgast, Kai Fahim gratuliert herzlich mit Küsschen. *„Hier geht es familiär zu“*, schwärmt die 35-Jährige, *„Kai kennt seine Gäste, er begrüßt die meisten persönlich, er weiß, was sie gern hören und legt das dann auch auf. Das ist eine Familienbar“*, lacht sie, „und alle kommen wegen Kai.“ Als sie mir das erzählt, bin ich gerührt, denn es erinnert mich an meinen Vater und an früher, als die Leute sagten: *„Wir gehen zu Jochen.“*

Familienbar, das könnte man auch mit Blick auf die Altersstruktur der Gäste sagen. Von 18 bis 80 sind alle vertreten. Uwe (Jahrgang 1942) ist Stammgast in der *Silberquelle*, gern zusammen mit Inge (Jahrgang 1954). Sie genießen den Klönschnack mit anderen Leuten und mit Kai, der sich trotz des Trubels immer Zeit für ein Gespräch nimmt. *„Ich komme aus Köln“*, erzählt Inge, *„da sind alle locker drauf, ich war so froh, als ich 2006 die Silberquelle entdeckte, hier passt die Stimmung und die Atmosphäre, das gibt es sonst nicht.“* Der Wirt, der macht was aus, da sind sich beide sicher. Uwe genießt besonders lange Sommernächte in der *Silberquelle*, *„wenn draußen die Sonne wieder aufgeht, sich dann durch die ruhige Stadt auf den Weg zum Sonntagsfrühstück zu machen – herrlich.“*

Einfach mit anderen ins Gespräch kommen, der Vierarmetisch macht´s möglich.

Gute Laune und gute Gespräche sind garantiert in der *Silberquelle.*

Vom Rotlicht- zum Kultviertel: Die Anwohner werden aktiv

Mittlerweile schlendern die Braunschweiger auch wieder gern durch die Friedrich-Wilhelm-Straße, denn das Viertel hat erneut sein Gesicht verändert. 2007 schlossen sich einige Geschäftsleute, Ladenbetreiber und Anwohner der Fri-Wi zusammen, wie die Friedrich-Wilhelm-Straße von ihnen genannt wird. Ihr Ziel ist eine Aufwertung des Viertels. *„Wir waren es leid"*, erinnert sich Jürgen Wolf, damals der Besitzer der Post-Apotheke, *„ständig mussten wir lesen, Rotlichtviertel, Drogen, Schlägereien."* Das negative Image nervt sie nicht nur, sie empfinden es auch als geschäftsschädigend. Für viele Läden finden sich keine Mieter mehr, manche Räume gammeln vor sich hin, die Straße wirkt leb- und lustlos. Sie gründen zusammen mit anderen Initiativen die Interessengemeinschaft Friedrich-Wilhelm-Viertel e.V. und starten verschiedene Aktionen. Eine davon, erinnert sich Jürgen Wolff, ist das Konzept „Zwischennutzung", leer stehende Läden werden für einige Zeit unter anderem von Künstlern genutzt, außerdem entsteht die „Raumbörse". Die Kreativen der Stadt sollen angelockt werden. Es gibt immer wieder Ausstellungen im und über das Viertel, witzige Aktionen wie Speaker's Corner, Musik- und Food-Festivals, Kunstaktionen und vieles mehr. Beharrlich sprechen die Akteure erst vom „Kreativviertel", dann wird daraus das „Kultviertel", was die Presse auch irgendwann übernimmt. Mittlerweile gibt es im Sommer Open-Air-Konzerte wie bei der Kultviertelnacht oder dem Okerinsel Festival. Kultviertel-Vorstandsvorsitzender Falk-Martin Drescher beobachtet, dass sich seit einigen Jahren eine junge, hippe Szenegastronomie ansiedelt. *„Die Bruchstraße, das Rotlicht, was einst Geschäftsleute vertrieben hat, zieht jetzt an, denn es gehört zur DNA des Viertels und macht das besondere Flair des Kiez aus."* Diese einzigartige Mischung die ist es auch, die Optiker Reinhard Pompe dort hält. Er hätte den Standort wechseln können, ist aber bewusst geblieben. *„Denn das hier ist doch jetzt das urbane Zentrum, ein bisschen schräg, ein bisschen bunt, einfach kultig"*, sagt er. Er hofft, die positive Entwicklung hält an.

Phänomenal: Die Mehrgenerationen-Disco

Das gibt es in Braunschweig so nicht ein zweites Mal: Eine Disco, in der die Generation der Töchter und Söhne auf die ihrer Mütter und Väter trifft – oder eben auch nicht. Kai Fahim hat das eine oder andere Mal Telefonate mitbekommen, der Tenor der Teenies: *„Ich bin jetzt hier, kommt bloß nicht mehr vorbei ...“* Auch umgekehrt rufen Eltern ihre Kinder an und informieren, *„bis ein Uhr sind wir hier“*. Wenn es nicht gerade um die eigenen Eltern oder Kinder geht, genießen alle Gäste diesen Altersmix. Er ist ein Alleinstellungsmerkmal der *Silberquelle*, in anderen Clubs trifft man auf relativ homogene Altersgruppen. In der *Silberquelle* ist das anders, dieser Mix aus Jung und Alt funktioniert nicht nur, er wird auch von den Gästen gern lobend erwähnt. Alle schätzen es, mit unterschiedlichen Generationen ins Gespräch zu kommen oder Spaß zu haben. Gabi und Michael sind gern in der *Silberquelle*, weil sie dann an Gabis Vater, Jahrgang 1929, und ihre Tante, Jahrgang 1931, denken. *„Sie haben häufig von der Silberquelle erzählt, sie haben geschwärmt und hier gern Eis gegessen oder Kaffee und Kuchen – und jetzt sind wir auch hier.“*

Eine zweite Bierzapfanlage steht in einer kleinen Bude auf dem Hof, niemand soll lange auf sein Bier warten müssen.

Echt jetzt? Noch ein Gedicht auf die *Silberquelle*

Wer hätte das gedacht, dass die *Silberquelle* auch in den 2000er-Jahren Gäste inspiriert, zu dichten. Im virtuellen Gästebuch hinterließ 2010 Stammgast Burghard folgende Zeilen:

Der Pavillon

In der Löwenstadt gibt es ein kleines Eck,
unscheinbar, fast schon wie ein Versteck.
Auf der Straße hetzen Menschen vorbei,
zu Fuß, im Auto, in den Linien fünf und drei.

Doch weicht der Tag dem Abendstern,
strömen die Gäste von nah und fern,
jung und alt auf „Neuer Welle“
treffen sich in der Silberquelle.

Dieser Pavillon ist ganz famos,
klein gehalten und doch „Groß“.
Menschen strömen hier herein,
ist der Raum auch noch so klein.

Eine Glitzerkugel spendet Licht,
eine Tanzfläche, die gibt es nicht.
Hier steht der „Einsame“ in der Menge,
schwingt sein Tanzbein im Gedränge.

Inzwischen fährt die letzte Bahn,
dort ist „Fülle" eine Qual.
Im Pavillon, dicht an dicht,
stört das Gedränge nicht.

Das, was draußen als störend empfunden,
wird hier als Harmonie mit eingebunden.
Die Gäste verharren die ganze Nacht,
hier geht nur die Zeit, die ständig wacht.

Stimmung verbreiten zwei Plattenteller,
darum dreh'n sich alle immer schneller.
Gut aufgelegt ist auch DJ Kai,
bis zum Schlussakkord, GoodBey!

Noch einmal: „Ich liebe das Leben".
Mehr kann man nicht geben!
In der Stadt erklingt ein schöner Ton,
dieser kommt aus Kai's Pavillon.

Danke und alles Gute für Euer Team!

Burghard und sein Talent Verlag Team

Stammgäste hat die *Silberquelle* viele. Auch Maren ist ein Fan von Kai Fahim. „*Er passt auf einen auf*", sagt sie, die als Single kommt und gern tanzt. „*Es gibt kaum Läden, wo man als Frau allein hingehen kann*", erzählt sie, „*aber hier geht das, denn wenn hier ein Mann eine Frau blöd anmacht, dann kann man das Kai sagen, der kümmert sich, der schmeißt auch mal einen Gast raus, wenn der sich nicht benehmen kann.*" Sie entdeckte die *Silberquelle* 2009 eher zufällig. Sie war in einer Disco in der Nähe, dort eskalierte ein Streit, danach herrschte aggressive Stimmung. „*Eine Freundin schlug vor, lass uns abhauen und in die Quelle gehen.*" Seitdem ist sie Stammgast. „*Hier herrscht nie aggressive Stimmung, hier ist gute Laune angesagt.*"

Gute Stimmung bis in den nächsten Morgen hinein.

Tanzen verbindet: Hochzeit im Pavillon

Leute kennenlernen, das ist in der *Silberquelle* leicht, Musik und Sprüche von Kai Fahim sorgen für gute Laune. Manche haben dort schon die Liebe ihres Lebens getroffen. Claudia und Alex zum Beispiel haben sich am 2. Oktober 2008 in der *Silberquelle* kennengelernt und sind ein Paar geworden. Diesen Kennlerntag haben sie immer zelebriert, natürlich in der *Silberquelle*. Sie haben das nebenbei mal Kai erzählt, und der überrascht sie am zehnten Jahrestag mit einem Geschenk, gravierten Gläsern und einem Glas Sekt.

Julia und Bastian haben sich nicht nur in der *Silberquelle* kennengelernt, sie haben dort auch geheiratet und das mitten im Lockdown. Das war nicht einfach zu organisieren, aber unvergesslich schön.

Das erste Mal aufeinander getroffen sind Julia und Bastian am 9. Februar 2016. Sie reden, lachen, tanzen zu Fury and the Slaugtherhouses Lied *„Time to wonder"* und tauschen Telefonnummern aus. Als spät in der Nacht Julia etwas *„schwächelt"*, rät Bastian ihr, *„trink mal einen Gin Tonic, der bringt dich wieder nach vorn"*. Julia ist baff, diesen Spruch macht sonst immer ihre Freundin. Bastian ist baff, als er hört, wie Julia daraufhin zu ihm sagt: *„kannst du mich bitte heiraten"*. Ganz so schnell geht das zwar nicht ...

… aber in den folgenden Tagen und Wochen werden Julia und Bastian ein Paar, 2018 kommt Töchterchen Jolanda auf die Welt und Basti sagt irgendwann *„Ja"*. Am 9. Mai 2020 soll in einer Dorfgaststätte im Elm die Hochzeit gefeiert werden, und ein Abstecher in die *Silberquelle* ist auch geplant. Lockdown und Abstandsregelungen machen eine große Hochzeitsfeier aber plötzlich unmöglich. Julia und Bastian planen neu, auf alle Fälle soll der Hochzeitstanz in der *Silberquelle* stattfinden. Mitten im Lockdown muss dafür eine Erlaubnis eingeholt werden. Nach ein paar Telefonaten und Mails kommt vier Tage vor der Hochzeit die erfreuliche Information des Ordnungs- und Gesundheitsamtes: *„Das geplante Vorhaben kann aus Infektionsschutzsicht in der geschilderten Form stattfinden, Schwerpunkt ist hier die Berufsausübung des Fotografen, die nach der geltenden Corona-Verordnung zulässig ist.*

Wichtig ist, dass ein Getränkeausschank seitens des Lokals nicht stattfindet. Die Gäste müssen sich außerhalb des Lokals aufhalten unter Einhaltung der Abstandsregeln. Vor dem Hintergrund, dass die aktuell geltende LandesVO lediglich bis zum 6. Mai 2020 gilt, erscheint die Anwesenheit der Trauzeugen und Geschwister (6 Personen, je zwei aus einem Haushalt) draußen vertretbar. Mit freundlichen Grüßen und den besten Wünschen für Ihre anstehende Hochzeit."

Am 9. Mai 2020 heiraten Julia und Basti im romantischen Palmenhaus in Destedt, anschließend machen sich die frisch Vermählten, die Trauzeugen und der Fotograf auf den Weg in die *Silberquelle* zum Hochzeitstanz.

Julia und Bastian haben natürlich Gin Tonic dabei, auch alkoholfrei, denn Julia ist schwanger mit Buddi. Kai legt auf, für den Hochzeitstanz haben sie sich Nathaniel Rateliff & the Night Sweats mit ihrem Hit *„I'd be waiting"* ausgesucht, danach *„Time to wonder"*. Dieses Lied mögen die beiden eigentlich gar nicht so sehr, aber sie finden, es gehört zu ihrem großen Tag ebenso dazu wie die *Silberquelle*. Als sie sich im Takt dieser Musik langsam drehen, passiert etwas gänzlich Unerwartetes: Erinnerungen kommen hoch und damit das Gefühl, was für ein Glück sie hatten, sich hier zu treffen… dass sie ein Taschentuch beim Hochzeitstanz brauchen könnten, damit hatten sie nicht gerechnet.

Das Team: Einer für alle, alle ...

Wenn Kai Fahim das Herz der *Silberquelle* ist, dann ist das Team von Servicekräften der Herzschlag, der Motor. Das Erstaunliche ist, dass viele von ihnen auch in einem anderen Job arbeiten oder zielstrebig studieren. Trotzdem sind sie häufig an den Wochenenden in der *Silberquelle* im Einsatz, zapfen Bier, mixen Longdrinks und hauen sich die Nächte um die Ohren.

Die Zwillinge Jana und Daniela sind seit 2015 dabei. Sie sehen sich so ähnlich, dass manch ein Gast schon nach dem zweiten Bier dachte, er habe Halluzinationen ... Sie arbeiten in der Woche als sozialpädagogische Familienhelferinnen und manchmal Freitag oder Samstag im Tandem in der *Silberquelle*, aber das fühle sich nicht nach Arbeit an, sagen sie. *„Die Gäste feiern, sind gut drauf, und wir können einfach so dabei sein und bekommen auch noch Geld dafür"*, lacht Jana. Natalie kommt extra aus Hannover mit dem Zug, sie studiert dort Wirtschaftswissenschaften. Meist fährt sie erst mit dem Zug gegen 6 Uhr wieder zurück. *„Klar, das ist anstrengend, aber der Job hier macht mir Freude, auch weil ich Jana und Daniela häufiger sehe, wir kennen uns seit der Schulzeit."* Christian ist von Montag bis Freitag in der kaufmännischen Abteilung eines Modekonzerns tätig, in der *Silberquelle* darf er auch mal Platten auflegen. *„Das ist cool, und cool ist auch diese Gaststätte, diese Form und die Geschichte dazu, k'asse."* Alle, die dort arbeiten, schwärmen von Kai, der guten Stimmung im Team und den überwiegend netten Gästen. Das alles zusammen motiviere sie, seit Jahren ab und an die Nacht zum Tag zu machen.

Kai Fahim und sein Dreamteam.

Safety first: Kameras und Türsteher

Aber nicht alle Gäste haben nur gute Laune im Gepäck, manch einer auch Getränke. Diese Erfahrung macht Kai Fahim sehr schnell. *„Ich fand da Weinflaschen auf dem Gelände oder in den Toiletten"*, erinnert er sich. *„Besonders dreist war ein Gast, der eine mitgebrachte Bierflasche auf die Theke stellte und sich ein Lied wünschte."* Kai erkennt, wenn er so ein Verhalten nicht unterbindet, kann er den Laden bald dichtmachen. Schon 2007 organisiert er einen Türsteher, der ein Auge auf die Gäste und mögliche Mitbringsel hat. Wer wie ein Halm im Wind schwankt, weil er zu betrunken ist, dem empfiehlt er freundlich den Heimweg.

Ein Türsteher, in der Regel ein durchtrainierter junger Mann, ist auch ganz hilfreich, wenn es darum geht, Regeln einzuhalten und Regelbrecher vor die Tür zu setzen. Das sei aber nur selten nötig, so Kai Fahim, es habe sich rumgesprochen, dass in der *Silberquelle* konsequent gehandelt wird.

Regel Nr. 1.:
Wer Kai Fahim oder eine Servicekraft fragt, *haste mal was für die Nase* oder *haste was zu rauchen*, dessen Zeit ist in der *Silberquelle* abgelaufen. *„Drogen haben hier nichts zu suchen"*, sagt Kai Fahim. Wenn er sieht, dass jemand plötzlich torkelnd von der Toilette kommt, fragt er nach: *„Was ist los, hast du was genommen?"*

Regel Nr. 2.:
Wer Frauen verbal oder handgreiflich belästigt, der ist schneller draußen, als er sich entschuldigen kann. *„Das geht gar nicht, keine Diskussion."* Auch da ist Kai Fahim sehr klar.

Regel Nr. 3.:
Wer anfängt, zu pöbeln, den verwarnt Kai Fahim via Mikro: *„Der Einzige, der hier schreien darf, bin ich. Bitte Respekt gegenüber allen Gästen!"* Wenn danach kein Frieden herrscht, wird der Unruhestifter vom Türsteher nach draußen begleitet.

Aber Kai kann seine Augen und Ohren nicht überall haben, darum gibt es zur Unterstützung einige Kameras. Sie sind im Gastraum und auf dem Freigelände platziert, auch eine Alarmanlage gibt es. *„Sehr nützlich, das alles"*, grinst er. Schon mancher, der Verbotenes tat, wurde anhand der Aufzeichnungen geschnappt. Die Aufnahmen der Kameras werden auf einem Server gespeichert, gibt es einen Vorfall kann die Polizei das Material sichten. Wie zum Beispiel jüngst an einem Silvesterabend: Gegen 20 Uhr wollte ein Mann in die *Silberquelle* einsteigen. Es war noch niemand vor Ort, und er schlug eine Scheibe ein. Womit er nicht gerechnet hatte, war, dass die *Silberquelle* mit einer Alarmanlage gesichert ist. Er suchte das Weite und wurde von mehreren Kameras dabei gefilmt. Auch Kai Fahim war alarmiert und rief die Polizei. Die Aufzeichnungen der Kameras sorgten für ein gutes Portrait. Das wurde an die Streifenwagen verteilt – um 23 Uhr war der Täter geschnappt und verbrachte den Jahreswechsel in der Haftzelle.

Sehr gute Dienste leisteten die Kameras auch, als ein Duo in der Kneipe einen Beutezug unternahm. Sie hielten fest, wie ein Mann eine Frau in ein Gespräch verwickelte, unbemerkt ihre Tasche an sich nahm und ging. Dabei nickte er einem anderen Mann zu, das Zeichen zum gemeinsamen Aufbruch nach erfolgreicher Aktion. Auch in diesem Fall konnte die Polizei die beiden Diebe ein paar Tage später ermitteln.

Corona: Keine Zeit, den Blues zu blasen

2020 stoppt die Pandemie die Partystimmung. Ab 22. März ist Lockdown angesagt, nichts geht mehr im Pavillon. Kai Fahim denkt zuerst, endlich mal auszuspannen. „*In den vergangenen 15 Jahren gab es für mich nur fünf freie Wochenenden.*" Doch dann sieht er eine Chance. „*Ich hätte sonst nie die Zeit und die Mittel gehabt, die Silberquelle aufzuhübschen.*" Coronahilfen und die Unterstützung der Vermieter machen es möglich.

Mehr als sieben Monate Schrauben, Sägen, Schleifen, Streichen, alles in der *Silberquelle* wird verändert oder überarbeitet. Auch der Fußboden bekommt neuen Glanz, als begeisterter Segler kennt Kai Fahim sich mit strapazierfähigen Lacken aus. Er ist handwerklich sehr geschickt, die Ausbildung zum Betonbauer ist nützlich. Den neuen Look der *Silberquelle* entwirft er zusammen mit seinem Bruder, Guido Amin Fahim, der war Leiter der Requisite am Braunschweiger Staatstheater und ist es jetzt an der Staatsoper Hamburg, außerdem ist er Szenenbildner für zahlreiche Film-, Fernseh- und Werbeproduktionen. Statt knallbunter Decke sind edles Schwarz und glitzerndes Silber sowie eine raffinierte Beleuchtung angesagt. In die Theke integriert Guido Amin Fahim fantasievolle Wasserpanoramen sowie Anspielungen auf die Kunst. Das ist ein komplett neuer Look, ob die Gäste ihn mögen werden? Kai Fahim öffnet einige Tage nach der offiziellen Corona-Erlaubnis, er will nicht nur die neue Freiheit, sondern auch den 71. Geburtstag der *Silberquelle* am 4. Juni 2020 feiern. Einige Gäste bringen Kai Geschenke wie einen Kuchen mit Kerzen, eine Jubiläumskarte oder Blumen. Es geht mal wieder sehr familiär zu. Kai Fahim erntet viel Zuspruch für das neue Design.

Corona: Zeit für eine Modernisierung, der Chef legt selbst Hand an, alles wird neu gestrichen und die *Silberquelle* bekommt einen neuen Look.

Tradition leben: Partytime am 4. Juni

Die Geschichte der *Silberquelle* hat Kai Fahim von Anfang an interessiert. Er ist es auch, der an die Geburtstage des Pavillons denkt und immer wieder an die Eröffnung am 4. Juni erinnert. Bei runden Geburtstagen spielen Bands, und es wird über mehrere Tage gefeiert.

2009 kommt Kai Fahim auf die Idee, eine Dokumentation zur Geschichte der *Silberquelle* errichten zu lassen. Zur gleichen Zeit bauen die Gastwirte Oliver Strauß und Tim Lemke, die mittlerweile den ehemaligen Luftschutzbunker gekauft haben, ihre Diskothek *Alm-Max* in *The Lindbergh Palace* um. Auch der Eingang wird versetzt und zwar direkt an die Seite des Bunkers, unmittelbar dem Grundstück der *Silberquelle* gegenüber. Dazu muss in der meterdicken Bunkerwand eine Öffnung geschaffen werden. Als die Tür eingesetzt ist, lässt sie sich nicht vollständig öffnen. Aus Sicherheitsgründen muss sie nach außen aufgehen, weswegen sie gegen den erhöhten Bordstein des Grundstücks der *Silberquelle* stößt. Zur Erklärung: Die Grundstücke *Silberquelle* sowie Villa Amsberg sind höher gelegen als das Bodenniveau des Bunkers. Das kann man heute auch noch gut vom Fußweg aus sehen.

Die einzige Tür zur neuen Disco geht also nicht auf und hätte wieder zugemauert werden müssen, wenn wir, die Vermieter, nicht einen kleinen Streifen überlassen hätten. Der wird dann abgetragen, und somit war das erste Problem gelöst. Das zweite betrifft Kai Fahim, er will nicht mehr, dass Gäste der Bunker-Disco auf seinen Freisitz urinieren. Er reklamiert für sich eine Trennwand zwischen Discoeingang und der *Silberquelle*, und weil die Gastronomen nachbarschaftlich verbunden sind, spendieren sie die Wand als Abtrennung und als Möglichkeit für eine Dokumentation.

Der 70. Geburtstag mit Live-Musik.

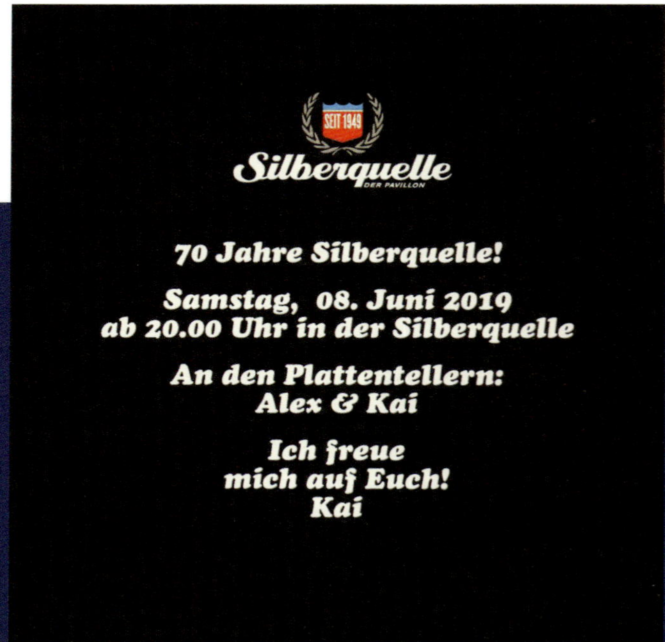

Die Dokumentationswand zur *Silberquelle* ist bei Gästen und Stadtführern sehr beliebt.

Ein kurzer Text und viele Bilder aus den Anfängen der *Silberquelle* sind zu sehen, und es passiert häufig, sagt Kai Fahim, dass Gäste nachfragen, ob er nicht noch mehr über das Schicksal von Gertrud und Joachim Gorille weiß. Mittlerweile gehört die Dokumentationswand zum festen Stopp der Braunschweiger Stadtführer.

Seine Liebe zur Tradition demonstriert Kai Fahim auch immer wieder mit entsprechend bedruckten Shirts und Hoodies mit dem Logo der *Silberquelle* und Slogans wie „*Silberquelle. Der Pavillon seit 1949*". Auch den holprigen Satz aus einer Anzeige von Gertrud und Joachim Gorille am 1. November 1955 lässt er auf T-Shirts für die Mitarbeiter drucken: „*Dienst am Kunden = Vertrauen und Zufriedenheit. So soll es bleiben.*"

Ein gutes Trio: Pächter Kai Fahim, Eigentümerin Claudia Gorille und ihr Ehemann Dr. Hans-Joachim Fauter.

Epilog und letzte Worte

Was würden Gertrud und Jochen sagen?

Wenn Gertrud und Joachim Gorille heute noch leben und an einem Wochenende die *Silberquelle* besuchen würden, was würden sie sagen? Ich denke, sie wären hocherfreut, dass die *Silberquelle* noch immer existiert, 75 Jahre, nachdem sie sie am 4. Juni 1949 eröffnet haben. Ich sehe sie als Erstes vor der Dokumentationswand stehen, wie sie auf die alten Fotos blicken und die große Wertschätzung genießen. Meine Mutter hebt die Hände mit einer leicht theatralischen Geste vor den Mund und sagt: *„Nein, das gibt's doch nicht! Jochen! Guck mal!"* Und Jochen nickt anerkennend: *„Ja, toll, all die Fotos aus unserem Album."* Dann begutachtet er mit kritischem Blick den Pavillon. *„Es hat sich aber doch viel verändert, lass uns mal reingehen."* Gertrud mit leicht erhöhter Stimme: *„Himmel, so viele Menschen. Ich gehe da nur rein, wenn du mit mir tanzt."* Jochen verzieht die Mundwinkel und zwinkert dem jungen Kellner zu: *„Zwei Bier bitte, wir bleiben erst mal hier draußen."* Die beiden gehen ein paar Schritte zu einem der Tische auf dem Freisitz, das Bier kommt, sie prosten sich und den anderen Gästen zu und tauchen nach ein paar Schlucken ein in die neue *Silberquelle*. Sie beobachten und stellen fest, dass sich äußerlich vieles verändert hat, aber sie bemerken auch, dass eines unverändert geblieben ist: das, was man heute *„Spirit"* nennt und Gerdi mit *„das ist immer noch nett hier, erinnert mich an uns"* kommentiert. Sie diskutieren über Gemeinsamkeiten und Unterschiede. Nach wie vor ist der Kunde König, der Gast wird bedient, kann sich entspannen, sich wohlfühlen. Der Wirt lehnt nicht an der Theke und lässt sich von den eigenen Leuten bedienen, er packt mit an und hat trotzdem Zeit für einen Schwatz. Sie bilanzieren, dass Gastfreundschaft zu spüren ist und dieses ihnen vertraute Stück Geborgenheit. In der Anfangszeit der *Silberquelle* lag die Stadt in Trümmern, manche Existenz ebenfalls, und die Zukunft schien ungewiss. Heute wird die Welt immer komplexer und unübersichtlicher und damit auch die Zukunft. Beide finden, die Zeiten sind gar nicht so unterschiedlich. *„Ach"*, sagt Jochen erstaunt, *„es werden Platten aufgelegt, haben die alle Sehnsucht nach früher?"* Gerdi überlegt. *„Ich glaube schon, nach früher im Sinne von Heimat, die gute alte Zeit, das verbinden sie vielleicht mit den Platten."* Jochen schaut auf die vielen fröhlich quatschenden Gäste. *„Nettes Publikum hier, darauf trinken wir noch einen und auf die Zukunft der Silberquelle."* Joachim und Gertrud Gorille kämen sicherlich häufiger.

Dezember 1976

Gertrud und Joachim Gorille, 1955, Urlaub in der Schweiz.

Fazit der Spurensuche

Ich hatte die Briefe meiner Eltern bisher nicht gelesen, nicht weil ich keine Lust dazu hatte, sondern weil es mir zu privat vorkam, schließlich waren es ihre Liebesbriefe. Rund 400 Stück, alle abgeheftet in Ordnern. Meine Mutter war halt sehr ordentlich. Ich weiß, dass ich sie in die Hand nehmen darf, meine Mutter hat sie mir lange vor ihrem Tod gezeigt und gesagt: *„Wenn du mal Lust hast, kannst du sie gern lesen."*

Gleichzeitig sind es weit mehr als Liebesbriefe, es sind berührende Zeitdokumente und ich bin froh, dass ich endlich weiß, was in ihnen steht. Ich habe in ihren Zeilen meine Eltern neu entdeckt. Ich kannte viele ihrer Erlebnisse im Krieg nicht. Mir war auch nicht klar, welche Freude sie am Skifahren hatten, dass sie in Oberstdorf Kurse belegt haben. Meine Mutter auf Skiern?! Ich war außerdem sehr gerührt, wie innig Gerdi und Jochen einander verbunden waren, wie sie sich in Krisen gegenseitig gestützt haben, welche mitfühlenden und tröstenden Worte sie füreinander fanden.

Ich kann erst jetzt richtig würdigen, was sie nach dem Krieg geleistet haben und bin erstaunt über das Durchhaltevermögen meines Vaters und die Tatkraft meiner Mutter. Ich wusste, dass meine Mutter eine resolute Frau war, aber dass sie so mutig und zupackend im Geschäftsleben stand, das nicht. Ich habe auch erkannt, wie wichtig meinem Vater der Austausch mit ihr war. Die beiden waren ein starkes Team, jeder mit unterschiedlichen Stärken. Besonders gefreut hat es mich, wie humorvoll die beiden miteinander auch in ihren Briefen umgegangen sind.

Warum die *Silberquelle* in der Nachkriegszeit und jetzt wieder so erfolgreich ist, ist mir ebenfalls klar geworden. Es sind keine kosmische Linien, die die Menschen dort hinziehen. Es ist die entspannte Atmosphäre und die Möglichkeit, den Alltag abzustreifen, einige Stunden zu feiern, als gäbe es kein Morgen, andere Menschen zu erleben, zu treffen, Freude zu empfinden. Es geht nicht um Gesehen und Gesehen werden, auch nicht darum, mit irgendetwas anzugeben. In der *Silberquelle* geht es nicht um Statussymbole, sondern darum, mit anderen Spaß zu haben, sich gut zu unterhalten, sich vielleicht auch mal mit Fremden auszutauschen.

In der Nachkriegszeit wollte man der Enge zu Hause entkommen, der überfüllten, zugewiesenen Wohnung oder dem Notquartier. Man wollte den Staub und die Zerstörung für ein paar Momente vergessen und eintauchen in eine heile und gemütliche Welt. Ernste Gespräche führen oder nur rumblödeln, einen gepflegten Skat und auch gutes Essen genießen. Dafür bot die *Silberstube* den perfekten Rahmen.

Auch heute geht es um kleine Fluchten. *We do not have wifi, talk to each other*. Das steht auf dem Schild über dem Eingang zum Pavillon, und das genießen die jungen wie älteren Besucher, reden, scherzen, Leute treffen, eine Zeit das Chaos rundherum vergessen und eintauchen in eine friedvolle, feierfreudige Welt. Tanzen, singen, einfach loslassen, Gemeinschaft spüren, das geht bis heute in der *Silberquelle*.

Danksagung

Ich habe das Manuskript in den verschiedenen Entstehungsphasen an Freundinnen und Freunde geschickt. Ohne ihre ehrlichen und kritischen Rückmeldungen wäre das Buch in der vorliegenden Fassung nicht entstanden. Ihre wertvollen Ratschläge und vor allem ihre Fragen gaben mir eine wichtige Orientierung und spornten meine Recherche an. Darum ist es mir eine Herzensangelegenheit, mich für die vielfältige Unterstützung zu bedanken.

Erika Weber, sie las das Manuskript in einer „mittleren" Phase, in der ich dachte, ich hätte es bald geschafft. Sie aber machte mich auf so viele Themen aufmerksam, die es noch zu vertiefen galt, dass ich entsetzt sagte, das schaffe ich nie, alles zu recherchieren. Sie machte mir aber Mut und gab noch eins drauf: den Sehnsüchten der Menschen damals und heute sollte ich außerdem nachzuspüren.

Dr. Uwe Day, ein Historiker mit Leidenschaft und enorm viel Wissen. Er hat eine gesellschaftsgeschichtliche Sicht auf die Dinge und vermittelte mir sehr anschaulich das Lebensgefühl in den jeweiligen Jahrzehnten. Außerdem hat er meinen Blick auf die Braunschweiger Wirtschaftslandschaft mit all ihren Umbrüchen und Folgen entscheidend gelenkt.

Hans Stallmach, er achtete sehr auf Zeit- und Gedankensprünge und markierte, wenn ein Kapitel zu abrupt endete. Er ermutigte mich zu mehr persönlichen Einschüben und Gedanken und wollte auch mehr über die „Haltung und Werte der Gorilles" wissen. Sehr korrekt bemerkte er, dass man nur Kirchen „einweiht" und nicht auch zum Beispiel ein Freibad.

Dr. Andreas Döring, er las das Manuskript im Anfangsstadium und schrieb mir liebevoll formuliert, dass meine persönlichen Erinnerungen mitunter schwer verständlich seien, dass es aber auch nicht leicht sei, seit Jahren bestehende Assoziationen für andere nachvollziehbar zu kommunizieren. Er riet mir: „Schwere Dinge musst du machen mit leichter Hand." Der hat gut reden, dachte ich, aber er hatte so Recht mit seiner Kritik.

Sabine Kobes, sie schaute mit einem Blick aus der Ferne (Hamburg), und plädierte für mehr Orientierung bei Straßen und Plätzen und wünschte sich einen Stadtplan mit den wesentlichen „Spielorten". Wie auch Erika Weber fehlte ihr der Bogen zu meinen Eltern am Ende des Buches, den Hauptpersonen. Was würden sie denn sagen, wenn sie jetzt in die *Silberquelle* kämen? Gute Idee!

Auch Historiker nahmen sich Zeit für das Manuskript. **Benedikt Einert** las den allerersten Entwurf zu den 1940er-Jahren und glaubte trotzdem an ein gutes Ende. Er kommentierte höflich, dass alles etwas atemlos wirke und dass viele zeitliche Sprünge das Lesen erschwerten – er legte den Finger in viele Wunden, aber so, dass es nicht wehtat und ich motiviert ans Werk ging. **Reinhard Bein**, der schon viele Bücher über Braunschweig in der Nachkriegszeit publiziert hat, vertiefte sich in eine spätere Fassung der 1940er-Jahre, fand kleine Fehlerchen und erzählte einprägsam über die schwere Nachkriegszeit, die Wohnungsnot und die Situation der Zwangsarbeiter. **Regina Blume**, die eine umfassende und beeindruckende Biografie über Martha Fuchs, Braunschweigs Oberbürgermeisterin 1959, geschrieben hat, fiel nicht nur ein Fehler im Rezept „Kalter Hund" auf, sondern auch Wiederholungen, und sie riet, die Rolle der Frau in den 1950er-Jahren zu vertiefen.

Sehr herzlich bedanken möchte ich mich auch bei **Zeitzeugen**, die für die Rekonstruktion der Geschichte der *Silberquelle* von unschätzbarem Wert waren: **Frieda Burgdorf**, **Ruth Goronczewski**, **Anita Liebegeld**, **Sigrid Maluche** und **Hans-Herbert Wiegandt** haben mir über ihre Arbeit und die Atmosphäre in der *Silberquelle* berichtet. Ohne ihre vielen bildhaften Erinnerungen hätte ich Abläufe und Gertrud und Joachim Gorille als „Chefs" nicht so detailliert beschreiben können. Mithilfe von **Gerhard Hartmann** kam ich dem Erfolg der Bratwurst in der *Silberquelle* auf die Spur, ohne Maler **Horst Beher** hätten wir nie erfahren, dass der Pavillon mit Silberpulver beschichtet war, und Elektriker **Hans-Peter Menzel** richtete meinen Blick nach oben, auf die Belüftung der *Silberstube*.

Der Journalist **Eckhard Schimpf** wusste ebenfalls die eine oder andere Geschichte zur *Silberquelle*. Außerdem erzählte er mir ausführlich und sehr facettenreich über die Nachkriegszeit in der Stadt, wie es aussah, wie es roch, was man hörte. Sein Gedächtnis für Ereignisse und Personen ist phänomenal. Auch der Künstler **Professor Gerd Winner** konnte die Feuernacht über Braunschweig aus eigenem Erleben schildern und mir das Lebensgefühl zwischen Trümmern vermitteln.

Über sehr viel Wissen verfügen die Mitglieder der **Stiftung Eisenbahn Archiv Braunschweig**: **Christian Ernst**, **Manfred Kühn** und **Dr. Hans-Georg Ahrens** konnten mir genau sagen, wann nach Kriegsende welche Straßenbahn, welcher Bus und welcher Zug wieder fuhr. Dank ihrer sachkundigen Hinweise konnte ich mir einen guten Überblick über die Situation rund um den Bahnhof machen.

Von unschätzbarem Wert waren auch die Informationen der **Heimatpfleger Elmar Arnhold** und **Heiko Krause** sowie des **Stadtführers** Thomas **Baumgarten**. Ihre Beschreibungen halfen mir, den stetigen Wandel des einstigen Bahnhofsviertels zu erkennen.

Auch allen hier nicht erwähnten Gesprächspartnerinnen und Gesprächspartnern möchte ich ausdrücklich dafür danken, dass sie sich für mich Zeit nahmen und ihr Wissen mit mir teilten. Es sind so viele Bausteine, die jetzt ein Bild rund um die *Silberquelle* vermitteln.

Wichtig waren auch die **„Motivatoren"**. Ich hatte am Anfang nicht geahnt, auf was für eine zeitintensive Recherche ich mich begeben würde. Ihre Worte und Taten halfen mir, das Projekt „durchzuziehen". **Tobias Henkel** brachte alles ins Rollen. Auf einem Sommerfest der Stadt überraschte er mich mit den Worten: „Schreib ein Buch über die *Silberquelle*, das ist Braunschweiger Nachkriegsgeschichte!" – Wochen später fragte ich nach: „Meinst Du das wirklich ernst?". Er blieb dabei, und so fing ich an, die alten Akten zur *Silberquelle* aus dem Keller in mein Büro zu tragen.

Tobias Hoffmann, mein erster Sponsor! Wir trafen uns auf einem Neujahrsempfang, als er hörte, dass ich ein Buch über die *Silberquelle* plane, äußerte er sich nicht nur begeistert: „Superidee", Mitten im Trubel nahm er mich beiseite, wollte alles ganz genau wissen und plötzlich sagte er, „Klasse, das unterstütze ich als Sponsor". Das Jahr 2023 fing gut an.

Marion Thomsen, zuständig für Kommunikation und Sponsoring bei der Braunschweigischen Landessparkasse, stellte mir beim ersten Treffen zwei Dinge in Aussicht: eine Förderung und die Möglichkeit, das Buch im Alten Bahnhof der BSLK zu präsentieren. Wahnsinn: Bevor das Buch fertig ist, winkt der beste aller Präsentationorte. Eine unglaubliche Motivation.

Ohne das Trio **Doreen Fröhlich** (Lektorat), **Tonia Wiatrowski** (Layout) und **Andreas Reiffer** (Verleger) wäre dieses Buch nicht so – wie ich finde – gut geworden. **Doreen Fröhlich** hat wieder und wieder den Text gelesen, interessante Fragen gestellt, die erneute Recherchen auslösten und wertvolle Informationen zutage förderten. **Tonia Wiatrowski** hat die schwere Aufgabe, die große Anzahl an Fotos und Dokumenten mit dem Text zu verbinden, sehr klug und kreativ gelöst, über mehrere Wochen trafen wir uns in Video-Konferenzen, und ich freute mich immer über ihren Ideenreichtum. **Andreas Reiffer** hat seinen großen Erfahrungsschatz einfließen lassen, war stets an meiner Seite und hat mir das beruhigende Gefühl vermittelt: „alles wird gut". – Ich bin allen dreien für ihr Engagement sehr dankbar.

Sehr dankbar bin ich auch dem Fotografen **Peter Sierigk**. Er hat mich eine Nacht in der *Silberquelle* begleitet und mit seinem Humor, seinem „Draht zu Leuten“ und seiner Professionalität die ausgelassene Stimmung ausdruckstark und authentisch dokumentiert. Ich habe mich sehr gefreut, dass er nicht nur an diesem Abend an meiner Seite war, denn er hat außerdem sehr behutsam viele Repros aus dem alten Fotoalbum von Gertrud Gorille erstellt.

Mein größter Dank geht an **Dr. Hans-Joachim Fauter**, Hansi, mein Ehemann, bester Freund und härtester Kritiker. Ich danke dir für deine sorgfältige und geduldige Lektüre, deine klugen Hinweise und Kommentare wie „zu gefühlsduselig“, die mich gelegentlich erdeten. Du hast mir wochenlang den Rücken freigehalten, mich wunderbar bekocht und immer an das Projekt und mich geglaubt – diese Gefühlsduseligkeit sei an dieser Stelle bitte gestattet.

Und natürlich danke ich besonders meinen Eltern,
Gertrud und **Joachim Gorille**, für ihren Mut, ihre Lebensleistung
und ihre Liebe.

Joachim Gorille 16.03.1916 – 3.01.1977
Gertrud Gorille 25.06.1921 – 29.01.1997

Die Autorin Claudia Gorille

Ich wollte schon immer Journalistin werden. Als Kind war mir das nicht so klar, aber meine Mutter sagte häufig zu mir: *„Sei nicht so neugierig"*. Auf dem Gymnasium – der Ina-Seidel-Schule in Braunschweig – engagierte ich mich in der Schülerzeitung *„Der Maulwurf"*. Mit dem Abitur in der Tasche, schrieb ich Eckhart Spoo von der *Frankfurter Rundschau*, einem meiner Vorbilder. *„Wie werde ich am besten Journalistin, welchen Weg sollte ich einschlagen?"* Er schrieb sinngemäß zurück: *„Studiere, was dir Spaß macht, da lernst schon mal zu recherchieren. Gleichzeitig wirst du älter und sammelst Lebenserfahrung, die ist wichtig für Journalisten."* Ich beherzigte den Rat und studierte Germanistik und Politik an der Technischen Universität Braunschweig sowie der Erasmus Universität Nijmegen (NL) und absolvierte die Staatsexamen I und II.

Meine Mutter redete mit Engelszungen auf mich ein, *„werde Lehrerin, das ist ein krisenfester Beruf"*. Aber einmal Emilia Galotti mit einer 11. Klasse reichte mir. Ich bestand das Bewerbungsverfahren der Axel-Springer-Journalistenschule und volontierte bei WELT, BILD Hannover (dort, wo einst Wallraff undercover tätig war) und bei der BILD am Sonntag. Kurz vor Ende der Ausbildung hatte ich einen Arbeitsvertrag von der Tageszeitung (taz) Berlin in der Tasche, der aber noch vor Antritt der Stelle wieder gekündigt wurde, weil die taz in tiefrote Zahlen rutschte. So kam es, dass ich mich bei Lea Rosh in Hannover bewarb, die damalige NDR-Landesfunkhauschefin suchte eine persönliche Referentin. Lea Rosh bewunderte ich für ihre klare Haltung, ihre Unerschrockenheit. Sie begrüßte mich mit den Worten: *„Also für diese Stelle sind Sie absolut nicht qualifiziert, aber ich wollte Sie trotzdem kennenlernen."* Ich verließ ihr Büro mit einer Empfehlung für das NDR-Studio Braunschweig. Der damalige Leiter, Dr. Klaus Verhey, merkte sofort, dass ich überhaupt nicht wusste, wie man seine Stimme einsetzen kann, ich hauchte mehr, als dass ich sprach, leierte Sätze ohne Betonung runter. Trotzdem durfte ich bleiben und musste mit ihm Gedichte deklamieren.

Anfang der 1990er-Jahre also startete ich beim NDR als freie Mitarbeiterin und wurde einige Zeit später fest angestellt. Als Reporterin, Moderatorin und Redakteurin vom Dienst konnte ich für den Hörfunk (von NDR 1 Niedersachsen bis NDR Info oder andere Wellen der ARD) und das Fernsehen arbeiteten (Hallo Niedersachsen, Tagesthemen). Es war eine wundervolle, abwechslungsreiche, spannende Zeit, und meine Mutter war mächtig stolz auf mich: *„Meine Tochter im Radio, meine Tochter im Fernsehen."* 2002 wurde ich mit dem Medienpreis der Deutschen Umwelthilfe, 2008 mit dem Medienpreis der Volkssolidarität ausgezeichnet. Mehr als zehn Jahre war ich Dozentin für Medien an der TU Braunschweig, der Universität Hamburg und der Ostfalia in Salzgitter. Im August 2022 hörte ich beim NDR auf, um als freie und ungebundene Journalistin tätig zu sein und mein Buch über die *Silberquelle* schreiben zu können.

Quellen

Literaturverzeichnis

Albrecht, Peter: *Cafés in Braunschweig. Eine Zeitreise vom 16. bis ins beginnende Jahrhundert.* Reihe: Braunschweiger Werkstücke. Bd. 124, Wallstein Verlag, Göttingen 2024.

Bein, Reinhard; Vogel, Bernhardine: *Nachkriegszeit. Das Braunschweiger Land 1945 bis 1950.* Materialien zur Landesgeschichte. Döring Druck und Verlag, Braunschweig 1995.

Blume, Regina: Lebensstationen einer Braunschweiger Politikerin. Martha Fuchs (1892 – 1966). Braunschweiger Biographien herausgegeben von der Braunschweigischen Stiftung, Band 4. Joh. Heinr. Meyer Verlag. Braunschweig 2018.

Bode, Sabine: *Die vergessene Generation. Die Kriegskinder brechen ihr Schweigen.* Klett-Cotta, Stuttgart2018.

Bollmann *Trümmerplan: Braunschweig Nr. 1.* Bollmann Bildkarten Verlag, Braunschweig 1949.

Darchinger, Josef Heinrich: *Wirtschaftswunder. Deutschland nach dem Krieg 1952 – 1967.* Taschen Verlag, Köln 2008.

Diestelmann, Dieter: *Braunschweig. Ein verlorenes Stadtbild.* Wartberg Verlag, Gudensberg-Gleichen 1993.

Ehrhardt, Frank (Hrsg.): *Aufbauzeit, Perlonkleid & Tanzvergnügen. Alltag in Braunschweig in den 50er Jahren.* Arbeitskreis Andere Geschichte, Braunschweig 1989.

Erhardt, Timm: *Löhne und Lebenshaltungskosten von Arbeiterfamilien in Schleswig-Holstein 1945-1948.* Dissertation an der Christian-Albrechts-Universität Kiel 2003.

Ernst, Wolfgang: *Überlebensorte. Bunker in Braunschweig von der Planung bis zur Gegenwart.* Appelhans Verlag, Braunschweig 2007.

Fiedler, Gudrun: „Nicht mehr Land und doch Region (1945 – 1989)". In: *Die Braunschweigische Landesgeschichte. Jahrtausendrückblick einer Region.* Herausgegeben von Horst-Rüdiger Jarck, Gerhard Schildt. Appelhans Verlag, Braunschweig 2000.

Gronen, Claudia A: *Der erste Braunschweiger Hauptbahnhof von Carl Theodor Ottmer: ein Hauptwerk früher europäischer Bahnhofsarchitektur.* Hannover, Schlütersche 2002.

Heitefuß, Dieter: *Aus Trümmern auferstanden. Braunschweig und sein Wiederaufbau nach 1945. Eine Bilddokumentation.* Verlag Dieter Heitefuß, Braunschweig 2018.

Heitefuß, Dieter: *Braunschweig GESTERN/HEUTE. Stadtbildveränderungen nach 1945.* Klartext Verlag, Essen 2010.

Höltge, Dieter: *Die Braunschweiger Straßenbahn. Personen-Nahverkehr in Braunschweig.* GeraMond Verlag 2002.

Iken, Katja; Klußmann, Uwe; Schnurr, Eva-Maria: *Als Deutschland sich neu erfand. Die Nachkriegszeit 1945-1949.* Penguin Verlag, München 2019.

Jarck, Horst Rüdiger, Schildt, Gerhard (Hrsg.): *Die Braunschweigische Landesgeschichte. Jahrtausendrückblick einer Region.* Appelhans Verlag, Braunschweig 2000.

Köhler, Edith: *Aufgewachsen in Braunschweig in den 60er und 70er Jahren.* Wartberg Verlag, Gudensberg-Gleichen 2010.

Krause, Heiko: *Eine Multimediale Zeitreise. Vom ersten Staatsbahnhof Deutschlands zum heutigen Ottmerbau.* (Webseite und DVD-Filmcollage). Braunschweig, 2018.

Krause, Karl-Joachim: *Braunschweig zwischen Krieg und Frieden. Die Ereignisse vor und nach der Kapitulation der Stadt am 12. April 1945.* Joh. Heinr. Meyer Verlag, Braunschweig 2005.

Liedke, Karl, Rother, Bernd: *Von der Zuckerfabrik zum Mikrochip: Braunschweigs Industrie von 1850 bis heute.* Dipa-Verlag, 1989.

Marshall, Luitgard: *Aluminium, Metall der Moderne.* oekom Verlag, München 2008.

Pollmann, Birgit (Hrsg.): *Braunschweiger Werkstücke. Schicht – Protest – Revolution in Braunschweig 1292 bis 1947/48.* Reihe A Veröffentlichungen aus dem Stadtarchiv und der Stadtbibliothek. Braunschweig 1995.

Prescher, Rudolph: *Der rote Hahn über Braunschweig. Luftschutzmaßnahmen und Luftkriegsereignisse in der Stadt Braunschweig 1927 bis 1945.* Waisenhaus Verlag, Braunschweig 1955.

Rat und Verwaltung der Stadt Braunschweig: *Braunschweig. Tradition - Trümmer - Aufbau. Bildbericht vom Aufbau einer Stadt.* Waisenhaus Verlag, Braunschweig 1979.

Schimpf, Eckhard: *Braunschweig 1945. Bombardierung Befreiung Leben in Trümmern.* Erinnert und kommentiert von Eckhard Schimpf. *Braunschweiger Zeitung* / Archiv Verlag, Braunschweig 2005.

Schimpf, Eckhard: *Nachts, als die Weihnachtsbäume kamen. Eine ganz normale Braunschweiger Kindheit im Chaos von Kriegs- und Nachkriegszeit.* Delius Klasing Verlag, Bielefeld 2015.

Steffens, Karsten Peter: *Braunschweig. Bewegte Zeiten – Die 50er Jahre.* Wartberg Verlag, Gudensberg-Gleichen 1997

Stiftung Eisenbahn Archiv Braunschweig: *Stadtverkehr in Braunschweig. Mit Wolfgang Illenseer unterwegs in den Wirtschaftswunderjahren.* Braunschweig 2019.

Bildnachweis

Autorin und Verlag haben großen Wert auf die korrekte Fotorecherche und -lizensierung gelegt. Sollten sich dabei trotzdem Fehler eingeschlichen haben, bitten wir um großzügige Nachsicht und eine freundliche Kontaktaufnahme mit dem Verlag.

Peter Sierigk photographie: Vorsatzseite links, S. 59, 60, 119, 121, 122, 124, 125, 126, 130, 133, 137

Claudia Taylor / TAYLOR Photography: S. 6, 131 rechts unten, 141

Klaus Dannöhl / Flying Arms und Andreas Rudolph: S. 9, Umschlag Rückseite

Thomas Sasse Photography: S. 127

Sammlung Stiftung Eisenbahn Archiv Braunschweig, Wolfgang Illenseer, S. 89

Heinz Gramann: S. 132

Stadtarchiv Braunschweig: S. 14, 15, 16, 23, 31 rechts, 32, 33, 37 Mitte, 42 oben, 73 Helmut Illers, 74, 80, 82, 84 Helmut Illers, 94, 96, 97, 108, Nachsatz

Städtisches Museum Braunschweig: S. 37 Mitte

Museum für Photographie Braunschweig: S. 37 oben und unten Nachlass Hans Steffens

Archiv der Bibliothek TU Braunschweig: S.61

Madsack Verlag, Nachfolger Hannoversche Presse (hp): S. 47, Artikel v. 30. April 1949, jeweils undatiert Mai 1949 S. 47, S. 51, 55, 56

Sammlung Eckhard Schimpf: S. 28 rechts

Sammlung Peter Albrecht: S. 17

Sammlung Reinhard Bein: S. 28 links

Sammlung Kai Fahim: S. 116, 118, 120, 128, 129, 131, 132

Sammlung Claudia Gorille: Titelseite, Vorsatzseite rechts, S. 7, 12, 13, 19, 20, 21, 22, 24, 26, 27, 28 Mitte, 29, 30, 31 links, 35, 36, 38, 39, 40, 41, 42 unten, 43, 44, 45, 46, 49, 50, 51 oben, 52, 53, 54, 55, 56, 57, 58, 59, 62, 63, 64, 65, 66, 67, 68, 69, 70, 71, 72, 75, 76, 77, 78, 79, 81, 85, 86, 87, 88, 90, 91, 93, 96, 100, 102, 104, 105, 106, 107, 109, 111, 112, 113, 114, 115, 117, 123, 134, 135, 137, 140 Rücksatz

Ausschnitt aus Bildstadtplan Nr. 1 - Braunschweig 1948 (Trümmerplan), © Bollmann-Bildkarten-Verlag, Braunschweig: Vorsatz, S. 24

Archive und Quellen

Arbeitsamt Braunschweig: Festschrift 1988

Archiv des Staatstheaters Braunschweig

Archiv Städtisches Museum Braunschweig – Originalfilme aus der Historie Braunschweigs

Bauaktenarchiv der Stadt Braunschweig

Braunschweigisches Adressbuch für die Jahre 1940, 1942, 1950, 1952, 1955, 1957, 1959, 1961, 1963, 1965, 1967, 1969, 1971

Braunschweiger Zeitung

Deutsche Bundesbank, Tabelle Kaufkraftäquivalente historischer Beträge in deutschen Währungen

Museum für Kommunikation Berlin, Abteilung Brief- u. Schreibkultur

Universitätsarchiv Technische Universität Braunschweig

Dank an die Sponsoren

Auch bei den Sponsoren möchte ich mich sehr herzlich bedanken. Ich habe mich nicht nur über das finanzielle Engagement gefreut, sondern besonders über die damit verbundene Wertschätzung und das in dieses Projekt gesetzte Vertrauen.

Braunschweigische Landessparkasse
„Die *Silberquelle* ist legendär und die Verbindung zum Alten Bahnhof – meinem Arbeitsplatz – augenscheinlich und vielfältig. Als wir das ambitionierte Buchprojekt, das eine liebevolle Hommage an die Eltern der Autorin ist und zugleich ein Stück Braunschweiger Kiezgeschichte widerspiegelt, vorgestellt bekamen, fiel uns die Entscheidung, einen Beitrag zur Realisierung zu leisten, wirklich leicht. Ich wünsche dem Buch viele Leserinnen und Leser und der *Silberquelle* weiterhin Kultstatus im Braunschweiger Nachtleben."
Silvester Plotka, Leiter Private Banking der Braunschweigischen Landessparkasse

Der Grüne Baum
„Als Frau Gorille uns um eine Baumkontrolle bei der Kastanie an der *Silberquelle* bat, mussten wir sie gleich am nächsten Tag fällen: *Gefahr im Verzug* – uns blutete das Herz. Der Baum war seit Jahrzehnten Bestandteil der *Silberquelle*, spendete Kühle in heissen Sommernächten und zauberte ein ganz spezielles Ambiente. Bei diesem Termin erfuhren wir von dem Buch. Als relativ junges Braunschweiger Unternehmen finden wir die Schicksale und Geschichten hinter regionalen und kulturellen Institutionen äußerst interessant und erachten es als wichtig, dass diese an nachfolgende Generationen weitergegeben werden. Daher freuen wir uns, dass wir dieses tolle Projekt unterstützen dürfen."
Lena & Wolfgang Jennen, Der Grüne Baum – Ihr individueller Gartengestalter Baumpflege – Gartenpflege – Pflanzarbeiten

HOFFMANN Maschinen- und Apparatebau GmbH
„Das Buch zur *Silberquelle* unterstützen wir sehr gern. Die *Silberquelle* ist eine beständige Institution im Kultviertel Braunschweigs – unverwechselbar, standortprägend und sympathisch. So etwas macht eine Stadt aus."
Tobias Hoffmann, Geschäftsführer HOFFMANN Maschinen- und Apparatebau GmbH

Steffen und Bach Marketingagentur
„Näher geht kaum! Als direkte Nachbarn mit gemeinsamem Zaun schauen wir oft verträumt in dieses wunderbare Kleinod des Braunschweiger Nachtlebens und wünschen uns aus dem Arbeitsalltag in das Zehneck. Das passiert dann auch oftmals – doch bisher sahen wir nie von da verträumt zu uns hinüber! Warum auch?"
Christian Bach, Geschäftsführer Steffen und Bach GmbH

Kultviertel Verein
„Das Kultviertel ist das Nachtschwärmer-Viertel Braunschweigs – die *Silberquelle* ist dabei eine Institution, und das schon seit vielen Jahrzehnten. Die Geschichte dieses Ortes ist einmalig, daher unterstützt der Kultviertel-Verein dieses Projekt von Herzen gern!"
Falk-Martin Drescher, Vorstandsvorsitzender IG Friedrich-Wilhelm-Viertel e.V.

Munte Immobilien
„Sehr gerne unterstützen wir, die in der Immobilienbranche tätig sind und denen die Stadt Braunschweig am Herzen liegt, dieses großartige Buchprojekt.
Handelt es doch von einer Immobilie der ganz besonderen Art, die ihresgleichen sucht und deren Geschichte wir für absolut erzählenswert halten."
Kerry und Sven-Thomas Munte, Munte Immobilien GmbH & Co. KG

Liefner Haustechnik
„Als Braunschweiger Handwerksunternehmen mit einer über 100-jährigen Tradition hat es keine lange Überlegung gebraucht, dieses Projekt zu unterstützen. Die Wege der *Silberquelle* und unserer Firma kreuzten sich in den vielen Jahrzehnten auf verschiedenste Weise, und es ist einfach nur schön, auch ein Teil dieser Kult-Geschichte/Chronik zu sein."
Oliver Peter, geschäftsführender Gesellschafter Liefner Haustechnik GmbH

Hofbrauhaus Wolters
„Tradition verbindet. Die *Silberquelle*, eine der traditionsreichsten Gaststätten in Braunschweig, wird 75 Jahre. Über diesen langen Zeitraum sind viele Generationen hier eingekehrt, haben sich bewirten lassen und ein frisch gezapftes Wolters getrunken.
Alle Geschichten und Ereignisse der letzten Jahrzehnte sind nun liebevoll aufgearbeitet worden und stehen ab sofort allen Interessierten in Braunschweig und Region zur Verfügung. Damit ist das Buch über die *Silberquelle* ein wichtiges Zeitzeugnis über die Gastronomie in Braunschweig. Das Hofbrauhaus Wolters ist stolz auf die jahrelange Zusammenarbeit und gratuliert herzlich zum 75-jährigen Jubiläum."
Marco Bittner, Geschäftsführer, Leiter Eventmanagement Hofbrauhaus Wolters GmbH

Pompe Optic
„Die *Silberquelle* ist knapp 200 Meter von Pompe Optic auf der Friedrich-Wilhelm-Straße entfernt, wir sind also Nachbarn im Kultviertel. Allerdings wissen wir bislang wenig über die Geschichte der *Silberquelle*, darauf sind wir neugierig, und darum unterstützen wir das Buch sehr gern."
Reinhard Pompe, Inhaber Pompe Optic

sinatec GmbH
„Als langjähriger Freund von Claudia Gorille habe ich ihr ambitioniertes Buch-Projekt verfolgt, ihre Akribie und ihr Durchhaltevermögen in der Recherche bewundert. Claudia hat nicht nur ihr Herzensprojekt umgesetzt, sie hat für uns alle Vergangenes ausgegraben und wunderbar belebt. Kultkneipen sind wichtig. Wir haben in Magdeburg auch solch einen Anlaufpunkt, wo man sich nicht nur vor und nach den Spielen des 1. FC Magdeburg trifft, sondern immer weiß, da kann ich hingehen, habe einen Ort des Austausches, des sozialen Haltes. So ist das Buch ein Erinnern an *Silberquellen*-Jahrzehnte und gleichzeitig eine Hommage an Kultkneipen im ganzen Land."
Mayk Probst, Geschäftsführer sinatec GmbH Sicherheits- und Nachrichtentechnik

Union Kaufmännischer Verein von 1818 e.V.
„Tradition und Menschen treffen in der *Silberquelle* zusammen. So auch im Verein Kaufmännische Union von 1818, mit über 200 Jahren einer der ältesten kaufmännischen Vereine Deutschlands. Branchen- und generationsübergreifend verbinden sich hier rund 450 Mitglieder des Braunschweiger Mittelstands. Manche davon feiern gelegentlich in der *Silberquelle* oder kehren gerne auf dem Heimweg kurz dort ein. Wie die *Silberquelle* ist auch die Kaufmännische Union ein Stück Stadtgeschichte. Deshalb engagieren wir uns sehr gerne für das Buch zu dieser besonderen Kultgaststätte in Braunschweig."
Sascha Harland, Präsident Union Kaufmännischer Verein von 1818 e.V.

Viel Verkehr auf dem Kalenwall
gegenüber der *Silberquelle*,
Aufnahme Ende der 1950er-Jahre.